Melitta Waligora (Hg.)
Draupadi und Kriemhild

Melitta Waligora (Hg.)

Draupadi und Kriemhild

Frauen, Macht und Ehre
im Nibelungenlied und Mahabharata

Draupadi Verlag

Melitta Waligora (Hg.):
Draupadi und Kriemhild.
Frauen, Macht und Ehre im Nibelungenlied und Mahabharata.
Heidelberg: Draupadi Verlag, 2008

ISBN 978-3-937603-26-1

Draupadi Verlag
Dossenheimer Landstr. 103
69121 Heidelberg

www.draupadi-verlag.de
info@draupadi-verlag.de

Grafische
Gesamtgestaltung: Reinhard Sick, Heidelberg

Für Olga von Busch

Inhaltsverzeichnis

Christian Weiß — Seite

Vorwort 9

Melitta Waligora

Kriemhild und Draupadī 11

Nabaneeta Dev Sen

Gender, Moral und Erzählstruktur in der epischen Literatur 57

Sylvia Stapelfeldt

Draupadīs Mahābhārata 69

Melitta Waligora

Das Nibelungenlied, erzählt von Kriemhild 111

Fred Virkus

Frauen im alten Indien: Einige Bemerkungen zu Gesellschaft, Mentalität und Rechtsverhältnissen in der Entstehungszeit des Mahābhārata 141

Mahasweta Devi

Draupadī 179

Anhang 195

Vorwort

Es waren zwei moderne Theateradaptionen, die mich auf die Frauengestalten im Mahābhārata und Nibelungenlied aufmerksam machten. In Peter Brooks Interpretation des altindischen Epos, die 1985 beim Theaterfestival in Avignon erstmals aufgeführt und dann einige Jahre später verfilmt wurde, gehört Draupadī zu den eindrucksvollsten Charakteren. Und in der Nibelungen-Inszenierung von Moritz Rinke aus dem Jahre 2002 beeindrucken Kriemhild und Brunhild wesentlich mehr als Siegfried und die anderen männlichen Helden.

Einen Schritt weiter ging Christa Wolf in ihren Romanen „Kassandra" (1983) und „Medea" (1996). Diese Werke sind als Versuche zu verstehen, bekannte Geschichten völlig neu zu erzählen. Von Kassandra wussten wir nur, dass sie eine Mahnerin war. Für Christa Wolf ist Kassandra eine Frau, die nach der Zerstörung Trojas durch die Griechen darüber nachdenkt, wie es zu dieser Katastrophe hatte kommen können, und die dabei zu Einsichten über die Entstehung von Kriegen und Gewalt kommt, die auch für uns heute noch Relevanz haben. Und Christa Wolfs Medea wehrt sich leidenschaftlich gegen die Behauptung, *sie* wäre es gewesen, die ihre Kinder getötet hätte.

Melitta Waligora versucht in der vorliegenden Publikation, auch Draupadī und Kriemhild in einem neuen Licht zu zeigen. Die Herausgeberin sieht in diesen beiden Frauen die eigentlichen Helden der beiden großen Epen. Hier wird der Versuch unternommen, Draupadī und Kriemhild die Ereignisse aus ihrer eigenen Perspektive erzählen zu lassen.

Was Draupadī betrifft, so gab es in Indien schon mehrere Versuche, das, was wir über diese Königin wissen, in neuer Form zu erzählen. Am weitesten ging dabei wohl die Schriftstellerin Mahasweta Devi, die eine Erzählung über eine Sozialrevolutionärin schrieb, der sie den Namen „Draupadī" gab. Diese Erzählung wurde 1991 (in deutscher Übersetzung) schon einmal in der Zeitschrift „Lettre International" veröffentlicht (wobei eine englische Übersetzung der ursprünglich auf Bengali verfassten Kurzgeschichte als Vorlage diente). Für dieses Buch hat Barbara DasGupta die Erzählung erstmals direkt aus dem Bengalischen ins Deutsche übersetzt.

Es waren übrigens diese Erzählung Mahasweta Devis sowie die Mahābhārata-Adaption Peter Brooks, die mich dazu inspirierten, dem Verlag, den ich 2003 gründete, den Namen der Heldin des altindischen Epos zu geben. Es ist mir eine große Freude, dass im Draupadi Verlag nun eine Publikation erscheinen kann, die die indische Königin zu einer Frau aus dem Nibelungenlied in Beziehung setzt.

Heidelberg, Januar 2008

Christian Weiß

Melitta Waligora

Kriemhild und Draupadī

Ein beliebtes Thema, um das vorgebliche Anderssein Indiens zu demonstrieren, sind die vielfältigen Formen von Diskriminierung, unter denen indische Frauen zu leiden haben. Erst jüngst, in einer Augustnummer der Frauenzeitschrift „Brigitte", wurde wieder eines der Themen aufgegriffen, die zum Stichwort „Frauen in Indien" so gut passen: die Ermordung weiblicher Säuglinge und die Abtreibung weiblicher Föten nach pränataler Geschlechtsbestimmung. In der Tat sind die Zahlen in manchen Gegenden Indiens erschreckend und es gibt ganze Dörfer ohne Mädchen. Zurückgeführt werden diese und andere Verbrechen wie Mitgiftmorde, Säureanschläge auf junge Frauen, Witwenverbrennung auf das Festhalten vieler Teile der Bevölkerung an überkommenen Traditionen, nach denen das Leben einer Frau wenig bis nichts wert ist.

Die Tatsachen weiblicher Diskriminierung in Indien sind nicht zu leugnen und es gibt zahlreiche Studien, die belegen, dass viele Frauen in Indien schlechter ernährt und ausgebildet sind als die Männer, sie hart für den Lebensunterhalt arbeiten müssen, weniger besitzen und Opfer physischer Gewalt werden. Diese Situation teilen jedoch Indiens Frauen mit vielen anderen Frauen auf dieser Welt. Und obwohl wir uns in der westlichen Zivilisation auf der fortschrittlichen Seite der Welt wähnen, weist der „Brigitte"-Bericht darauf hin, dass z.B. in Deutschland jede vierte Frau Gewalt durch ihren Partner erlebt und im *Innocenti Report Card* der UNICEF vom September 2003 heißt es, dass in Deutschland statistisch jede Woche zwei Kinder an den Folgen von Gewalt und Vernachlässigung sterben. Andererseits wissen Entwicklungshelfer in verschiedenen Teilen der Welt, auch in Indien, dass ihre Hilfe besonders nachhaltig und wirksam ist, wenn sie über die dortigen Frauen statt über ihre Männer organisiert wird. Was ist also spezifisch anders und traditionell an der Situation der Frauen Indiens? Wie verhält es sich zum Beispiel mit einem Bericht der Zeitschrift „GEO", ebenfalls vom August 2007, über eine Polizeieinheit in Liberia. Diese paramilitärische Elite-Einheit aus 103 Inderinnen ist die erste Blauhelmtruppe der Vereinten Nationen, die nur aus Frauen zusammengesetzt ist – indischen Frauen! Die Einheit wird angeführt von einer Mutter zweier Kin-

der, es handelt sich um ganz „normale“ Frauen, die in gefährlichen Regionen Indiens und anderswo eingesetzt werden. Passt diese Meldung in unser gewohntes Bild von den indischen Frauen? Wahrscheinlich ist die gelebte Realität weiblicher Existenz in Indien weitaus vielfältiger, als sie in unseren Medien auftaucht.
Warum halten sich bestimmte Vorstellungen jedoch zäh, obwohl durch zahlreiche Veröffentlichungen aus dem heutigen Indien, die in den letzten Jahren in deutscher Sprache erschienen sind, manches Klischee zumindest in Frage gestellt werden könnte? Hinter diesen stereotypen Bildern kann auch ein bestimmtes ideologisches Interesse vermutet werden. Schon seit Jahrhunderten hat die jeweilige Situation von Frauen fremder Kulturen die Phantasie der reisenden oder erobernden Männer beflügelt. Je nach Interessenlage wurde die fremde Frau idealisiert oder verteufelt und den Frauen der eigenen Kultur vorteilhafter oder elender präsentiert. Auf den Punkt gebracht, diente dies wiederum dazu, entweder die Inbesitznahme fremder Länder mit dem Hinweis auf die schlechte Lage der dortigen Frauen zu legitimieren oder eben diese Lage den Frauen der eigenen Kultur mit dem Hinweis auf ihre doch so viel bessere Situation vorzuführen. Die wirklichen Verhältnisse der fremden wie der eigenen Kultur sind dabei oft nebensächlich, die jeweiligen Bilder werden je nach dem Zweck gemalt.

Doch nun zu den beiden Frauennamen, die diesem Band den Namen geben. Diese sind zugegeben recht eigen: Kriemhild klingt in den heutigen Ohren altmodisch und kommt kaum noch als Frauenname vor. Manche erinnern sich vielleicht an die Schullektüre des *Nibelungenliedes* oder an eine Verfilmung des Stoffes und äußern sich etwas befremdet oder belustigt über eine Frau namens Kriemhild, die einen fürchterlichen und als unweiblich verschrienen Rachefeldzug unternimmt. Eine solche Frau wird eher nicht als Namensgeberin für eine Tochter gewählt. Ähnlich steht es mit dem Namen Draupadī. Nur selten entscheiden sich Eltern in Indien dafür, ihre Tochter Draupadī zu nennen, obwohl oder weil die Figur der Draupadī aus dem *Mahābhārata* sehr wohl bekannt ist: aus dem Epos selbst, aus Nacherzählungen, Verfilmungen und Comics, die den Stoff weiter tragen und lebendig halten. Auch hier ist als Grund für diese Zurückhaltung die Ungewöhnlichkeit der Draupadī-Figur zu vermuten, deren Verhalten und Charakterzüge ebenfalls – wie schon bei Kriemhild – bei vielen als unweiblich galten und gelten. Gerade auch im Zeitalter der Frauenbewegung und Emanzipation fürchtet man(n) sich vor der Vorbildwirkung solcher Frauen.

Vor einigen Jahren brachte ein Tanztheater in Kolkata (früher: Kalkutta) die beiden Heldinnen in einem Stück mit dem Titel „Images of Feminity" gemeinsam auf die Bühne, um eventuelle Verbindungen zwischen den Figuren über kulturelle und historische Distanzen hinweg aufzuspüren. Im Zentrum standen die Erfahrungen beider Frauengestalten in einem patriarchalischen Umfeld und die Frage, ob deren Erfahrungen für uns heute von Bedeutung sein können. Inspiriert wurden die Künstler von einem Vortrag, den die bengalische Autorin Nabaneeta Dev Sen 1995 an der Universität von Oxford zu dem Thema „Frauen in Epen" gehalten hat. Obwohl die Produktion eine indisch-deutsche Zusammenarbeit war, kam es leider nicht zu der angekündigten Aufführung in Deutschland, auch eine Videoaufzeichnung gibt es nicht. Daher können wir über die Interpretation der Figuren in dem Tanzstück selbst nichts sagen. Aber allein die Idee, beide Figuren in Bezug zueinander zu setzen, hat uns, Sylvia Stapelfeldt und mich, dazu angeregt, uns in einem Seminar eingehender mit den beiden Frauengestalten zu beschäftigen. Ein Resultat ist der vorliegende Band.

Das Interesse an dem Thema und an einem vergleichenden Gegenüberstellen der beiden epischen Gestalten Kriemhild und Draupadī lässt sich nicht auf einen einzigen Punkt bringen. Erstes und einfaches Anliegen ist es, dem deutschen Lesepublikum Draupadī nahezubringen und dazu die mehr oder weniger bekannte Figur der Kriemhild als Bezugspunkt zu nutzen, um Aufmerksamkeit zu erwecken. Doch warum sollte man sich hier für Draupadī interessieren?
Sowohl Nabaneeta Dev Sen als auch das Tanztheater haben mit der Figur der Draupadī eine gute Wahl getroffen. Denn kaum eines der Klischees über das Leben der Frauen in Indien, die im Westen kursieren, lässt sich mit Draupadī belegen. Sie gilt uns daher als ein geeignetes Beispiel, das es ermöglicht, über die unterschiedlichen Frauenbilder Indiens nachzudenken und mit ihrer Hilfe das eher eindimensionale Bild von der durchweg bedauernswerten Lage indischer Frauen vielfältiger zu gestalten. Reicht es aus, in brahmanischen Texten der Sanskritliteratur nach frauenfeindlichen Stellen zu fahnden, um dadurch die Diskriminierung von Frauen im alten und heutigen Indien abzuleiten? Erstens handelt es sich hierbei um Texte, in denen aufgeschrieben wurde, was die jeweiligen Autoren über Frauen dachten und welche Werte und Normen ihnen für weibliches Verhalten passend erschienen. Das heißt nicht, dass sich die Realität an diesen Texten orientierte, auch wenn es Versuche gab, diese Werte und Normen in die Praxis umzusetzen. Zweitens sind diese Texte überwiegend dem Geist des Patri-

archats verpflichtet und so wundert es nicht, in ihnen patriarchalisches Denken zu finden. Wir erfahren aus diesen Texten vielleicht etwas aus dem Leben einer kleinen Schicht von Frauen, die sich aufgrund patriarchalischer Strukturen diesen Normen fügen mussten. Doch weitaus spannender scheint es uns, nach Texten und Ideen zu suchen, die uns ein differenzierteres Bild, vielleicht sogar alternative Vorstellungen vom Leben indischer Frauen vermitteln können.

Hieraus ergibt sich ein weiteres Interesse an dem Thema „Kriemhild und Draupadī“: In der Literatur der Frauenforschung hat man begonnen, nicht mehr einfach die gesamte zivilisierte Geschichte der Menschheit mit der Geschichte des Patriarchats gleichzusetzen und damit eine mehr als 2000jährige Unterdrückung der Frau anzunehmen. Dieses eher monolithische Konzept vom Patriarchat geht von der Annahme aus, dass männliche Dominanz eine universale kulturelle Konstante ist, die sich zu allen Zeiten, in allen Regionen und in allen Bereichen menschlichen Lebens manifestiert hat. Frauen erscheinen in diesem Konzept als bloße Opfer, ohnmächtig der Macht der Männer ausgeliefert, ohne eigenen Handlungsspielraum. Nun kann man sich eine einfache Frage stellen: Wenn die Macht der Männer, der patriarchalischen Werte und Strukturen wirklich so groß und ausschließlich war, warum musste man(n) sich über die Jahrtausende hinweg immer wieder in Texten, Ideologien, Gesetzen dieser Macht versichern? Ist es vielleicht eher so, dass es eben nicht gelang und möglicherweise auch gar nicht beabsichtigt war, den Frauen jeglichen Handlungsspielraum zu nehmen? Welchem Zwecke sollte dies dienen? Frauen und Männer waren und sind ja nicht zwei homogene Gruppen, die sich an einer Linie gegenüberstehen und den Geschlechterkampf führen. Sie waren und sind eher auf eine sinnvolle Kooperation angewiesen, nicht nur zum Zwecke der Fortpflanzung. Es ist also zu fragen, wo genau die Linien des Kampfes verliefen, den es natürlich gab und gibt, und wer genau sich jeweils mit welcher Macht daran beteiligte. Mit der Figur der Draupadī kann das einseitige Bild vom reinen Opferstatus der indischen Frauen angekratzt werden.

Ein Paradox spielt in die Betrachtung von Kriemhild und Draupadī hinein. Im 19. Jahrhundert kommt es im Zuge der Industrialisierung in Europa zu einer stärkeren Fixierung der Geschlechterrollen und Aufwertung der patriarchalen Familie. Die Veränderungen im ökonomischen Bereich – die Trennung von Haushalt und Beruf vor allem – erforderten und ermöglichten ein neues Familienkonzept. Statt der früher üblichen Form der Familienwirtschaft, in der Frauen wie Männer entsprechend ihrer sozialen

Stellung und Familiensituation zum Familieneinkommen beitrugen, die Familie selbst eine Wirtschaftseinheit darstellte, sollte sich die bürgerliche Frau ausschließlich um Haus und Kinder kümmern sowie dem Ehemann ein emotionales Refugium bieten. Denn dieser stand draußen allein in der feindlichen Welt ökonomischer Konkurrenz, um die materielle Basis für die Familie zu erarbeiten und weitreichenden Werten wie Fortschritt, Nation und Staat zu dienen. Aus diesen Veränderungen ergab sich die Möglichkeit, das Wesen der Frau neu zu definieren, wobei man sich auf vorhandene Literatur einschließlich der Bibel stützen konnte.

Dies ist die eine Seite der Entwicklung, die zu einer neuen und verschärften Unterordnung und Abhängigkeit der Frauen führte. Die andere Seite ist der Beginn der Frauenbewegung, die den Kampf um die Gleichstellung der Frau im öffentlichen Bereich aufnahm: Bildung und politische Rechte für Frauen. Eine solche Bewegung hat es zu anderen Zeiten der Geschichte nicht gegeben. Heißt dies, dass die Frauen früher so unterdrückt waren, dass sie nicht einmal um ihre Rechte kämpfen konnten oder kam aus verschiedenen Gründen die Idee zu einem solchen Kampf gar nicht auf? Zum Beispiel, weil die Idee der gleichen Rechte vordem kein Gesellschaftsprinzip war oder weil die Frauen ihren ganz eigenen Platz in der Gesellschaft durchaus hatten, beruhend auf nach Stand und Geschlecht jeweils verschiedenen Rechten oder besser gesagt: Bräuchen, Traditionen, Strukturen.

Was hat diese Entwicklung in Europa der Neuzeit mit Draupadī zu tun? Sowohl der europäische Patriarchalisierungsschub des 19. Jahrhunderts wie die Idee der Frauenemanzipation gelangten mit nur wenig Zeitverschiebung im Zuge der Kolonialisierung und den damit einhergehenden Veränderungen auch nach Indien. In vielen Zeugnissen aus der Arbeits- wie Lebenswelt lassen sich ähnliche Entwicklungen in der entstehenden bürgerlichen Mittelschicht verfolgen, gefärbt durch die kolonial bedingte Beschränkung industrieller Entwicklung. Die Neubestimmung der Rolle der indischen modernen Frau wurde auch in Indien mit einem Rückgriff auf Modelle aus der patriarchalen Literatur oder durch Umdeutung vorhandener Frauenfiguren ideologisch untermauert.

Die paradoxe Situation besteht nun zum einen darin, dass ein sich verschärfendes modernes Patriarchat und beginnende Frauenemanzipation in Europa wie in Indien zeitlich zusammengehen. Zum anderen, dass nun den Frauen traditionelle Rollen vorgegeben werden, für die zwar Frauenfiguren aus alten Texten als Muster dienen, diese aber nach den Interessen des modernen Patriarchats neu interpretiert werden. Die vorgeblichen Traditi-

onen sind in ihrer beanspruchten Deutungsmacht für alle Frauen jedoch nur eine Erfindung der Moderne. Die eigensinnige Figur der Draupadī rückte dabei zugunsten anderer Figuren, die man(n) für geeigneter hielt, diese neuen Werte zu transportieren, etwas in den Hintergrund.
Mit den Texten in diesem Band möchten wir den Blick auf die Frauen Indiens erweitern. Nach unserer Erfahrung gelingt dies nur, wenn man die Sicht auf die eigene Kultur ebenfalls erweitert. Wir bewegen uns dabei im Bereich von Bildern, Idealen und Modellen, das heißt, wir schreiben nicht direkt über die Realitäten von Frauenleben. Aber wir denken, dass mit der geänderten, erweiterten Perspektive auf Frauenbilder, die nicht dem patriarchalen Stereotyp entsprechen, der Kopf dafür frei wird, zum einen nach real vorhandenen alternativen Lebensformen zu suchen und zum anderen mit Hilfe dieser Bilder Ideen zu entwickeln, wie Frauen jenseits des modernen Patriarchats leben könnten. Wir wissen aus unserer Erfahrung bei der Beschäftigung mit den indischen Kulturen, wie leicht man nur das wahrnimmt, was man sehen will oder glaubt, schon zu wissen. Ideen können Realitäten auch gestalten. Dies ist natürlich auch mit alternativen Betrachtungsweisen möglich. Das ist uns bewusst, doch wir wollen ganz gezielt zu einer Änderung des Blicks anregen. Ein so genannter objektiver Blick ist wohl nicht möglich und auch nicht beabsichtigt. Wir nehmen die Stoffe und ihre Figuren, um unsere eigenen Ideen zu illustrieren.
Dazu werden das *Mahābhārata* und das *Nibelungenlied* aus der Sicht der Heldinnen Draupadī (Sylvia Stapelfeldt) und Kriemhild (Melitta Waligora) erzählt. Überhaupt wird das *Mahābhārata* in diesem Band mehrfach und aus unterschiedlicher Sicht nacherzählt – das ist so beabsichtigt, um dem Leser einen kleinen Einblick in die Interpretationsvielfalt zu geben. Nabaneeta Dev Sen nimmt in ihrem Text einen allgemeinen Vergleich der Epen aus verschiedenen Regionen der Welt vor, wobei sie diesen Vergleich dann auf die Frauenfiguren zuspitzt. Der Beitrag von Fred Virkus untersucht verschiedene Texte aus dem alten Indien auf ihr Frauenbild hin, um so einen Blick auf die Ambivalenz der Frauenbilder selbst in brahmanischen Texten zu ermöglichen. In der Erzählung der bengalischen Autorin Mahasweta Devi wird die Figur der Draupadī in die Gegenwart geholt. Draupadī ist hier eine Guerillakämpferin der Adivasis (Ureinwohner Indiens), die um ihr Recht auf eine menschenwürdige Existenz kämpft.
In dem folgenden Text werde ich zunächst ein paar einführende Überlegungen zu den beiden Epen und einige Vergleichspunkte zwischen *Nibelungenlied* und *Mahābhārata* voranstellen. Manches von dem, was wir in den Epen lesen können, verweist auf Spuren (und mehr) weiblichen Han-

delns, die nicht in das Bild passen wollen, das wir uns von dieser Zeit und deren Frauen gemacht haben. Ich habe nach Kriterien gesucht, die dabei helfen können, die Position der Frau nicht am „Mustermensch Mann" zu messen, wobei immer nur ein Negativmodell Frau herauskommt. Diese Kriterien dienen mir dann dazu, die Figur der Kriemhild, zu der es eine Fülle germanistischer Literatur gibt, auf die ich mich gestützt habe, unter einem Aspekt näher zu betrachten: dem des politischen Handlungsspielraums. Hier geht es vor allem darum, Kriemhild als politisch Handelnde zu zeigen. Etwas weiter ausholen möchte ich, um der Figur der Draupadī, die hier kaum bekannt ist, einen Kontext zu geben. Die Literatur Indiens, sei es die mythische, religiöse, epische, erzählende oder historische, ist voll von interessanten und kraftvollen Frauengestalten. Einige davon werde ich näher vorstellen, damit Draupadī nicht so einsam aus dem eindimensionalen Bild von der diskriminierten indischen Frau herausragt. Vielleicht entsteht am Ende der Eindruck, dass uns die Figur der Draupadī näher ist als ursprünglich angenommen.

Nibelungenlied und Mahābhārata

Kriemhild und Draupadī sind die Heldinnen jeweils eines Werkes, das heute in den betreffenden Ländern als wichtiger Teil des nationalen Erbes betrachtet wird. Die Handlung beider Epen gipfelt jeweils in einem verheerenden Krieg, für den verschiedene Gründe angeführt werden. Dazu gehört in beiden Fällen die Rache der Frau.

Das *Nibelungenlied*, die Erzählung vom Untergang der Burgunden, ist das Werk eines mittelalterlichen Dichters, dessen Entstehung auf den Beginn des 13. Jahrhunderts datiert wird. Es lehnt sich an alte Stoffe aus der nordischen Mythologie an, die zuerst in Heldenliedern besungen wurden, und erzählt von Begebenheiten, die möglicherweise auf die Zeit der Völkerwanderungen im 5. Jahrhundert zurückgehen. Dennoch ist es vorrangig ein Werk, das sich mit dem Leben und den Werten im deutschsprachigen Raum des 12. Jahrhunderts beschäftigt. Wir haben also den Text eines wenn auch unbekannten Autors vor uns, der in sich geschlossen und einigermaßen klar datierbar ist.

Für das *Mahābhārata*, in dem Draupadī die Heldin ist, können wir nicht so klare Angaben machen. Entstanden ist es in einem Zeitraum zwischen dem 4. Jahrhundert vor und dem 4. Jahrhundert nach dem Beginn unserer Zeitrechnung. Es gibt demzufolge nicht einen einzigen Autor, sondern in jeder

Zeit wurde an dem Werk geschrieben. Über die Jahrhunderte ist es zu einem gewaltigen Text angewachsen und überragt das *Nibelungenlied* um viele tausend Verse. Dadurch ist es kein in sich geschlossenes Werk mit einer klaren Erzählstruktur, sondern ist vielfach in sich verschachtelt, enthält Rahmenhandlungen, Einschübe, philosophische Reflexionen und religiöse Erläuterungen. Dies und die Fülle der auftretenden Personen und Götter lassen die Lektüre dieses Werkes zu einer Lebensaufgabe werden. In seinem Kern ist das *Mahābhārata* ein Bericht vom großen Krieg der Heldenstämme Bhāratas (Indien). Es geht in seinem historischen Gehalt möglicherweise auf Ereignisse zur Zeit der Einwanderung und Ansiedlung arischer Stämme in Nordindien zurück, die in Heldenliedern festgehalten und besungen wurden.

Wir können zunächst einmal einen ähnlichen historischen und literarischen Hintergrund festhalten: Beiden Epen gehen Heldenlieder voraus, die von fernen Zeiten singen, Zeiten, in denen Völker wandern, sich begegnen und gegeneinander kämpfen. Die Stoffe dieser Lieder werden im Laufe der Zeit zu epischen Erzählungen ausgestaltet.

Bevor auf weitere Ähnlichkeiten zwischen den beiden Epen hingewiesen wird, soll an dieser Stelle die Haupterzählung des *Mahābhārata* kurz vorgestellt werden, da diese hier im Unterschied zum Nibelungenlied kaum bekannt ist.

Die beiden Brüder Paṇḍu und Dhṛtarāṣṭra sind die Erben des Thrones in Hastināpura, der Hauptstadt der Bharata Dynastie in Nordindien (in der Nähe des heutigen Delhi), und gehören damit dem Stand der Kṣatriyas (Krieger und Könige) an. Beide haben durch die Umstände ihrer Zeugung einen Makel: Dhṛtarāṣṭra ist blind und Paṇḍu bleich und wahrscheinlich zeugungsunfähig. Da ein Blinder nicht König werden kann, wird Paṇḍu König in Hastināpura. Dhṛtarāṣṭra wird mit der Königstochter Gāndhārī vermählt, die sich aus Mitgefühl oder Enttäuschung über ihren blinden Ehemann bis an ihr Lebensende die Augen verbindet. Paṇḍu wird von der Königstochter Kuntī in einer großen Zeremonie zum Gatten gewählt. Ihm wird als eine zweite Frau Mādrī gewonnen, wobei reichlich Brautgeld fließt. Nach einigen Jahren überträgt Paṇḍu seinem Bruder die Herrschaft und zieht sich mit seinen beiden Frauen in die Wälder zurück, um sein Leben in Abgeschiedenheit und mit Jagd zu verbringen. Hier werden ihm, angeblich mit göttlicher Hilfe, fünf Söhne geboren, die als die fünf Pāṇḍavas bekannt wurden: Yudhiṣṭhira, Arjuna, Bhīma, Nakula und Sahadeva. Dem König in Hastināpura gebiert indessen Gāndhārī hundert Söhne, die so genannten

Kauravas mit Duryodhana als dem Ältesten, und eine Tochter. Paṇḍu verstirbt plötzlich und Kuntī zieht mit den fünf Söhnen allein an den Königshof zurück, denn Mādrī hat sich gemeinsam mit ihrem toten Gatten verbrannt. Dhṛtarāṣṭra nimmt sie auf und lässt die Brüder wie seine eigenen Söhne erziehen. Allerdings entwickeln sich zwischen den Cousins beim Spiel und Waffentraining rasch Rivalitäten, die beiderseitig zu lebensgefährlichen Streichen führen, wodurch sich die Konkurrenz zu Hass steigert, der nicht vor Mordanschlägen zurückschreckt. Dennoch: weil er der Erstgeborene ist und aufgrund seiner charakterlichen Qualitäten ernennt König Dhṛtarāṣṭra seinen Neffen Yudhiṣṭhira zum künftigen Thronerben und nicht seinen eigenen Sohn Duryodhana. Diese Entscheidung vermehrt Eifersucht und Hass seitens der Kauravas auf die erfolgreicheren Pāṇḍavas, die zu allem Überdruss auch noch die schöne Königstochter Draupadī zur Frau gewinnen. Das heißt, eigentlich hatte nur Arjuna sie gewonnen, da er den starken Bogen spannen konnte und das Ziel sicher traf. Doch ihre Mutter Kuntī forderte Arjuna auf, seinen Gewinn wie immer mit seinen Brüdern zu teilen, ohne zu wissen, dass es sich um eine Frau handelt. So wird Draupadī mit allen fünf Pāṇḍavas verheiratet.

Derweil schwelt der Konflikt um die Herrschernachfolge in Hastināpura weiter und um ein Anwachsen der Zwietracht zwischen den Cousins zu vermeiden, wird mit Einverständnis der Pāṇḍavas das Reich geteilt. Sie ziehen fort, um sich in der Ödnis ihre Hauptstadt Indraprastha und einen prächtigen Palast zu errichten, der seinesgleichen sucht. Nachdem sie durch Kriege die Herrschaft in ihrem Reich festigen konnten, laden sie zu einem großen Opferfest ein, zu dem auch die Kauravas kommen. Neid und Eifersucht angesichts des Glanzes der Pāṇḍavas wie auch ihr Bestreben, über ein ungeteiltes Reich zu herrschen, lassen die Kauravas auf eine List sinnen, die Pāṇḍavas zu vertreiben. Sie laden nun ihrerseits die Pāṇḍavas zu einem Würfelspiel ein, wohl wissend, dass Yudhiṣṭhira diesem Spiel leidenschaftlich anhängt. Die Würfel sind manipuliert und Yudhiṣṭhira verspielt sein Hab und Gut, sein Reich, seine Brüder und am Ende gar Draupadī. Die kluge Frau bringt mit ihrer Frage über die Rechtmäßigkeit des Spieleinsatzes die anwesenden Männer des Hofes in Verlegenheit, da sie keine Antwort finden können. Indessen wird der Befehl erteilt, Draupadī wie auch ihre Männer ihres Ranges und ihrer Würde zu berauben und zu entkleiden, da sie nun Sklaven der Kauravas seien. Die Szene ist in unserem Kontext besonders interessant und gehört zu den dramatischen Höhepunkten der Erzählung. Die Königin Draupadī wird am Hofe des Königs der Kauravas vor aller Augen und Ohren gedemütigt, ohne dass ihre fünf Ehemänner ein-

greifen und sie schützen – es sind schließlich Krieger! Auch all die weisen Männer des Hofes schreiten nicht ein, um die Ehre der Frau zu bewahren und das grässliche Schauspiel zu beenden. Draupadī wird verhöhnt, weil sie mit fünf Ehemännern nicht als keusche Gattin anzusehen sei, man(n) macht ihr anzügliche Angebote und versucht letztlich, ihr das einzige Kleidungsstück, das sie noch am Leibe hat, zu entreißen. Dies kann verhindert werden, doch Draupadī ist tief verletzt. Der durch unheilvolle Zeichen verstörte König Dhṛtarāṣṭra gewährt Draupadī drei Wünsche, wodurch die Pāṇḍavas wieder freikommen. Sie verspielen allerdings ihre Chance auf Rückgewinn ihres Besitzes in einem letzten Würfelspiel und müssen daraufhin für zwölf Jahre ins Exil gehen und ein weiteres Jahr unerkannt bleiben. Draupadī nimmt die Entbehrungen des Exils auf sich und geht mit ihnen. Es ist für alle eine harte und mühselige Zeit, für die Männer jedoch auch eine Gelegenheit, Abenteuer zu erleben und Heldentaten zu vollbringen, wohingegen Draupadī immer wieder sexuellen Übergriffen ausgesetzt ist. Im dreizehnten Jahr beispielsweise leben sie unerkannt am Hofe eines Königs, dessen General Draupadī bedrängt und beleidigt. Sie entkommt dem nur, weil ihr dieses Mal wenigstens einer ihrer Männer, Bhīma, beisteht und den General durch eine List tötet.
Während der Zeit der Exiljahre haben Draupadī ihre erlittenen Demütigungen durch die Kauravas sowie die unkriegerische, unmännliche Zurückhaltung ihrer Gatten keine Ruhe gelassen. Immer wieder versucht sie, Yudhiṣṭhira an seine Aufgaben und Pflichten als König und Krieger zu erinnern, ihn zum Handeln, zum Kampf um sein Recht auf das Reich, zu ermahnen – erfolglos, trotz guter Argumentation. Nach Beendigung der Verbannungszeit denken die Kauravas nicht daran, den Pāṇḍavas den ihnen zustehenden Teil des Reiches zurückzugeben. Sie beanspruchen die ungeteilte Territorialherrschaft, während die Pāṇḍavas sich mit einem Teil des Reiches zufriedengeben würden. Trotz zahlreicher Vermittlungsbemühungen ist der Konflikt nicht friedlich zu lösen und der Kampf nun unvermeidlich. Beide Seiten rüsten sich mit etlichen Verbündeten zum Krieg, der die nahezu ganze damals bekannte Welt in die Auseinandersetzung hineinzieht. Die Heere stehen sich gegenüber, die Kriegsrufe erschallen, da packen Arjuna Zweifel an der Rechtmäßigkeit eines Krieges gegen Verwandte, Lehrer und Freunde. Sein Wagenlenker Kṛṣṇa belehrt ihn in einem längeren philosophischen Gespräch über die Pflichten seines Kṣatriya-Standes, den Sinn des Handelns, das Wesen Gottes und die verschiedenen Formen seiner Verehrung. Dieser Teil des *Mahābhārata* ist als „Der Gesang des Erhabenen“ – die Bhagavadgītā – bekannt geworden. Nun

überzeugt von der Rechtmäßigkeit seines Tuns, stürzt er sich mit all den anderen in die mörderische Schlacht von Kurukṣetra, die 18 Tage lang währt. In diesem Teil, der den Schilderungen der Kämpfe am Hunnenhof im Nibelungenlied sehr ähnlich ist, werden Kriegerehre und Heldenmut der Kämpfer glorifiziert; auch von Verrat und List wird berichtet, wenn ein Sieg anders nicht zu haben ist. Grausamkeit und Schrecken des Krieges erscheinen in eindrücklichen Worten. Die Pāṇḍavas gewinnen den Krieg, doch um einen sehr hohen Preis: die Verwandten, Freunde und Lehrer sind tot, die eigenen Söhne gemetzelt, nur ein Enkel überlebt den Wahnsinn. Nachdem Yudhiṣṭhira eine Zeitlang das Reich als Herrscher geführt hat, verlassen die Pāṇḍavas mit Draupadī den Königshof und gehen in den Heldenhimmel ein. So weit die Kernhandlung des *Mahābhārata,* um die sich viele weitere Geschichten ranken. Einige von diesen werden weiter unten erzählt.

Es fallen schnell inhaltliche Gemeinsamkeiten zwischen dem *Mahābhārata* und dem *Nibelungenlied* auf: beide Epen erzählen aus der Welt der Könige, Herrscher und Krieger, hier der Stand der Adligen, dort, in Indien, der Stand der Kṣatriyas. Es sind im Grunde Kriegerepen, die die Werte und Normen des Denkens und Handelns von Männern darstellen, die diesen Schichten angehören. Kriegerehre und Königsmacht sind die verbindenden Themen beider Erzählungen. Auch die Frauen in den Epen gehören diesen Krieger- und Herrscherschichten an und teilen grundsätzlich deren Normen und Werte. Kriemhild und Draupadī werden in Herrscherhäusern geboren und heiraten natürlich Könige. Sie sind beide stolze und standesbewusste Königinnen. Wir erfahren etwas über diese höfische Welt, jedoch nicht über die jeweilige Zeit generell. Hintergrund beider Epen ist eine Welt der ständischen Ordnung, in der jedem Stand seine eigenen Werte und Normen zukommen. Das Handeln der Menschen bewegt sich in diesem durch den Stand gesetzten Rahmen und die Erwartungen an einen König oder Krieger unterscheiden sich klar von denen an einen Bauern, Priester oder Handwerker. Die Figuren des Nibelungenliedes wie des *Mahābhāratas* gehören der höfischen Welt an und handeln nach deren Gesetzen, die über Kultureigenheiten hinweg vergleichbar sind.

Interessanterweise beschreiben beide Epen keine ideale höfische Welt, wie so viele andere Epen, sondern eine Welt, die aus den Fugen ist. Sie erzählen jeweils vom Untergang eines ganzen Geschlechts und von den Gründen, die diesen Untergang bewirken. Die Abenteuer, Kämpfe und Leiden der Helden führen am Ende nicht zum Sieg oder zu einer neuen, besseren Ordnung.

Stattdessen wird die bestehende Ordnung verletzt und vernichtet. Das *Nibelungenlied* wie das *Mahābhārata* schildern uns ein heil- und rettungsloses Untergangsgeschehen. Die handelnden Figuren werden uns als Menschen vorgeführt, die ihren Leidenschaften und Begierden folgen, die also keineswegs nur nach idealen Werten handeln. Beide Epen beziehen ihre die Handlung vorantreibenden Konflikte aus Normüberschreitungen ihrer Figuren, aus Verletzungen des *ordo* und *dharma* – den jeweils geltenden Gesetzen und Verhaltensnormen für die einzelnen Stände, die wiederum in eine umfassendere kosmische Ordnung eingebunden sind. Zum Beispiel wird Brunhild durch eine Standeslüge gewonnen und König Gunther befolgt entgegen der sozialen Rangordnung die Anweisungen seines Lehnsmannes Hagen. Den Pāṇḍavas wird durch Betrug das Reich gestohlen, die Regeln der herrschaftlichen Nachfolge werden nicht eingehalten und stehen zur Debatte. In einigen Fällen entstehen Konflikte, weil Individuen sich nicht entscheiden können zwischen zwei sie fordernden Normen, denen sie jedoch nicht zugleich folgen können. So sieht sich im *Nibelungenlied* Rüdiger von Bechlaren in die Situation gestellt, einerseits seinem Treueeid Kriemhild gegenüber Folge leisten zu müssen und gegen die Burgunden zu kämpfen; andererseits fühlt er sich dem Gastrecht verpflichtet, da er die Burgunden an den Hof von Etzel und Kriemhild geführt hat, und sieht sich daher nicht in der Lage, gegen sie zu ziehen. Im *Mahābhārata* ist es Arjuna, der mit seiner Kriegerpflicht des Kämpfens hadert, da auf der gegnerischen Seite Verwandte, Lehrer und Freunde stehen, denen Respekt gebührt statt Tod durch seine Hand. Oder einige Figuren haben sich für eine Norm entschieden und werden nun mit den Forderungen der verletzten Norm konfrontiert, wie zum Beispiel Yudhiṣṭhira, der statt den Pflichten eines Herrschers lieber denen eines Gelehrten nachgeht. Nicht der historische Stoff der Begegnung verschiedener Völker stellt den Grundkonflikt beider Epen, sondern Konflikte innerhalb der Herrscher- und Kriegerschichten.
Das Geschehen wird in beiden Epen, in denen das Kriegerethos und das Tun der Männer im Mittelpunkt stehen, unter anderem durch die Rache einer Frau, wenn auch in unterschiedlichem Maß, vorangetrieben. Kriemhild und Draupadī müssen jeweils Verletzungen ihrer Ehre durch männliche Protagonisten hinnehmen, deren Wiederherstellung zu einem Motor der weiteren Handlung wird. Dabei können sich beide Figuren nur selten auf männlichen Schutz und Beistand verlassen. So verletzen Kriemhilds Brüder immer wieder die Norm der Sippenbindung an ihre Schwester und verraten deren Interesse zugunsten ihrer Männer- und Herrschaftsbündnisse. Draupadī kann sich selten darauf verlassen, dass der Schutz, der ihr seitens ihrer

Männer zusteht, auch gewährt wird. Diese Normüberschreitungen der Männer gegenüber den Interessen und Rechten der Frauen führt dazu, dass die Frauen die Männer um ihrer Rache willen in den Kampf treiben. Interessant ist weiterhin, dass weniger ihre biologische, sondern mehr ihre soziale/kulturelle Rolle als Frau/Königin Charakter und Handeln der beiden Figuren prägt. Wir erfahren vergleichsweise wenig über das Eheleben oder Mutterglück beider Protagonistinnen. Stationen eines Frauenlebens wie Hochzeit, Schwangerschaft, Geburt der Kinder werden nur knapp erwähnt oder ganz ausgespart. Hingegen werden sie als Königinnen und in der Erfüllung ihrer Standespflichten einprägsam geschildert. Sie führen souverän den königlichen Haushalt, erweisen sich geschickt in der Herstellung von prachtvoller Kleidung – Kriemhild – oder bei der Versorgung der Gemeinschaft während der Zeit des Exils – Draupadī.

Ein letzter Punkt sei genannt, den beide Epen gemeinsam haben. Wie schon gesagt, wird in beiden Werken die höfische Welt geschildert. In dieser leben die Menschen keineswegs in Askese, sondern genießen die Freuden des irdischen Daseins, die sie, nach ruhmreichem Tod, glauben im Heldenhimmel fortsetzen zu können. Ihr Geist ist am Leben in dieser Welt orientiert und wenn die Krieger den Tod suchen, dann ist es der Tod im Kampf und möglichst durch eine ebenbürtige Hand, die eines Kriegers von hohem Rang oder Ruhm. Die Kriegerehre ist ihnen wichtig. Hingegen gibt es, bezogen auf die Kernhandlung, kaum Hinweise auf ihr Verhältnis zu den religiösen Werten der Zeit, den christlichen bzw. brahmanischen Gottes- und Jenseitsvorstellungen und daraus folgenden Moralkonzepten. Das *Mahābhārata* nahm in den etwa 800 Jahren seiner Entwicklung viele Passagen auf, die brahmanische Wertvorstellungen transportieren, aber für unsere Betrachtungen nicht relevant sind. Gelegentlich wurden der Heldin Draupadī strikt patriarchalische brahmanische Weiblichkeitsideale in den Mund gelegt, die jedoch im offensichtlichen Kontrast zu ihrem Handeln stehen, so dass sie als spätere Zusätze angesehen werden können.

Sowohl das *Nibelungenlied* als auch das *Mahābhārata* wurden in Sprachen verfasst, die heute nicht mehr lebendig sind: Mittelhochdeutsch und Sanskrit. Der heutige Leser dieser Werke, sofern er nicht einer der seltenen Spezialisten ist, wird also auf Übersetzungen angewiesen sein. Man könnte annehmen, dass einem deutschsprachigen Leser das *Nibelungenlied* schon deswegen näher steht, weil es zu seiner kulturellen Tradition gehört. Das trifft in gewisser Weise zu. Es ist allerdings für den modernen Leser nicht leicht, das Handeln, Denken und Fühlen von Menschen in einer höfisch-ständischen Ordnung nachzuvollziehen. Hier fühlt sich der heutige, an den

Werten von Freiheit, Gleichheit und Demokratie orientierte Mensch vielleicht ebenso fremd wie in einer scheinbar ganz anderen, fernen Kultur.

Mann und Frau und Frau und Mann

Beide Epen spielen, wie gesagt, in der Welt der Krieger und Könige und damit in einer männlich dominierten Welt, die vordergründig patriarchalische Züge aufweist. Doch nach welchen Kriterien entscheiden wir, ob es sich um eine patriarchalische Gesellschaft handelt? Was bedeuten die Zuschreibungen „Frau" und „Mann" jeweils historisch konkret? Wenn z.B. nur Männer im Prinzip politische Herrschaft ausüben dürfen, heißt dies, dass Frauen ohne Macht und lediglich Opfer sind?

Aus den Relikten früherer Gesellschaften, aus der Untersuchung noch existierender Stammesgesellschaften sowie aus der historischen Forschung zu vormodernen Gesellschaften wissen wir inzwischen, dass es im Vergleich zu den etwa seit dem 18. Jahrhundert sich herausbildenden modernen Konzepten andere Vorstellungen über die Geschlechter und andere Praktiken zur Gestaltung ihres Verhältnisses gab.

Die Ethnologinnen Ilse Lenz und Ute Luig haben die Frage nach den Geschlechterverhältnissen in nicht-patriarchalischen Gesellschaften gestellt. Aus ihrem Untersuchungsmaterial zu vielen verschiedenen sozialen Gebilden lassen sich einige allgemeine Kriterien herausfiltern, anhand derer das jeweilige Geschlechterverhältnis in einer bestimmten Zeit und Gesellschaft beurteilt werden kann. Folgende Kriterien können zur Charakterisierung der Geschlechterverhältnisse herangezogen werden: Erstens der jeweilige Anteil von Frau und Mann an der Produktion und Reproduktion der wirtschaftlichen Basis sowie ihre Verfügungsgewalt über die Ressourcen und Produkte. Zweitens die Art und Weise, wie ihre Verwandtschaftsverhältnisseund die Strukturen ihres Zusammenlebens organisiert sind; dazu zählen zum Beispiel die Regelung der Abstammungslinie (matrilinear oder patrilinear) und des Wohnortes bei „Heirat" (matrilokal oder patrilokal) bzw. ob ein Brautpreis oder eine Mitgift gezahlt wird; die Initiationsbräuche für Mädchen und Jungen geben Aufschluss über den Platz der Geschlechter in der Gesellschaft. Drittens sind die Positionen und der Einfluss von Frau und Mann in der politischen Sphäre zu untersuchen, wobei zu klären ist, welchen Charakter und welche Bedeutung diese politische Sphäre im gesellschaftlichen Gesamtgefüge überhaupt hat; dies ist eine Variante der Frage nach dem Verhältnis von öffentlichem und privatem Bereich und wie diese von Frau und Mann jeweils besetzt werden. Viertens, wie ist das Verhältnis zum eigenen Körper und zur eigenen Sexualität, ist es selbst- oder fremdbestimmt, gibt es z.B. Keuschheitsnormen und für wen, sind die Paarbeziehungen frei wähl- und leicht lösbar für Frau und Mann, hat die Frau Kontrolle über ihre Gebärfähigkeit. Fünftens, wie stellt sich das Verhältnis von Frau und Mann in den symbolischen Ordnungen dar, welchen Anteil haben sie bei der Gestaltung von Mythen und Weltanschauungen, in welcher Weise tragen sie bei zu und nehmen sie teil am religiösen Leben ihrer Gemeinschaft.

Dies ist natürlich eine Fülle von Kriterien, denen allen hier auf keinen Fall nachgegangen werden kann. Ihre Auflistung soll zunächst einmal die Komplexität des Problems verdeutlichen und zu einer Suche nach entsprechenden Beschreibungen und Antworten anregen. Zu einigen Punkten werden die nachfolgenden Überlegungen hoffentlich etwas beitragen können. Wichtig ist hier vor allem der methodische Ansatz. Denn geht man nach diesen Kriterien vor und fragt nach dem jeweiligen Platz, den Frau und Mann in den verschiedenen Bereichen einnehmen, weicht man von dem sonst üblichen Prinzip ab, zunächst vom Mann und dem Maßstab der Männlichkeit auszugehen und dann erst nach der Frau im Verhältnis zum schon definierten Mann zu fragen. Denn in diesem Fall ist die Frau immer nur ein Negativmodell und wird nach dem bestimmt, was sie im Verhältnis zum Mann nicht kann, darf oder soll.

Dabei sollte nicht vergessen werden, dass in kaum einer Zeit die gleiche Realität für alle Frauen und Männer einer gegebenen Gesellschaft existierte. Es gibt zwar oft eine nach Geltung strebende Norm für die Geschlechter, die in Gesetzen oder religiösen Texten fixiert wurde, aber diese hat in vormodernen Gesellschaften aufgrund fehlender technischer Möglichkeiten im Vergleich zu modernen Medien und Kommunikationswegen nicht dieselbe Durchdringungskraft. Es existieren Religionen und Normen parallel und, wenn auch lokal begrenzt, mit für die Betreffenden gleichwohl starker Definitionsmacht. Zu bedenken ist weiterhin, dass sich die Lebenswelten von Frauen in einer Gesellschaft erheblich voneinander unterscheiden und damit auch die Normen für weibliches Verhalten. So, wie sich die Bräuche und Regeln der einzelnen Stände verschieden gestalteten, so stand eben das, was eine Königin konnte und durfte, einer Bäuerin keineswegs zu. Möglicherweise gab es überhaupt keinen dominanten oder zumindest einheitlichen Diskurs über die Geschlechter. Was Theologen über die Frau dachten, konnte in Konflikt geraten zu dem, was z.B. die höfische Welt von ihren Frauen erwartete oder die Masse der arbeitenden Frauen tat.

Kriemhild

Kriemhild ist weder eine Heilige noch eine Hexe – in diese beiden konträren Bilder wird oft das Frauenbild des Mittelalters geteilt. Ihre Weiblichkeit wird auch nicht als Natur verstanden, weder als die gebärende, schaffende noch als die vernichtende, dämonische Natur. Ihre Mutterrolle bleibt im *Nibelungenlied* gänzlich unterbelichtet, weder wird ihr Mutterglück beschrieben noch ihr Schmerz angesichts der Tötung des Sohnes vor ihren Augen zum weiteren Handlungsmotiv ausgebaut. Obwohl klar ist, dass Kriemhild anfangs ein ungestümes Mädchen, dann eine liebende Frau und später eine gnadenlose Rächerin ist, haftet der Figur nichts essentiell Weibliches an. Ihr Denken und Handeln folgt primär aus ihrer sozialen Stellung, ihrer Zugehörigkeit zur herrschenden Schicht. Sie will Königin werden und sein, an dieser Lebensperspektive besteht für sie überhaupt kein Zweifel. Dass sie als Mitglied dieser herrschenden Schicht zum Zwecke der Bildung politischer Allianzen verheiratet werden kann, ist nichts Erstaunliches und vielleicht noch nicht einmal geschlechtsspezifisch. Auch der jüngste der Brüder, Giselher, wird mit der Tochter Rüdigers ohne sein Zutun verlobt. Es heißt: „So machten die Helden unter sich aus, dass der edle Giselher sie zur Frau nehmen sollte.“ (NL, 1679) Die Helden, das sind Gernot, Hagen und Rüdiger, Giselher ist nicht dabei, von Selbstwahl ist in dieser sozialen Schicht selten die Rede. Zweck der Eheschließung ist im Falle Giselhers ein Treuebündnis zwischen den Burgunden, die auf dem Weg zu Kriemhild in das Land der Hunnen sind, und dem Markgrafen Rüdiger, der als Fremder in diesem Land jegliche Unterstützung gebrauchen kann. Gernot, der mittlere Bruder Kriemhilds, bleibt, scheint es, unverheiratet. Es bot sich wohl keine brauchbare Allianz an, wofür seine Person dienlich sein konnte.
Auch Siegfried bekommt ja Kriemhild nur, weil er erstens schon zu einem Garant für die Sicherheit von Worms geworden ist und weil er zweitens Gunther zu seiner Braut verholfen hat. Wenn man sagt, dass die Burgunden Kriemhild an Siegfried verschachert haben, dann muss man wohl auch sagen, dass sie ebenso Siegfried einkauften, weil er ihnen nützte. Dafür spricht auch die Bereitschaft, ihn wieder loswerden zu wollen, sobald seine Nützlichkeit in eine Gefahr für die Herrschaft der Burgunden umschlägt. Der Unterschied zwischen den Handlungsspielräumen der Geschlechter scheint in diesem Punkt der Eheschließung nur graduell, nicht strukturell zu sein. Die gegenseitige Zuneigung von Kriemhild und Siegfried war ein Glücksfall, wäre aber keineswegs Voraussetzung gewesen. Die Einwilligung zur Ehe musste allerdings eingeholt werden, auch von Kriemhild (NL,

612-615). Die Liebe der beiden entfacht sich an Geschlechterstereotypen: sie ist schön und zart, er ist stark, heldenhaft und reich. Es sind eher äußerliche Zuschreibungen, wir wissen nicht, ob im Verlauf der rund ein Jahrzehnt währenden Ehe der beiden andere persönliche Qualitäten zur wechselseitigen Wertschätzung hinzukommen. Entscheidend ist jedoch die Statusgleichheit für die Eheschließung, in der Ehe selbst tritt die Geschlechterhierarchie klar zu Tage.

Siegfried hat offenbar das Recht, über das Erbe seiner Frau zu entscheiden und es auszuschlagen, was Kriemhild noch knapp zu verhindern oder zumindest abzumildern weiß. Interessant ist, dass Kriemhild zu gleichen Teilen mit den Brüdern erbt und dass sie sehr genau um den Wert dieses Erbes weiß. Sie begnügt sich nicht mit dem Argument Siegfrieds, sie habe doch jetzt als seine Frau Anteil am Schatz der Nibelungen und sei daher unermesslich reich. Sie besteht auf ihrem persönlichen Erbe, weil nur dieses ihr ein gewisses Maß an eigenständigem Handeln ermöglicht, zum Beispiel sich als neue Königin im Reiche Siegfrieds durch Freigiebigkeit beliebt zu machen oder sich eine eigene Hausmacht mit kampffähigen Rittern aufzubauen; vielleicht sogar, sich einen Ruf als eine die Künste und Bildung fördernde Herrscherin zu verschaffen.

Wir lernen Kriemhild zu Beginn des Nibelungenliedes als liebenswertes und eigenwilliges Mädchen kennen, das offenbar wenig Lust verspürt, das allseits zu beobachtende Frauenschicksal anzunehmen, bei dem Liebe mit Leid belohnt wird. Sie verfügt über weibliche Intuition und Sehergabe und will aufgrund eines Traumes ihr Schicksal vermeiden und eine Ehe verweigern. Doch dann kommt ihr etwas sehr Menschliches, Verständliches dazwischen: Sie liebt einen Mann, der das Ideal der Männlichkeit der damaligen Zeit und Statusgruppe verkörpert. In Fragen der Liebe ist sie mutiger und initiativreicher, sie folgt ihrem Gefühl und nimmt Siegfried an die Hand. Er dankt es ihr wenig. Seiner eigenen Schuld bewusst, macht er dennoch von seinem Recht als Ehemann Gebrauch, Kriemhild erbarmungslos zu verprügeln, als sie in einem Streit die sorgsam gehüteten Geheimnisse der Männer ausplaudert. Die Furcht, die seine „hilflos-gewalttätige Autoritätsdemonstration“ (Elisabeth Lienert) bei ihr auslöst, kostet ihn letztlich das Leben. Denn trotz ihrer weiterhin funktionierenden Intuition, die sie die tödliche Gefahr für Siegfried ahnen lässt, wagt sie es nicht, ihren Verrat seines Geheimnisses Hagen zu gestehen. Oder will sie es nicht? Eine erste Rache?

Kriemhild bleibt eine agierende Person, auch wenn ihrem Handeln Grenzen gesetzt sind. Handelt sie politisch? Oder hat nur Brunhild als Alleinherrscherin auf Isenstein die Möglichkeit zu politischem Handeln?
Brunhild duldet nur den stärksten Mann an ihrer Seite – ihr ebenbürtig, dies kann man angesichts ihrer eigenen Stärke nachvollziehen. Was soll sie mit einem Schwächling in einer Zeit, in der die Eroberung, der Erhalt und die Präsentation der Macht weitgehend über körperliche Stärke gehen? Muss es damit auch der gewalttätigste Mann sein? Die Proben, die Brunhild fordert, tragen eher den Charakter eines sportlichen Wettkampfes, in dem Stärke und Geschick gefordert sind (Stein- und Speerwerfen, Weitsprung) und in dem nach den Regeln der Fairness die/der Beste siegt. Bekanntlich wird Brunhild nicht ehrlich, sondern betrügerisch besiegt und „gewinnt" genau den Mann, den sie nie wollte und der nicht zu ihr passt: den schwachen Gunther. Dem voraus gehen zwei Listen, ohne die Brunhild für Gunther nicht zu gewinnen ist: Siegfried gibt sich durch den Steigbügeldienst an Gunther vor den Augen Brunhilds als dessen Vasall aus und kann demzufolge nicht derjenige sein, der um Brunhild wirbt. Dieses Zeichen versteht die Königin sehr gut und nimmt es für Realität, an der sie festhalten wird – ein weiterer Grund für das katastrophale Ende, vorgegeben durch die Standeslüge der Männer. Die zweite List gelingt mit Hilfe einer Tarnkappe, so dass bekanntlich nicht Gunther, sondern Siegfried es ist, der sie im Wettstreit besiegt. Ob sie diesen Betrug je durchschaut, wird uns im Text des Nibelungenliedes nicht genau gesagt. Aber wie sollte sich die Königin Gunthers Schwäche in der Hochzeitsnacht erklärt haben, in der sie ihren frisch angetrauten Gemahl mit Leichtigkeit an den Nagel hängt? Für den Rest der Geschichte wird Brunhild in diesem Punkt ruhiggestellt – wiederum mit Hilfe der Tarnkappe und Siegfried, der das erledigt, was Gunther nicht gelingen kann. Sie fragt nicht mehr nach der Rechtmäßigkeit ihres Mannes, wohl aber nach dem vorgeblichen Vasallen Siegfried, der aus Brunhilds Sicht unstandesgemäß ihre Schwägerin Kriemhild heiratet und seinen Vasallendiensten Gunther und ihr gegenüber nicht nachkommt. Brunhild hat wohl ihre körperliche Stärke in der Ehe verloren, nicht aber ihr Machtbewusstsein und ihren politischen Instinkt. Rangfragen sind politische Fragen der Zeit und die Verletzung entsprechender Regeln ist ein Verstoß gegen die Ordnung. So ist auch der Streit der Königinnen um den Vortritt am Portal des Wormser Münsters kein dummes weibliches Gezänk, als das ihn die um die wahre Sachlage wissenden und die Enthüllung befürchtenden Männer abtun wollen, sondern ein Streit um eine allerdings falsche, vorgegaukelte politische Realität. Das Fatale scheint hier nicht eine an-

gebliche politische Handlungsunfähigkeit der Frauen, sondern der beständige Betrug einer geschlossenen Männerwelt. Denn es ist Brunhilds effektvoll betriebene „Politik körperlich inszenierter Zeichen“ (Monika Schausten) – der Einsatz von Tränen, sexueller Verweigerung und Streit um den Vortritt – die letztlich mit dazu führt, dass Hagen Siegfried ermordet.

Nicht nur Brunhild, auch Kriemhild handelt politisch und kompromissfähig: nach der Ermordung von Siegfried verweigert sie dem Hof ihre Anwesenheit; sie nutzt das ihr verbliebene Erbe, um kampffähige Männer um sich zu scharen; sie geht eine politisch motivierte Ehe ein; sie verpflichtet Rüdiger zur Treue; sie tauscht einen (trügerischen) Versöhnungskuss mit ihren Brüdern; sie schmiedet Bündnisse im Hunnenland; sie inszeniert von langer Hand ein Verwandtentreffen. Sie tut dies alles allein auf sich gestellt, sie hat keine Seilschaften um sich wie die Männerbündnisse, nicht einmal ihre männlichen Verwandten stehen ihr zur Seite. Warum tut sie das alles? Aus Liebe zu Siegfried, um Rache zu üben für den Tod ihres Mannes? Vielleicht. Vielleicht aber doch mehr, um das ihr Zustehende zu erlangen. Sie sehnt sich nach Wiedergutmachung der vielen Verletzungen und Beraubungen, insbesondere des Raubs des ihr nach Siegfrieds Tod zustehenden Nibelungenhortes, die ihr durch ihre Brüder und vor allem Hagen angetan wurden. Eine solche ungebremste Wut, die Kriemhild am Ende entwickelt, erwächst eher aus den Verletzungen, die ihr als Person sowie ihrer Ehre zugefügt wurden, als aus Liebe zu einem bereits lange toten Mann. Die Annahme der starken Ehetreue ist eine Interpretation des 19. Jahrhunderts, in dem die monogame bürgerliche Ehe zum Lebensziel der Frauen erhoben wurde. Einer Frau, der es vorherbestimmt war, Königin zu sein und zu herrschen, deren Mann hinterhältig ermordet und die durch ihre eigene Sippe verraten und beraubt, der niemals Wiedergutmachung angeboten und gewährt wurde, ist am Ende alles gleichgültig. Und obwohl an der Rechtmäßigkeit ihrer Forderungen und Rache, vor allem an Hagen, niemand zweifelt, versagen ihr alle handelnden Männer immer wieder Recht und Vergebung. Dies alles spielt sich auf der politischen Ebene ab, auf der es zum Kampf der Geschlechter kommt. Dieser Kampf ist nur möglich, wenn beiden Seiten Handlungsspielraum zusteht. Was sich klar unterscheidet ist die Wertung, die im Text dem weiblichen und männlichen politischen Handeln zugeschrieben wird. Insbesondere dann, wenn Frauen in der politischen Auseinandersetzung zu Gewalt greifen. Brunhild ist schrecklich, eine Teufelsbraut (NL, 330, 450), weil sie auf dem Wege des körperlichen Wettstreites eine geeignete politische Allianz mit einem königlichen Mann herstellen will. Die Gefahr der körperlichen Überlegenheit einer Frau wird anschaulich im Schrecken der Burgunder angesichts der einerseits begehrenswerten (NL, 425) und andererseits so furchtlosen wie starken Brunhild (NL, 447) geschildert. Dankwart: „Sollen uns in diesem Land etwa Frauen zugrunde richten?“ (NL, 443) Die Sorge um ihr Leben erfasst Gunther, Hagen und Siegfried gleichermaßen, dazu kommt die Gefahr, dass eine Frau dem Manne den Ruhm streitig mache (NL, 455). Siegfried: „Verdammt, wenn ich jetzt mein Leben durch die Hand eines Mädchens verliere, dann können künftig alle Frauen ihren Männern gegenüber auftrumpfen, die vorher nie an so etwas gedacht haben.“ (NL, 673) Dies sind eindeutige Äußerungen einer patriarchalen Gesinnung gegenüber Gefahren, die als realistisch betrachtet werden. Hierzu passt die Einsicht eines Mannes aus dem 19. Jahrhundert, Lorenz von Stein, der zugab, dass Frauen alles können, was Männer können, doch dass sie, sobald sie das Männliche tun, keine Frauen mehr sind (Brigitte Wartmann). Das heißt, Frauen können stark sein, können Männer besiegen, können politisch handeln und können Gewalt ausüben – und sie tun dies alles, davon legt das *Nibelungenlied* Zeugnis ab. Sie töten sogar mit eigener Hand einen Helden, wie Kriemhild den Hagen. Und obwohl er es tausendmal mehr verdient hat als alle anderen gefallenen Helden, die noch im Sterben voller Stolz über die edle Hand sind, die sie getötet hat, wird Kriemhild dadurch zur Teufelin (NL, 2371). In den Augen der Männer verliert sie durch dieses Tun nicht nur ihre Weiblichkeit, sondern sie muss darüber hinaus bestraft werden. Denn sie hat die Normen verletzt, die ihr als Frau von der männlichen Gesellschaft auferlegt wurden, und hat damit die männliche Identität bedroht.

Sītā, Savitrī und all die anderen…

Bevor wir uns Draupadī zuwenden, soll zunächst ein Blick auf die interessanten, kraftvollen Frauengestalten der indischen Literatur geworfen werden. Diese Frauengestalten sind hier wenig bekannt, aber auch in Indien hatte man sie zum Teil vergessen oder im Laufe der Zeit umgedeutet. Doch es gibt außergewöhnliche Bilder von Frauen in dieser Literatur, die heutigen Frauen Selbstbewusstsein und Impulse für die Gestaltung ihres eigenen Lebens geben können. Als solche sind sie für unser Thema von Interesse. Es kann nicht die Frage geklärt werden, ob diesen Bildern je eine Realität entsprach, in der Frauen einen geachteten oder gar gleichberechtigten Platz in der Gesellschaft einnahmen. Gleichberechtigung ist ohnehin ein mo-

dernes Konzept, entstanden in einer Gesellschaft, in der im Prinzip alle Menschen vor dem Gesetz gleich sind/sein sollen. Dies ist in vormodernen Gesellschaften generell nicht der Fall – ob in Indien oder Europa. Hier haben, wie oben erwähnt, jeder Stand sowie die jeweiligen Frauen und Männer ihren besonderen Platz und ihre besondere Aufgabe. Von den verschiedenen Bildern starker Frauen aus der Literatur, Mythologie etc. Indiens kann also keineswegs auf einen prinzipiell geachteten Status der Frau im alten Indien geschlossen werden, der dann vorteilhaft der schlechten Gegenwart gegenübergestellt wird. Dennoch ist zumindest zu vermuten, dass sich literarisches Frauenbild und Leben der Frauen nicht völlig diametral gegenüberstanden.
Der Indologe Johannes Mehlig hat auf die Widersprüchlichkeit der Frauenbilder in den verschiedenen Textgattungen hingewiesen. „Denn im Gegensatz zu der vor allem in den einheimischen Rechtsbüchern proklamierten und verbreiteten Meinung, die Frau sei gegenüber dem Manne ein zweitrangiges Wesen, wird in der indischen Literatur nahezu durchgehend die Frau als eine im Dulden und Leiden, in der Treue und Standhaftigkeit starke Persönlichkeit gezeichnet, die sich einem Manne gegenübergestellt sieht, der nur zu leicht seinen ... kurzlebigen und oft recht leichtsinnigen, den Konfliktstoff ergebenden Leidenschaften erliegt.“ (Johannes Mehlig, S. 305) Diese für das Frauenbild positiv gemeinte Äußerung überlässt dennoch den Frauen vor allem eine Stärke: die des Duldens und Leidens. Nicht alle literarischen Frauengestalten halten sich daran, allen voran Draupadī, aber auch Śakuntalā, Sāvitrī, Satī und Sītā.

Eine der ersten, wenn nicht die erste literarische Frauengestalt Indiens, die in Europa bekannt wurde, ist Śakuntalā. 1789 hatte William Jones, britischer Richter im damaligen Kalkutta und einer der Begründer der Indologie, das gleichnamige Drama des Dichters Kālidāsa (um 400 u. Z.) ins Englische übersetzt. Es folgte bald eine Übertragung ins Deutsche durch Georg Forster im Jahre 1791, die mit Begeisterung aufgenommen wurde. Diese Begeisterung erklärt sich am ehesten aus dem romantischen Zeitgeist und aus dem Frauenbild dieser Zeit in Europa. Die Übersetzung durch William Jones, darauf wies Gita Dharampal-Frick hin, trug allerdings dem moralischen Geschmack seiner Zeit Rechnung, so dass auf diese Weise Kālidāsas Werk westeuropäischen Weiblichkeitsvorstellungen des 19. Jahrhunderts nahekam.
Der brahmanische Dichter Kālidāsa hat die Figur der Śakuntalā nicht erfunden, sondern dem Epenstoff des *Mahābhārata* entliehen und für sein

Werk umgestaltet. Im *Mahābhārata*, so schreibt Johannes Mehlig, „verhandelt eine recht handfeste und selbständige Śakuntalā sehr prosaisch mit dem König." (Johannes Mehlig, S. 311) Bei Kālidāsa hingegen steht das Dulden und Leiden der liebenden und tugendhaften Frau im Vordergrund, umrahmt von romantischen Schilderungen seelischer Stimmungen und der Natur. Aus einer selbstbewussten Frau „wurde ein schüchternes, unterwürfiges Mädchen, das geduldig auf die Anerkennung ihrer Tugendhaftigkeit durch die Männer wartet". (Gita Dharampal-Frick, S.133) Es treffen hier Weiblichkeitsbilder der verschiedenen Ebenen aufeinander: aus dem Werk von Kālidāsa, aus seinen europäischsprachigen Übersetzungen und aus dem europäischen Frauenbild des 19. Jahrhunderts. Śakuntalā wird dabei zu einer unwirklichen, aber idealen Frau.

Verfolgt man die Spur der Śakuntalāfigur zurück, so begegnet man ihr zuerst als einer *apsarā*, worunter man in der Mythologie weibliche himmlische Wesen versteht, die nicht verheiratet sind und über große sexuelle Macht verfügen. Dank dieser Macht gelingt es ihnen zum Beispiel, Asketen zu verführen und ihnen damit ihre durch die Askese angesammelte Macht zu rauben. Auch in der Episode des *Mahābhārata*, die von Śakuntalā erzählt, ist sie eine *apsarā,* die sich in den König verliebt und ihn in eigener Entscheidung heiratet. Ihr Ziehvater erfährt erst hinterher davon. Diese Ehe ist eine Liebesheirat und nicht die später und bis heute in der brahmanischen Kultur bevorzugte Form des *kanyādān* (Mädchengabe). Danach ist die Heirat die Gabe einer selbstverständlich jungfräulichen Tochter durch ihren Vater an die Familie des Bräutigams, bei der Liebe oder der eigene Wille der Frau und meist auch des Mannes keine Rolle spielen. Die *apsarā* hingegen verkörpert eine freie Frau und ein Gegengewicht zum ebenfalls später und bis heute propagierten Ideal der *pativratā*, einer dem Ehemann bedingungslos ergebenen Frau. Śakuntalās Status als *apsarā* unterstreicht ihre Unabhängigkeit und soziale Distanz zu ihrem königlichen Mann, schreibt die Historikerin Romila Thapar und weist zugleich darauf hin, dass dieser Status als *apsarā* ein Zeichen für ihre Herkunft aus einer Gesellschaft sein kann (Thapar nennt sie Waldbewohner; vermutlich einheimische, vorarische Gemeinschaften), in denen brahmanische Normen nicht galten. Dafür spricht auch, dass statt einer Mitgift vom König ein Brautpreis gezahlt wird. Diese Śakuntalā aus dem *Mahābhārata* agiert eigenständig in der Wahl ihres Mannes und weiß auch in direkter und temperamentvoller Weise von ihrem Mann die Einlösung der Bedingungen einzufordern, die ihrer Heirat zugrunde lagen und vom König „vergessen" wurden. Sie ist weder eine schüchterne noch passive oder unterwürfige Frau und Romila Thapar ver-

mutet, dass diese Figur der Śakuntalā aus dem *Mahābhārata* in der Volkskultur weitaus bekannter war und ist als die spätere Dramenfigur. Kālidāsa hingegen gestaltete Śakuntalā als scheu und zurückhaltend, ohne Eigeninitiative – eine romantisierte Frau aus der oberen sozialen Schicht, die sich nicht in der Lage sieht, ihre Rechte beherzt zu verteidigen; ein Kind der Natur, das die Liebe entdeckt und ihr hilflos ausgeliefert ist. Es ist diese Śakuntalā, die als Prototyp der indischen Frau in Europa Ende des 19. Jahrhunderts bekannt wurde und das Muster für die Wahrnehmung der indischen Frau vorgab. Und dieses Muster passte hervorragend in die europäischen Diskurse über das Wesen der Frau in der entstehenden modernen Gesellschaft.
In den verschiedenen europäischsprachigen Übersetzungen erhielt Kālidāsas Śakuntalā nochmals eine spezifische Färbung. Die Erotik des Stückes wurde beiseitegelassen, Kālidāsa als Shakespeare Indiens aufgewertet und diese Erzählung als authentisches Bild der altindischen Kultur – und damit auch deren Frauen – missverstanden. Damit wurde eine bis heute die europäische Wahrnehmung Indiens und seiner Frauen prägende Spur gelegt. Diese wirkte wiederum auf die Selbstwahrnehmung Indiens zurück, denn die englisch gebildete Mittelschicht las das Stück nicht mehr im Sanskrit-Original, sondern meist in der englischen Übersetzung. Und diejenigen Inder, die noch Sanskrit lernten, lasen das Stück wiederum oft in Versionen wie der des bengalischen Reformers Vidyasagar, der es den viktorianischen Moralvorstellungen angepasst hatte. Der Blick auf die eigenen Traditionen änderte sich und wurde neuen Konzepten angepasst. Nur eins wurde fast vollständig ignoriert: die Śakuntalā des *Mahābhārata,* eine Frau, die selbstbewusst gerechte Behandlung einfordert und bekommt.
Das Beispiel der Śakuntalā zeigt, wie sich bestimmte Interpretationen zunächst im Westen etablieren konnten und dann auch in Indien Verbreitung fanden.

Zu den einflussreichen Frauengestalten für die moderne Inderin gehören allerdings seit dem Ende des 19. Jahrhunderts Satī, Sāvitrī und Sītā. Mit ihnen wurden nationale Ikonen als Vorbild für die neue moderne Frau konstruiert, deren Platz im Haus und deren Gott ihr Ehemann ist. Satī und Sāvitrī sind Gestalten aus der Mythologie, Sītā ist die Heldin des *Rāmāyaṇa*, neben dem *Mahābhārata* das zweite große Epos Indiens und heute einer der einflussreichsten literarischen Stoffe, auch im politischen Bereich. In ihrer modernen Interpretation gelten alle drei als ideale Ehefrauen, die ihren Männern treu ergeben sind. Doch man kann sie auch anders sehen, und es gibt Versionen aus den verschiedenen Zeiten und Regionen, die von Menschen aus den unterschiedlichen sozialen Schichten erzählt werden, in denen sie uns in anderer Weise entgegentreten. Hier ist es nicht möglich, alle Facetten dieser Frauenfiguren aus den vielen Erzählungen vorzustellen. Doch einige Beispiele seien an dieser Stelle aufgeführt.

Die Geschichte der Satī soll hier so erzählt werden: Satī ist eine Tochter von Dakṣa, einem der Urväter der Menschheit. Sie beschließt, gegen den Willen ihres Vaters, Śiva zu heiraten, der ein mächtiger Asket ist und das weltliche Leben ablehnt. Sie erweckt seine Aufmerksamkeit durch strenge Askese, erringt seine Liebe, und sie heiraten. Nach einiger Zeit plant ihr Vater, ein großes Opfer durchzuführen, zu dem alle bis auf Śiva eingeladen werden. Darüber ist Satī so erzürnt, dass sie sich in eine wilde, zornige Göttin verwandelt, die mit der ihr eigenen Kraft das Opfer zerstört und sich anschließend selbst verbrennt. Dies ist der eine Kern ihrer Geschichte. Weiter wird erzählt, dass Śiva so zornig über den Tod seiner Frau ist, dass er sich in den Schreckensgott Bhairava verwandelt, woraufhin die Erde bebt und der Himmel erzittert. In seiner Trauer nimmt er den Körper der toten Satī und vollführt einen zerstörerischen Tanz, der alle Existenz bedroht. Um die Vernichtung der Erde abzuwehren, wirft der Gott Viṣṇu seinen Diskus und zerstückelt so nach und nach den Leichnam von Satī. An den Stellen, auf die ein Körperteil von Satī fällt, entstehen sog. *pithas*, das sind heilige Orte der Göttin, an denen sich ihre Kraft – *śakti* – manifestiert.

Man kann nun diese Geschichte so verstehen, dass Satī als treue Ehefrau handelt und sich lieber umbringt als eine Beleidigung ihres Ehemannes hinzunehmen. Es ist aber auch die Geschichte von einer Frau mit Stolz und Durchsetzungsvermögen, die sich einen besonderen Ehemann erwählt, ihn mit eigener Kraft erringt, weil sie das Leben mit einem Asketen teilen und selbst ein solches führen will. Sie verfügt über so viel Macht, das Opfer ihres schöpfungsmächtigen Vaters zu zerstören. Und wenn sie sich aus Zorn über die Beleidigung, die ja auch ihr gilt, selbst tötet, dann tötet sie nur ihre Form als Satī, nicht aber als *śakti*, als die weibliche göttliche Kraft. Die Geschichte der Satī wurde allerdings auch mit der Sitte der Witwenverbrennung in Verbindung gebracht. Eine perfekte Ehefrau ist eine Satī, wenn sie nach dem Tode ihres Ehemannes auf dessen Scheiterhaufen steigt und sich selbst verbrennt, um dann gemeinsam mit ihm ein Leben nach dem Tod zu führen. Doch der Mythos von Satī gibt diesen Zusammenhang nicht her, da in der Geschichte Satīs Mann am Leben ist und sie sich aus einem eigenen wütenden Impuls selbst verbrennt, obwohl Śiva versucht hat, sie zu beruhigen. Satīs Geschichte kann also als die einer starken und unbeugsamen Frau gelesen werden, die sich dem Willen von Vater und Ehemann keineswegs unterordnet und selbst einen außergewöhnlichen Lebensweg anstrebt.

Im *Mahābhārata* wird auch die Geschichte von Sāvitrī erzählt. Sie ist eine Königstochter von so großer Schönheit, dass niemand es wagt, um ihre Hand anzuhalten. Daraufhin zieht Sāvitrī selbst durch das Reich und die Nachbarländer auf der Suche nach einem Ehemann. Bereits auf dem Rückweg, sieht sie in einem Wald Satyavān und verliebt sich in ihn, den Sohn eines im Exil lebenden Königs. Sie berichtet ihrem Vater von ihrer Wahl, doch der anwesende Weise Nārada rät von dieser Heirat ab, da Satyavān nur noch hundert Tage zu leben habe. Sāvitrī besteht auf ihrer Wahl und sie heiraten. Nach der prophezeiten Frist kommt der Todesgott Yama und holt Satyavān ab. Sāvitrī folgt den beiden auf dem beschwerlichen Weg in das Totenreich, so dass Yama, beeindruckt von ihrer Ausdauer und um sie loszuwerden, ihr jede Gunst verspricht außer der der Rückgabe ihres Gatten. Sāvitrī überlistet den Todesgott, indem sie sich hundert Kinder von ihrem Mann wünscht. An sein Wort gebunden, muss er zu diesem Zweck Satyavān wieder freigeben.

Auch hier sind wieder verschiedene Lesarten möglich. Sāvitrī wurde, wie schon Satī, als Modell einer ihrem Mann treu ergebenen Frau dargestellt und der Aspekt ihrer Ergebenheit betont. Zweifellos liebt sie ihren Mann und möchte ihn zurückhaben. Schließlich hat sie sich ihn selbst erwählt und gegen den Rat des Weisen und ihres Vaters geheiratet. Doch ist es wirklich nur ihre Ergebenheit, durch die sie ihn zurückgewinnt, oder nicht vielmehr ihre Cleverness, mit der sie den Todesgott austrickst? Man kann mit Recht an Sāvitrī wiederum ihren Eigensinn und ihre Intelligenz bewundern.

Die heute bekannteste Figur ist Sītā, die als das perfekte Modell für eine indische Frau gepriesen wird. Ihre Geschichte wird im *Rāmāyaṇa* erzählt, in dem der Held und ideale König Rāma im Mittelpunkt steht. Sītā ist die Adoptivtochter eines Königs und wird vom Königssohn Rāma in einem Wettbewerb gewonnen. Sie bilden ein vollkommenes Ehepaar, werden aber durch eine Hofintrige ins Exil geschickt und leben im Wald. Hier entführt eines Tages der Dämonenkönig Rāvana die schöne Sītā, da er sie zur Frau begehrt. Rāma macht sich auf einen an Abenteuern und Kämpfen reichen Weg, um Sītā zurückzuholen, die derweil dem Drängen Rāvanas ausgesetzt ist. Nach ihrer Befreiung bezweifelt Rāma die Tugendhaftigkeit seiner Frau, die lange in der Gewalt eines anderen Mannes gewesen ist. Sītā kann durch eine Feuerprobe ihre Treue zu Rāma beweisen und beide kehren nach Ayodhyā zurück. Das Gerede um Sītā will jedoch nicht aufhören und Rāma sieht sich veranlasst, seine nun schwangere Frau zu verstoßen. Im Wald bringt sie Zwillinge zur Welt und zieht sie allein groß. Nach vielen Jahren wandern die beiden Söhne Rāmas an dessen Hof und tragen das *Rāmāyaṇa* vor. Rāma erkennt sie als seine Söhne und lässt auch Sītā holen. Wenn sie ihm ihre Treue durch eine weitere Feuerprobe beweisen könne, so wolle er sie wieder an seiner Seite haben. Sītā schwört stattdessen zur Mutter Erde, dass sie niemals an einen anderen Mann als Rāma gedacht habe. Die Erde öffnet sich, um Sītā nach all dem Leid zu sich zu nehmen. Rāma bleibt mit seiner Trauer um Sītā allein zurück.

Seit dem 19. Jahrhundert wurde und wird in Indien Sītā als die treue Ehefrau, die ihrem Mann klaglos ins Exil folgt, alle Entbehrungen erträgt, geraubt und von anderen Männern bedrängt wird und dennoch tugendhaft bleibt, ja selbst das Misstrauen ihres Gatten hinnimmt, die Kinder allein großzieht und immer zu ihm steht, als Vorbild für die indische Frau gefeiert. Der indische Nationalismus, der begonnen hatte, sich gegen den britischen Kolonialismus zu wehren, sah in Sītā eine vorgebliche Tradition Indiens gewahrt, die ein Refugium gegen die westlichen Bedrohungen und Einflüsse bieten und spezielle indische Werte bewahren könne. Mit diesen Werten meinte man vor allem die Leidensfähigkeit, Opferbereitschaft, Tugendhaftigkeit und Hingabe an den Mann, zu denen die indische Frau traditionell in der Lage sei und mit denen sie letztlich alle Widrigkeiten und Hindernisse überwinde. Der in der Tat leidens- und opfervolle Lebensweg der Sītā scheint dafür die passende Illustration zu sein. Hier gibt es eine Parallele zur Deutung Kriemhilds im 19. Jahrhundert, bei der die Gattentreue in den Vordergrund gerückt wird. Doch schon in der oben wiedergegebenen und bekanntesten Version des *Rāmāyaṇa* reißt selbst der duldsamen Sītā am Ende der Geduldsfaden: zornig ob der erneuten Verletzungen und Zumutungen verlässt sie Rama und kehrt zur Mutter Erde zurück. Selbst in der klassischen Version weiß sich Sītā der Avancen Rāvanas allein zu erwehren und sich ohne männlichen Beistand selbst zu schützen. Es gibt sogar Hinweise, dass sie sich Kraft ihrer Askese und Reinheit selbst befreien könnte, es aber aus Rücksicht auf Rāma nicht tut, um seine männliche Ehre nicht zu beschädigen.

Das *Rāmāyaṇa* ist ein sehr lebendiger Stoff und wird in unzähligen Varianten erzählt: in den verschiedenen Regionalsprachen oder in Liedern, die von Frauen verfasst und gesungen werden. Manche dieser Varianten sind eher *Sītāyaṇas*, weil in ihnen die Lebensgeschichte Sītās im Mittelpunkt steht. Diese wird nicht als Lobpreisung einer idealen Frau erzählt, sondern als das, was es in den Augen vieler indischer Frauen ist: die Mühen und

Plagen eines Frauenlebens mit einem eifersüchtigen, tyrannischen und im Grunde schwachen Mann, der seine Schwäche hinter patriarchalen Werten versteckt. Es wird von Ungerechtigkeit, Einsamkeit und Leid ohne Heroisierung und Idealisierung erzählt und die Vernachlässigung und Verleugnung weiblicher Rechte beklagt. Gelegentlich taucht sogar das Bild einer starken Sītā auf, die allein in der Lage ist, den Bogen zu spannen, der eigentlich dazu bestimmt ist, den passenden Ehemann für siezu finden, ähnlich unserer Brunhild aus dem *Nibelungenlied.* In manchen volkstümlichen Varianten ist sie es auch, die Rāvana tötet, weil Rāma vor Angst die Knie schlottern.

Der spezifische Gebrauch dieser drei Frauenfiguren Sāvitrī, Satī und Sītā im indischen Nationalismus des 19. und 20. Jahrhundert als nationale Ikonen, die solche Werte wie Keuschheit, Fürsorge und Wohlstand verkörpern, die der reinen Hindu-Frau eigen seien, bedeutet nicht, dass diese Frauengestalten nicht auch als Symbole weiblicher Macht dienen können, denn sie tragen ein subversives, anti-patriarchales Potential in sich. Kolonialismus wie Nationalismus haben die Vielfalt der Frauenbilder homogenisiert und auf ein Modell zurückgeführt: Glorifizierung der Frau als Ehefrau und Mutter. Ein Bestehen auf deren Vielfalt, auf unterschiedlichen Interpretationen und Darstellungen der Frauenbilder hilft bereits, dieser einseitigen Ikonisierung entgegenzutreten.

Haben wir gesehen, dass die angeblichen Leitbilder weiblicher Unterordnung durchaus verschiedenartig interpretiert werden können, so gibt es Beispiele aus anderen als den bisher betrachteten Literaturformen, bei denen die Frauengestalten von vornherein vielschichtiger angelegt sind und patriarchalische Vorstellungen nicht bedienen. Solche Gestalten sind z.B. Behulā aus dem *Manasā Maṅgal* oder Vidyā aus der Romanze *Vidyasundara*, beides seit einigen Jahrhunderten populäre Stoffe in Bengalen. Die Maṅgal-Literatur Bengalens widmet sich thematisch der Verehrung bestimmter Gottheiten. Die Geschichten wurden meist schon über längere Zeit mündlich überliefert, bevor man sie dann ab dem 16. Jahrhundert auch aufschrieb. An dieser Literatur ist für uns die profunde Beschreibung des Lebens der Menschen dieser Zeit interessant. Menschen aller Schichten bevölkern die Geschichten, vom König über Händler bis zu Dienern und natürlich auch Männer und Frauen. Für das *Caṇḍī-Maṅgal* aus dem Ende des 16. Jahrhunderts – Caṇḍī ist eine in Bengalen populäre Variante der Göttin Durgā als Vernichterin der Dämonen – hat David Curley in einem Aufsatz auf eine spannende Mehrdeutigkeit der Geschlechterrollen hingewiesen. Das den Frauen abgeforderte Verhalten richtet sich nach dem jeweiligen sozialen Status: die Frauen der oberen Schichten leben unter einem viel größeren sozialen Druck, ihre Ehre und damit die der Familie zu schützen, als die der unteren Schichten, entbehren dafür jedoch des ökonomischen Druckes, dem diese ausgesetzt sind. Frauen der Zwischenschichten hingegen erfreuen sich meist einer größeren Bewegungsfreiheit, ohne um ihre Ehre fürchten zu müssen oder zu großen ökonomischen Druck zu erfahren. Im *Caṇḍī-Maṅgal* des Mukundaram Cakrabarti kann man allerdings nichts davon lesen, dass die Frauen der oberen Schichten, ohnehin nur eine kleine Gruppe, zur Wahrung ihrer Ehre streng abgeschlossen leben mussten, ja, sie scheinen in der Öffentlichkeit nicht einmal ihr Gesicht zu verhüllen. Aber man kann sehr wohl Erstaunliches über die Handlungsmöglichkeiten und über die Macht der Frauen erfahren. So war es wohl schon damals das Ziel einer Ehefrau, den Ehemann unter ihre Kontrolle zu bekommen und sich dabei nicht ausschließlich weiblich gedachter Eigenschaften und Tugenden wie schamhafter Zurückhaltung und süßer Worte zu bedienen, wie sie in männlichen Wunschträumen vorgestellt werden. Die Frauen verfügen hier, wie die Männer, über Verstand, Willen und Handlungsfähigkeit. Sie sind bei aller Dramatik der Handlung, Konkurrenz untereinander sowie Unterwerfung unter bestimmte Normen nicht bloße Opfer. Sie verfügen in den Geschichten sogar über einen speziellen Vorteil. Eine der Heldinnen wird für eine gewisse Zeit in den Wald verbannt. Sie lernt dort, die Göttin Caṇḍī zu verehren, und gewinnt deren Gunst. Sie erhält von der Göttin magische Kräfte, die sie alle von der Männergemeinschaft geforderten Prüfungen ihrer Ehre überstehen lässt. Die Frauen verfügen somit offenbar über einen speziellen Zugang zur Welt des Religiösen, Magischen und Spirituellen.

Im *Manasā-Maṅgal* geht es um die Verehrung, die sich die Schlangengöttin Manasā unter den Menschen erwerben will. Sie wählt dabei nicht immer ehrenhafte Mittel, ist trickreich und rachsüchtig. Oberflächlich gesehen will sie die Verehrung eines bestimmten reichen Händlers erzwingen, der sich ihr mit stupidem Starrsinn widersetzt. Doch ihre eigentliche Herausforderin ist Behulā, eine junge Frau, die bereits, wie fast alle Frauen, zu ihren Verehrerinnen gehört. Sie ist die Schwiegertochter dieses Händlers, deren Ehemann kurz nach der Hochzeit von Manasā getötet wird, um den Händler zu strafen. Behulā ist nicht die Frau, die sich in ein Witwenlos schickt, sondern sie macht sich mutig allein auf den Weg, um das Leben ihres Mannes zurückzugewinnen. Dabei weiß sie sich clever und einfallsreich aller Gefahren

zu erwehren, die von gefährlichen Tieren und lüsternen Männern ausgehen, und trotzt selbst Manasā Zugeständnisse ab. Sie ist alles andere als eine schwache Frau. Auch sie verfügt dabei, wie schon die Heldin im Caṇḍī-Maṅgal, über magische Kräfte und gewinnt am Ende den Kampf, nicht primär durch Hingabe und Tugend, sondern durch Mut, Intelligenz und Willensstärke. Behulā tritt uns als eine volkstümliche Sāvitrī entgegen.
Ähnliche Frauenfiguren begegnen uns in bengalischen Balladen, die sich durch ihre rein weltliche Thematik von den Maṅgals unterscheiden. Meist wird eine Liebesgeschichte erzählt und eine Frau ist die Hauptfigur, die wiederum durch Klugheit die Hindernisse für die oft ungleiche Liebe – einfaches Mädchen und Königssohn -aus dem Weg zu räumen weiß. Liebesbriefe und andere Botschaften spielen eine wichtige Rolle, d.h. die Frauen können schreiben und lesen und ihre sexuellen Bedürfnisse bleiben nicht verborgen. Allerdings scheitert die Liebe manchmal und es endet im Leid und Selbstmord der Frau – die Verhältnisse werden nicht idealisiert, sondern recht realistisch dargestellt. Umso auffälliger sind die selbständig agierenden Frauen, die oft die Männer retten. Dieses Motiv ist auch bei uns bekannt, aus Märchen wie zum Beispiel „Die Schneekönigin" oder „Hänsel und Gretel".

Eine feministische Philosophie?

All diese Frauenbilder sind ohne Zweifel erstaunlich und passen so gar nicht in das brahmanisch-patriarchale Konzept. Sie zeigen uns sehr deutlich, dass es in keiner Kultur einen so genannten Masterplan für die Gestaltung gesellschaftlicher Beziehungen gibt, der allem seinen Stempel aufzudrücken vermag. Es gibt nach Dominanz strebende Diskurse, doch deren Dominanz ist keine ein für alle Mal gegebene, sondern muss ihre Geltungsmacht immer wieder gegen andere, abweichende oder alternative Diskurse durchsetzen, was in unterschiedlichem Maße gelingt. So bleibt Raum für andere Konzepte und Realitäten. Dies gilt auch für die indische Kultur, deren Vielfalt zwar oft betont, aber dann doch wenig wahrgenommen wird.
Die brahmanische Sanskritkultur ist im Westen am besten bekannt und hat großartige Texte hervorgebracht: die frühe vedische Literatur der eingewanderten Arier mit den Texten der Veden, Brāhmaṇas und Upaniṣaden; dann die verschiedenen philosophischen Schulen sowie eine Fülle an Schriften zum Recht, zur Staatsführung, Tanzkunst und Erotik und vieles mehr. In den Darstellungen der philosophisch-religiösen Literatur wird oft eine Linie

gezogen von dem frühen vedischen Denken hin zur Philosophie des Vedānta, die in der Neuzeit zur philosophischen Grundlage der Religion des Hinduismus erkoren wurde. Oft ist es leider so, dass man im Westen wie auch vielfach im heutigen Indien glaubt, man könne allein mit dieser Linie des Denkens den grundlegenden Charakter der indischen Kultur erfassen – den so genannten Masterplan. Vereinfachend lässt sich diese Traditionslinie mit folgenden Stichworten verbinden: Einheit von Individual- und Weltseele, Abwertung der Wirklichkeit gegenüber der Transzendenz, jenseitige Erlösung als Ziel menschlichen Daseins, Dominanz des männlichen Prinzips über das weibliche, Kastenstruktur. Mit diesen Elementen verbindet man oft die indische Kultur überhaupt und ausschließlich. Doch es gibt zahlreiche weitere Linien des Denkens in Indien, die aus anderen Quellen schöpfen und andere Ideen und Werte vertreten. Diese Traditionen finden sowohl im heutigen Indien als auch im Westen weniger Beachtung. Die Gründe hierfür sind die gleichen, die zu der weiter oben bereits beschriebenen neuen patriarchalen Sicht auf weibliche Traditionen und Figuren mit dem Beginn der Moderne geführt haben.

Der bengalische Philosophiehistoriker Debiprasad Chattopadhyaya sieht im magisch-realistischen Weltbild einheimischer Völker eine Quelle von philosophischen Konzepten, bei denen das materielle Prinzip oder die Natur – *prakṛti* – der Ursprung aller Dinge ist. Dieses Prinzip wurde bei den frühen Ackerbau treibenden und matriarchal orientierten Völkern als weiblich verstanden. Aus diesem Weltbild entwickelten sich im Laufe der Zeit die Philosophie des Lokāyata, auch Weltbild des Volkes oder Materialismus genannt, der Tantrismus und die Sāṁkhya-Philosophie. Alle drei sind wichtige und einflussreiche Strömungen, deren Ideen sich in den Weltbildern, Religionen und Literaturen wiederfinden lassen. Hier ist nicht der Raum und dazu ist der Gegenstand auch zu komplex, um die jeweiligen Konzepte detailliert darzustellen. Vereinfachend und auf unsere Fragestellung hin pointiert, lässt sich diese Traditionslinie des Denkens im Unterschied zu der oben skizzierten mit folgenden Stichworten umreißen: Allgegenwart der aktiven, schöpferischen Natur/Materie, volle Diesseitigkeit des menschlichen Daseins, Erlösung als Vervollkommnung des menschlichen Körpers, Verehrung des Weiblichen als des aktiven, schöpferischen Prinzips, Ablehnung der Kastenstruktur. Diese Traditionslinie findet sich nicht in den brahmanischen Texten, sondern ist in verschiedenen Ausprägungen eher Bestandteil der Volkskulturen. So schreibt zum Beispiel Nita Kumar über Benares (Varanasi), das als die heilige Stadt der Hindus betrachtet wird, dass hier wie im volkstümlichen Denken überhaupt dem Körper eine enorme Bedeutung beigemessen wird. Hier, in dieser Stadt, die als Zentrum des Sterbens, der Wiedergeburt und jenseitigen Erlösung gilt, gibt man sich ebenso dem Erhalt, der Verschönerung und Befriedigung des Körpers durch ausgeklügelte und systematische Regeln der Ernährung, Ruhe, Gesundheit und Genuss hin. Beide genannten Traditionen der vielfältigen indischen Kultur existieren in diesem heiligen Ort und anderswo nebeneinander und können beide, sofern man mit wachem Auge beobachtet, wahrgenommen werden.

Die besondere Bedeutung, die dem Körper in bestimmten Weltbildern zukommt, erklärt sich unter anderem damit, dass er als Sitz der Göttin aufgefasst wird. Es blieb auch nicht bei einem Nebeneinander der verschiedenen Traditionslinien. So zeigt sich zum Beispiel der Einfluss der Volkskulturen auf die brahmanische Sanskritkultur in der wachsenden Bedeutung der Göttinnen seit dem 6. Jahrhundert. Sie erhalten einen prominenten Platz in den religiösen Weltbildern und der kultischen Verehrung zu einer Zeit, als sich in anderen Kulturen der monotheistische männliche Gott gegenüber der Vielzahl von Gottheiten durchsetzt. Mit diesen Göttinnen werden eine Reihe von Weiblichkeitskonzepten transportiert, die zumindest auf eine Vielfalt weiblicher Existenzformen verweisen und mit denen patriarchale Unterwerfung von Frauen nicht in jedem Fall zu rechtfertigen ist. So haben sich denn auch einige der Autoren des Sammelbandes mit dem provokanten Titel „Ist die Göttin eine Feministin?“ dafür entschieden, diese Frage zu bejahen. Für sie eröffnen die Konzepte der Göttinnen Interpretationsmöglichkeiten für eine selbstbestimmte weibliche Existenz.

Es kann in den frühen Weltbildern und in einigen daran anschließenden Entwicklungen ein Zusammenhang gesehen werden zwischen der Natur/Materie als der schöpferischen Kraft, die als weiblich verstanden wird, deren Konzeptionalisierung als Göttinnen, die im Weltschöpfungsprozess entweder allein oder als Energie/Kraft der Götter agieren, und einem Verständnis von weiblichem Handeln als dem aktiven Teil in der menschlichen Gesellschaft. Und möglicherweise finden wir Spuren dieses Zusammenhangs in den oben beschriebenen Frauengestalten, deren Handeln sich, wie wir gesehen haben, durch eigenständige Aktivitäten und Intelligenz auszeichnet. Zu diesen Frauengestalten zählt in jedem Fall auch Draupadī, die, philosophisch ausgedrückt, ein aktivierendes Prinzip in der Erzählung ist und damit Spuren einer möglichen feministischen Philosophie mit trägt.

Draupadī

Das *Mahābhārata* ist ein Epos, das von Kriegern und Königen und ihren Heldentaten berichtet und demzufolge steht die männliche Welt des Kämpfens um Macht, Ehre, Besitz und Frauen im Zentrum des Erzählens. Darüber hinaus gewährt es uns Einblicke in die Lebens- und Denkweisen der herrschenden Schichten. Diese sind nicht eindimensional oder konfliktfrei. Es gibt z.B. Kämpfe um die Dominanz zwischen Kṣatriyas und Brahmanen, deren Werte sich grundlegend unterscheiden, was im *Mahābhārata* in der Figur des Yudhiṣṭhira, der zwischen Neigung und Pflicht schwankt, deutlich wird. Aber auch innerhalb der Kṣatriya-Welt können Konflikte entstehen, die durch zwei sich ausschließende Werte einen Menschen in ein Dilemma führen, beispielsweise Arjuna, der einen Krieg führen soll, in dem Verwandte, Freunde und Lehrer seine Gegner sind. Konflikte gibt es auch zwischen den Werten und Normen der einwandernden Arier und den nichtarischen Einwohnern, wie wir am Beispiel Śakuntalās gesehen haben. Durch den langen Zeitraum des Entstehens des heute vorliegenden Textes, in dem sich die Lebensbedingungen und Vorstellungen geändert haben, lässt uns der Text auch diese Veränderungen nachvollziehen. Für uns sind vor allem die Schilderungen des Lebens der Frauen interessant, die uns etwas über die Handlungsspielräume und Normen der Frauen erzählen. Allerdings erfahren wir aus der Kernhandlung des *Mahābhārata* hauptsächlich etwas über das Leben von Kṣatriya-Frauen, die Welt der Brahmanen und ihrer Frauen ist demgegenüber nebensächlich, die unteren Schichten kommen ebenfalls kaum vor. Eine zentrale brahmanische Figur, Droṇa, ist entgegen den idealerweise vorgesehenen Aufgaben dieses Standes als Waffenlehrer am Hof angestellt und General im großen Krieg. Brahmanen kommen allerdings, neben Göttern, als Erzeuger außerehelicher Söhne vor – damit sind wir mitten im bunten Treiben der Figuren im *Mahābhārata*.

Nachdem oben schon kurz die Kernhandlung des *Mahābhārata* wiedergegeben wurde, sollen hier einige der handelnden Figuren des Epos genauer angeschaut werden, um damit etwas über die Vielfalt der menschlichen Existenzweisen zu erfahren. Denn, schreibt Iravati Karve, jeder Charakter im *Mahābhārata* ist sich der geltenden moralischen Normen bewusst und wenn er vor eine Wahl gestellt wird, welcher Norm er folgen will, so entscheidet er sich nach seinem individuellen Wissen und Gewissen. Auf diesem Ringen der Figuren basiert das über Jahrtausende anhaltende Interesse an dem Epos. Unser erneuter Blick in das *Mahābhārata* konzentriert sich nun vor allem auf Themen, die mit der Figur der Draupadī oder auch genereller mit weiblicher Existenz im Zusammenhang stehen. Solche Themen sind zum Beispiel die verschiedenen Eheformen, Keuschheitsnormen, Legitimität von Nachkommen und weibliche Handlungsspielräume.

Beginnen wir mit König Śāṃtanu. Er trifft bei seiner Lieblingsbeschäftigung, dem Jagen, auf eine schöne Frau, in die er sich augenblicklich heftig verliebt. Er macht ihr einen Heiratsantrag, doch sie stellt einige Bedingungen, bevor sie einwilligt. Der König akzeptiert und sie leben glücklich viele Jahre zusammen. Nur eines verärgert den König zunehmend: sobald ein Sohn geboren wird, wirft ihn seine Frau ins Wasser. Beim achten Mal gebietet er ihr Einhalt, um wenigstens einen Sohn zu behalten, verliert damit jedoch seine Frau, denn zu den Bedingungen gehörte, dass er sie gewähren lässt. Die Frau, eine Nymphe/Göttin namens Gaṅgā, geht mit dem letzten Sohn fort, der dann später, als voll ausgebildeter junger Krieger, zum Vater zurückkehrt und dessen Thronfolger ist. Doch noch ist der König rüstig und wieder auf der Jagd. Abermals begegnet er einer schönen jungen Frau, Satyavatī, und begehrt sie auf der Stelle zur Frau. Dieses Mal ist es der Vater von Satyavatī, ein „König" der Fischer, der die Bedingungen für eine Heirat stellt. Der König soll, wenn er des Fischers schöne junge Tochter haben will, zusichern, dass sie eine *rājya-śulkā* ist, d.h. dass statt des Erstgeborenen der Sohn von Satyavatī und ihm König wird. Der Vater sorgt mit dieser Bedingung für die Existenz seiner Tochter und deren Nachkommen am Königshof weitsichtig vor. Der alte König ist in der Zwickmühle zwischen der eigenen Lüsternheit und der Liebe zu seinem Sohn, dem rechtmäßigen Thronfolger. Der Sohn erlöst ihn durch seinen Verzicht auf den Thron und schwört obendrein, sich niemals mit Frauen einzulassen und somit Ansprüche von Nachkommen auszuschließen – auch das hatte Satyavatīs Vater gefordert. Der Sohn hat nun den Namen, unter dem er im *Mahābhārata* bekannt ist: Bhīṣma, der, der einen schrecklichen Eid schwört. Von hier nimmt das Verhängnis seinen Lauf und das Epos erzählt davon, was passiert, wenn ein alter Mann nach einer jungen Frau giert, zumal, wenn er König ist und seine Gier Folgen für die Dynastie hat. Auch im *Rāmāyaṇa* hatte der Herrscher dem Vater seiner jungen Braut versprechen müssen, dass der Sohn seiner Tochter die Nachfolge antreten wird. Die Folge war das Exil von Rāma und Sītā, der Raub Sītās und deren glorreiche Rückeroberung. Im *Mahābhārata* werden wir noch sehen, welche Folgen der Verzicht Bhīṣmas hat. Zur Zeit des Königs Śāṃtanu scheint es offenbar möglich gewesen zu sein, auch außerhalb des Standes eine Braut zu finden oder sich mit einheimischen Frauen zu verbinden, und zwar nicht als Nebenfrauen, sondern als die Mutter des Thronfolgers: er heiratet zuerst eine Nymphe/Göttin und dann ein Fischermädchen, allein von deren jeweiligen Schönheit betört und ohne nach Herkunft oder Horoskop zu fragen. Interessanterweise ist es auch jeweils die Brautseite, die die Ehebedingungen diktiert: Gaṅgā selbst, mit der er eine Vertragsehe eingeht, die sie wieder auflöst, sobald er die Bedingungen, die sie gestellt hatte, nicht mehr einhält, oder der Vater von Satyavatī. Die Familie der Braut befindet sich nicht in einer unterlegenen Situation, wie sie so häufig von Anthropologen heute in Indien beobachtet wird. Auch von Mitgift ist keine Rede. Im Falle von Satyavatī kommt noch ein pikantes Detail hinzu, welches bei der Eheschließung offenbar keine Rolle gespielt hat, für den Erhalt des Königsgeschlechts aber von entscheidender Bedeutung wird. Sie hat bereits ein Kind aus einer Begegnung mit einem Brahmanen, einen unehelichen Sohn, was ihrer Verheiratung, ja ihrer guten Partie mit einem König, nicht hinderlich ist. Die Geschichte dieses „Fehltrittes" wird im *Mahābhārata* ausführlich erzählt, sie ist kein Geheimnis, allerdings wird sie als Begegnung zwischen dem Fischermädchen und einem heiligen Mann, Brahmanen, geschildert und dadurch als Fehltritt etwas abgemildert. Die Ehe zwischen Śāṃtanu und Satyavatī ist glücklich und wird mit zwei Söhnen beschenkt. Nach dem baldigen Tod von Śāṃtanu übernimmt zunächst Bhīṣma die Regentschaft, bis der älteste Sohn Chitrāṅgada König werden kann und nach dessen plötzlichem Tod der jüngere Bruder Vicitravīrya. Bhīṣma, in Sorge um den Erhalt des Königsgeschlechtes, beschafft dem König schnell ein paar Bräute, die er der Dringlichkeit halber auf deren *svayaṁwara* (ein großes Fest, bei dem eine Kṣatriya-Frau ihren Gatten unter den Anwesenden selbst wählt) raubt. Diese nicht unübliche Art, eine Braut zu erwerben, entsprach dem Verhaltenscode der Ksatriyas und kommt im *Mahābhārata* häufiger vor. Kṛṣṇa rechtfertigt beispielsweise den Raub seiner Schwester Subhadrā durch Arjuna als die rechtmäßige Weise für einen Kṣatriya, seine Braut zu erlangen statt, sie wie ein Tier oder sonstiges Objekt als ein Geschenk zu akzeptieren (*kanyādān*). Dies sei Brahmanen-, aber nicht Kriegerart. Dennoch stirbt der junge König, ohne Nachkommen gezeugt zu haben. Das Geschlecht steht damit vor dem Ende, denn Bhīṣma, der einzig lebende männliche Nachkomme der Linie, hält sich, vor die Wahl gestellt, die Dynastie zu retten oder seinem Eid zu folgen, strikt an den Eid. Aber da ist ja noch der illegitime Sohn von Satyavatī namens Vyāsa, der Halbbruder der verstorbenen Königssöhne und von Bhīṣma. Er wird nun gerufen, um mit den beiden Witwen Söhne zu zeugen, was auf keine Gegenliebe der Witwen

stößt. Die Söhne werden daher mit Makeln geboren: Dhṛtarāṣṭra ist blind und Paṇḍu bleich, ein Albino (und vermutlich zeugungsunfähig). Ein dritter Versuch wird unternommen, um zu einem makellosen Sohn zu kommen und dies gelingt insofern, als Vidura gesund in Körper und Geist ist, aber leider wird er von einer Dienerin geboren, die die an weiteren Begegnungen nicht interessierten Witwen dem Vyāsa untergeschoben hatten. Dieser Umstand schließt seine Anwartschaft auf den Thron aus, d.h. in diesem Fall bestimmt der Status der Mutter den des Sohnes. Ein idealer Kandidat ist nicht da, Bhīṣma ist trotz des Dilemmas nicht zur Zeugung von passablen Nachkommen für die Dynastie bereit und so entscheidet man sich für Paṇḍu als neuen König. Bhīṣma kommt seiner Verantwortung gegenüber der Dynastie insofern nach, als er Paṇḍu mit Kuntī und Mādrī verheiratet. Kuntī ist eine Kṣatriya-Frau durch und durch, mit einem kleinen Makel. Mādrī wird für einen hohen Brautpreis aus der nord-westlichen Region erworben, einer Region, in der es zur Vermischung verschiedener Kulturen kam. Daher war diese außergewöhnlich schöne Frau nur gemäß dem dortigen Brauch teuer zu erkaufen. Dhṛtarāṣṭra erhält Gāndhārī zur Frau und muss aufgrund seiner Blindheit auf den Thron verzichten, was ihn sein Lebtag schmerzt und sein Bestreben erklärt, blind vor Gier nach dem Thron und gegen jede Vernunft wenigstens für seine Söhne ein Königreich zu sichern.
Die dramatischen und uns bis heute berührenden Konstellationen im *Mahābhārata* entstehen aus rein menschlichen Zügen: den Schwächen, Zwängen, Vorlieben, persönlichen Entscheidungen der Figuren. Ein solcher dramatischer Punkt ist zum Beispiel das Figurenensemble Kuntī – Paṇḍu – Mādrī. Der König Paṇḍu beschließt eines Tages, die Regentschaft seinem eigentlich regierungsunfähigen, weil blinden Bruder zu überlassen und mit seinen beiden Frauen noch kinderlos in den Wald zu ziehen. Üblicherweise wird das Folgende so erzählt: Paṇḍu war durch einen Fluch daran gehindert, mit seinen beiden Frauen sexuellen Kontakt zu haben. Für einen König ist es jedoch eine sehr wichtige Aufgabe, Nachkommen zu zeugen, um die Linie zu erhalten. Daher bittet Paṇḍu im Wald Kuntī, mit einem anderen Mann nach alter Sitte Söhne zu zeugen. Dieser andere Mann kann ein Verwandter oder ein Brahmane sein. Doch auch Kuntī hat eine Geschichte, in der ihr als junges Mädchen für ihren aufopfernden Dienst an einem Brahmanen ein *mantra* (Zauberformel) gegeben wurde, mit dessen Hilfe sie jeden beliebigen Gott bitten kann, mit ihr Söhne zu zeugen. Davon macht sie nun dreimal Gebrauch und mit Hilfe der Götter Yama (Gott des Todes), Vāyu (Windgott) und Indra (Kriegsgott) werden Yudhiṣṭhira, Bhīma und Arjuna geboren. Auch Mādrī möchte nicht kinderlos bleiben und großzügig

gewährt ihr Kuntī das *mantra* zum einmaligen Gebrauch. Mādrī nutzt ihre Chance clever und bekommt die Zwillinge Nakula und Sahadeva. Somit sind die fünf Pāṇḍavas da, die Hauptheldеn des Epos. Doch Kuntīs frühe Geschichte ist damit noch nicht zu Ende, denn angeblich hatte sie das Geschenk des Brahmanen neugierig schon einmal ausprobiert und einen illegitimen Sohn geboren, von dessen Existenz niemand weiter weiß. Er wurde von Pflegeeltern adoptiert und wuchs als *sūta* (Barde, Wagenlenker) auf, ahnend, dass dies nicht sein wirklicher Stand ist. Dieser Sohn namens Karṇa wird zum starken Gegner der legitimen Söhne Kuntīs im Kampf um das königliche Erbe und ist ein tragischer Punkt in ihrem Leben. Um die Geschichte des Dreigestirns abzuschließen sei hier noch vermerkt, dass Paṇḍu, der legitime, wenn auch nicht biologische Vater der Pāṇḍavas, alsbald stirbt, da er der schönen Mādrī nicht widerstehen kann und der Fluch in Erfüllung geht. Mādrī verbrennt sich selbst mit ihrem toten Gatten, nachdem sie ihre Söhne in Kuntīs Obhut gegeben hat – übrigens einer der seltenen Fälle von Witwenverbrennung in dem an toten Kriegern und Witwen reichen Epos. Kuntī, nun allein für die fünf Söhne zuständig, zieht zurück an den Hof von Hastināpura, womit die Rivalität um das Erbe zwischen den Pāṇḍavas und den Kauravas, den hundert Söhnen Dhṛtarāṣṭras, ihren Lauf nimmt.

Am Beispiel dieses Figurenensembles lassen sich einige Überlegungen anstellen, wie hier mithilfe von Göttern und dem Kunstgriff des Fluches bestimmte Sachverhalte von späteren Bearbeitern des Textes möglicherweise verschleiert wurden. Iravati Karvi hat darauf hingewiesen, dass Kuntīs erster Sohn Karṇa das Kind des Brahmanen sein könnte, dem sie so aufopfernd ein Jahr lang gedient hat, und dass dieser Umstand kein Sonderfall sei. Brahmanen müssen ja nicht notwendigerweise enthaltsam leben, doch sollten sie nach dem eigenen Modell ihre Sexualität in einer Ehe ausleben und nicht junge Mädchen verführen. Im Fall des illegitimen Sohnes von Satyavatī wurde ein Brahmane zum Erzeuger erklärt. Wahrscheinlicher ist, dass in der Gruppe der Fischer, die den unteren sozialen Schichten zugehört, die Keuschheit der Frau keine geforderte Norm war und die Kinder gelegentlich mit unklarer Vaterschaft aufwuchsen. Bei Kuntī hingegen wäre selbst die brahmanische Vaterschaft kompromittierend gewesen, weil nach den brahmanischen Standesnormen in den höheren Schichten vorehelicher Sexualkontakt zumindest bei Frauen verpönt war und somit nur ein Gott, im Falle Karṇas der Sonnengott Sūrya, als halbwegs akzeptabler Vater gelten kann. Gleiches gilt für die Pāṇḍavas, denen allen ein göttlicher Vater angedichtet wurde. Dies ist ein in der Erzählgeschichte der beiden Epen

Mahābhārata und *Rāmāyaṇa* von späteren Bearbeitern häufig benutzter Trick, um menschliche Schwächen zu vertuschen oder über alte Bräuche und Sitten hinwegzugehen, die nun nicht mehr gelten sollen.
Was hat das bisher Gesagte mit Draupadī zu tun, der ja unser hauptsächliches Interesse gilt? Die bisherigen Schilderungen aus dem *Mahābhārata* zeigten bereits, dass in diesem Epos verschiedene Lebens- und Moralvorstellungen nebeneinander bestehen: Kṣatriya- und Brahmanenwerte, nicht-arische und arische Normen usw. In der Figur der Draupadī nun finden wir ein Frauenbild, das den späteren Vorstellungen einer *pativratā* entgegensteht und auf andere Traditionen in der Kultur Indiens verweist, die wichtiger Teil der Geschichte sind und die für heutige Frauen interessant sein können. Wie schon bei den anderen, oben geschilderten Frauenfiguren Śakuntalā, Sāvitrī, Satī und Sītā gibt es bei Draupadī einen offensichtlichen Kontrast zwischen idealisierter Beschreibung der Figur und ihrem tatsächlichen Handeln. Bei der Draupadī-Figur gelang jedoch eine Umdeutung zu einer *pativratā* nie so recht. Warum das so ist, wird sich im Folgenden zeigen.
Draupadī ist die Tochter der Rache, geboren aus dem Feuer. Ihr Vater, der König Drupada, hatte ein Opfer veranstaltet, um mit Hilfe des so geborenen Kindes Rache an Droṇa zu nehmen, Brahmane und Waffenlehrer der Kauravas. Der Konflikt zwischen Drupada und Droṇa spiegelt die Rivalität der Kṣatriyas und Brahmanen um die Dominanz in der Geschichte Indiens wider. Drupadas Wunsch geht insofern in Erfüllung, als die aus dem Opfer geborenen Kinder den Vater rächen: der Sohn Dhṛṣṭadyumna tötet Droṇa im Krieg und die Tochter Draupadī treibt aus verschiedenen Gründen zu diesem Krieg.
Die mythische Erzählung über die Herkunft Draupadīs soll vielleicht ihren Charakter erklären. Die Hauptheldin des *Mahābhārata* ist nicht nur außergewöhnlich schön, sondern auch intelligent und willensstark. Damit ist sie eine typische Figur dieses Zeitalters und des Kṣatriya-Standes, ähnlich wie Gāndhārī und Kuntī. Diese Frauen teilen die Herrschaft und den Glanz des Kṣatriyatums wie dessen Schattenseiten: Niederlagen, Verlust der Macht, Exil. Sie befürworten den Krieg und treiben ihre Männer um der gleichen Ziele wegen in ihn hinein: Macht, Herrschaft, Besitz und Ehre. Ohne Frage stehensie zu den Werten und Idealen ihres Standes. Sie wollen den stärksten, kriegerischsten, mächtigsten Mann an ihrer Seite. Keinen solchen Mann, sondern einen schwachen, blinden zu haben, ist für Gāndhārī vermutlich eine solche Enttäuschung, dass sie ihr Leben lang eine Binde um ihre Augen trägt und so für jedermann sichtbar die Kränkung, mit einem

unpassenden Ehemann vermählt worden zu sein, der nicht König werden kann, vor sich her trägt. Spätere Generationen deuteten allerdings diesen Akt des Protestes als einen Akt der Hingebung der Frau an den Mann um. Draupadī hat gleich fünf Ehemänner von der gewünschten Qualität und wir erfahren nicht, ob sie damit glücklich ist – genützt hat es ihr jedoch nicht viel. Über diese polyandrische Ehe wurde viel gerätselt. Zwei mögliche Erklärungen kämen in Frage: Pāñcāla, das Reich des Königs Drupada, reichte ursprünglich bis an den Himalaya heran. In diesem Gebiet gab es bei verschiedenen Völkern den Brauch der Polyandrie und sie war daher nicht so außergewöhnlich. Die Figuren des *Mahābhārata* nehmen kaum Anstoß an dieser Eheform, sie kam erst später in Konflikt mit brahmanischen Vorstellungen. Allerdings ist die polyandrische Ehe der Draupadī offenbar so fest in der Erzählstruktur des *Mahābhārata* verankert, dass sie weder herausgenommen noch abgewandelt werden konnte. In dieser Erzählstruktur hat sie darüber hinaus einen bestimmten Sinn. Die Pāṇḍavas gewinnen mit Draupadī nicht nur eine geeignete Ehefrau, sondern obendrein eine Reihe mächtiger Verbündeter. Zur Zeit der Hochzeit sind sie Kṣatriyas ohne Reich, wenn auch mit Anspruch auf den Thron in Hastināpura. Sie sind inkognito unterwegs und haben gerade einen Mordanschlag der Kauravas überlebt. Doch nun verschiebt sich die Machtbalance zwischen den rivalisierenden Verwandten um das Erbe und die Kauravas können den Pāṇḍavas, die keine vaterlosen Kinder mehr sind, sondern mächtige Verwandte und Verbündete hinter sich haben, einen Anteil am Reich nicht mehr verwehren. Möglicherweise war die Verheiratung der schönen und mächtigen Draupadī an alle ihre Söhne auch ein geschickter Schachzug von Kuntī, mit dem die Gemeinschaft und der Zusammenhalt der Pāṇḍavas gefestigt und Eifersucht und Zwietracht wegen einer Frau ausgeschlossen werden sollten. Draupadī gelingt es auch, den Zusammenhalt der Pāṇḍavas zu wahren, ihren Männern in schweren Situationen beizustehen und sie gelegentlich zu retten. Denn diese sind zwar im Kampf tapfer, aber ihren staatsmännischen Aufgaben nicht immer gewachsen. Iravati Karve beschreibt die Pāṇḍavas wenig schmeichelhaft: Yudhiṣṭhira ist spielsüchtig, Bhīma zwar stark, aber unkontrolliert, Arjuna kühn, doch ohne staatsmännische Fähigkeiten und die beiden Zwillinge Nakula und Sahadeva sind mehr oder weniger Kopien der älteren Brüder. Yudhiṣṭhira, der Älteste und aufgrund dessen sowie seiner persönlichen Qualitäten zum König ausersehen, hadert mit dieser Position und den damit verbundenen Pflichten. Er wäre lieber ein Gelehrter, der seine Zeit mit Studien und Meditation verbringt, doch sein Stand verlangt von ihm zu kämpfen und zu herrschen. Es liegt bei Draupadī und Kuntī, den

Pāṇḍavas immer wieder ihre Standespflichten in Erinnerung zu bringen und sie zum entsprechenden Handeln zu bewegen.

Draupadī ist alles andere als eine typische *pativratā* (dem Mann ergebene Ehefrau), wenngleich ihr durch spätere Interpolationen dieser Anschein gegeben wird. Ihr Auftreten, Handeln und Denken sprechen dagegen. Sie übt offene und direkte Kritik an ihren Ehemännern, nennt Yudhiṣṭhira einen Spieler, verwickelt ihn in Diskussionen um die Interpretation von Gesetz und Ordnung, treibt zum Handeln und bringt eine ganze Versammlung von Königen und Gelehrten in Verlegenheit durch eine provokante Frage. Dennoch erfährt auch sie geschlechtsspezifische Diskriminierung. Draupadī sieht sich – im Unterschied zu Kriemhild – primär sexuellen Übergriffen ausgesetzt und als Frau geschändet, ohne dass dies für die Männer – mit fünf Männern ist sie verheiratet, hinzu kommen Vater, Bruder, Schwiegervater, zahlreiche Schwäger und sonstige Verwandte und Bekannte – Grund ist, in Aktion zu treten. Die bengalische Autorin Soali Mitra hat sich in einem Theaterstück speziell mit den Szenen aus dem *Mahābhārata* befasst, in denen Draupadī eine zentrale Rolle spielt, und diese aus weiblicher Perspektive neu erzählt. Sie nennt ihr Stück „Fünf Ehemänner, doch nicht einen Beschützer" und es ist in Kolkata mehrere Jahre lang vor vollem Haus gespielt worden. Ein Zeichen dafür, dass man bereit ist, das heroische Epos in einer neuen weiblichen Perspektive zu sehen, in der das Heldische keine Rolle spielt, sondern eher die Frage, wie die großen Helden zu den Frauen stehen.

Draupadī führt den Haushalt der Pāṇḍavas im langen, erzwungenen Exil, in das sie ihre Männer freiwillig begleitet, und hält dort die Gemeinschaft zusammen und am Leben. Sie erweist sich immer wieder als eine starke Frau, intelligent und wenig geneigt, still zu leiden. Sie hat genug Gründe zu leiden und auf Rache zu sinnen – nicht für ihren Vater, sondern für sich. Anders als Kriemhild, die vor allem Angriffe auf ihren sozialen Status als Königin hinnehmen muss und sich dagegen wehrt, erleidet zwar Draupadī auch Statusverluste als Königin, doch diese teilt sie mit ihren Männern und sie gelten nicht primär ihr. Andere Punkte, die angesprochen werden, um die untergeordnete Position der Frauen zu demonstrieren, gelten genau betrachtet nicht speziell für Frauen. Zum Beispiel das Verheiratetwerden, ohne immer die Zustimmung der Betroffenen einzuholen, gilt in Kṣatriyakreisen für beide Geschlechter, da Ehen unter dem Aspekt von politischen Allianzen und Gebietserweiterungen geschlossen werden. Diesen Punkt teilt das *Mahābhārata* mit dem *Nibelungenlied.* Dass in der Ehe dann eine Geschlechterhierarchie zu Tage tritt, sieht man z.B. daran, dass sich die Män-

ner mit noch weiteren Frauen verheiraten können. Ein anderer diskutierter Punkt ist der Verlust ihrer Söhne im großen Krieg. Doch interessanterweise tritt Draupadī, wie Kriemhild, als Mutter kaum in Erscheinung, ihre Mutterrolle bleibt blass gegenüber ihrer Rolle als Königin und Ehefrau. Wir erfahren fast nichts über ihre Kinder und die Beziehungen zueinander. Der Verlust ihrer Söhne wird bei beiden Frauen nicht zu einem speziellen Handlungsantrieb, sondern ist eine Folge ihres vorhergegangenen Tuns, wenn nicht beabsichtigt. Die Väter verlieren ebenfalls ihre Kinder. Im *Mahābhārata* ist es besonders der tragische, weil nach den geltenden Regeln des Kampfes unfaire Tod von Abhimanyu, Arjunas Sohn mit Subhadrā.
Die erste Episode, in der Draupadī im Mittelpunkt steht, ist ihre *svayamwara,* die in ihrem Falle keine wirkliche Selbstwahl ist, denn sie ist der Preis für den Sieger in einem Wettkampf. Allerdings scheint es, als könne sie sogar in dieser Situation einen Bewerber daran hindern, an dem Wettkampf teilzunehmen, wenn sie der Meinung ist, sie würde ihn ohnehin nicht heiraten. Hier ist es Karṇa, der von ihr abgelehnt wird, und sie erweist sich dabei als standesbewusste Kṣatriya-Frau. Arjuna hingegen gefällt ihr und sie hat gegen seinen Sieg keine Einwände, obgleich er als armer Brahmane verkleidet auftritt. Die anwesenden Ksatriyas, die alle im Wettbewerb peinlich scheitern, sind entsetzt und in ihrer Ehre beleidigt, es kommt zu unwürdigen Tumulten und Rangeleien.
Die nächste Episode ist für Draupadī traumatisch. Von ihrem Ehemann Yudhiṣṭhira im Würfelspiel verloren, wird sie vor den versammelten Hof an den Haaren herbeigeschleift, was allein schon für eine Kṣatriya-Frau demütigend ist. Obendrein soll sie vor aller Augen entkleidet und so in ihrem neuen Status als Sklavin der Kauravas präsentiert werden. Zwei Dinge können anhand dieser Szene diskutiert werden: Draupadīs Frage (siehe unten) und das Verhalten aller anwesenden Männer des Kṣatriya-Standes. Es bleibt ein Rätsel, warum keiner der viel gepriesenen ehrenhaften Männer gegen diese Obszönität der – ob ihres betrügerischen Sieges außer Rand und Band geratenen Söhne des Dhṛtarāṣṭra – einschreitet. Das Verhalten gegen Draupadī ist mit keinem *dharma* (hier: Verhaltenskodex) zu rechtfertigen, denn selbst wenn sie jetzt Sklavin ist, besteht keine zwingende Eile, den neuen Status in dieser Weise zu demonstrieren. Dem eifrigen und klar sexuell motivierten Geifern von Duryodhana und Duḥśāsana in einer Königshalle sollte schon aus Anstand Einhalt geboten werden. Nur Vikarṇa, ein jüngerer Bruder der beiden, und Vidura unternehmen einen Versuch, doch ihre Stimme hat am Hof kein großes Gewicht. Kränkender für Draupadī ist das Stillhalten ihrer Ehemänner, die Zeugen dieser Szene sind und sie nicht vor den

Übergriffen schützen. Konnten sie nichts tun? Gewiss waren sie bereits unfrei, aber was wäre passiert, hätten sie sich schützend vor Draupadī gestellt? Hätten die Männer des Hofes zugelassen, dass es den Pāṇḍavas ans Leben gegangen wäre? Und handelt es sich nicht bei den Pāṇḍavas um die besten Krieger der Zeit? Wir wissen nicht, was passiert wäre, weil kein Versuch unternommen wurde, Draupadī beizustehen. Lediglich der unbeherrschte Bhīma lässt seine Wut heraus, doch nur verbal. Keiner der Männer entscheidet sich dafür, etwas zu tun, um eine Frau zu schützen, die eine Angehörige ihres Standes ist. Ist sie es nicht wert? Das gleiche Muster wiederholt sich noch einige Male im Epos: während ihrer Entführung in der Zeit des Exils durch Jayadratha und während der Zeit ihres Inkognito-Daseins, als sie sexuellem Bedrängen und tödlicher Bedrohung am Hofe des König Virāṭa ausgesetzt ist. Der Schutz und das Rachebedürfnis ihrer Ehefrau werden von den Pāṇḍavas immer hintangestellt und nie eingelöst. Werden die Männer vor die Entscheidung zwischen mehreren sie verpflichtenden Handlungsmöglichkeiten gestellt, rangieren die Interessen der Frau an letzter Stelle. Draupadī hat schnell verstanden, dass sie es selbst in die Hand nehmen muss, wenn sie Gerechtigkeit will. Und es ist unzweifelhaft, dass eine Frau ihres Standes solche Demütigungen nicht vergisst und alles daransetzt, Rache zu üben, auch wenn es ihr nur über männliche Akteure möglich ist. Unter diesem Aspekt könnte man sagen, dass Draupadī die Parteien, die sich ihr gegenüber verletzend verhalten haben, in einen verheerenden Krieg gegeneinander hetzt: die Kauravas, weil sie sie demütigten, die Pāṇḍavas, da sie sie nicht schützten, und all die ehrwürdigen Männer des Reiches, denen kein Wort zu ihrer Rettung eingefallen ist.

Draupadī ist in der Lage, mit Yudhiṣṭhira, der als der Gelehrte unter den Pāṇḍavas gilt, immer wieder Fragen der Moral und des richtigen Handelns zu diskutieren und ihn an die Aufgaben seines Standes zu erinnern. Sie ist dabei offen, direkt bis aggressiv, zeigt Intelligenz und Durchsetzungskraft; so auch in ihrer Frage, die sie stellt, bevor sie in die Königshalle gezerrt wird, und die sie dort noch einmal wiederholt. Sie will wissen, ob Yudhiṣṭhira bereits ein Sklave war, als er sie im Würfelspiel setzte und verlor. Die Idee ist, dass sie selbst als freie Frau nicht von einem Ehemann gesetzt werden kann, der sich selbst schon verspielt hat. Die Frage klingt logisch und beinhaltet ein sicherlich kompliziertes rechtliches Problem. Niemand in der Königshalle vermag eine Antwort zu geben. Iravati Karve hält Draupadīs Frage für einen ihrer beiden großen Fehler. Warum? Es sei für eine junge Frau unziemlich, ja arrogant, in der Gegenwart ehrwürdiger Männer ihre Intelligenz zu zeigen. Iravati Karve würde es stattdessen für angemessener und ausreichend halten, wenn Draupadī an den Kṣatriya-Kodex appelliert hätte, der die Entehrung einer Frau ihres Standes in dieser Weise nicht duldet. Weiterhin würde die spitzfindige Frage die Anwesenden in ein Dilemma stürzen. Denn die möglichen Antworten wären für Draupadī nicht vorteilhaft: sie würden entweder die Sklaverei bestätigen, da der Ehemann absolute Besitzrechte an seiner Frau habe, oder Draupadī praktisch zur Witwe erklären, die ihren Mann selbst verleugnet hat, und deren Los wäre alles andere als erfreulich. Der Text des *Mahābhārata* gibt diese Antworten jedoch nicht vor, er schweigt sich zur Frage Draupadīs aus und die Versammelten werden von ihr erlöst, als sich unheilvolle Zeichen bemerkbar machen und Dhṛtarāṣṭra angstvoll das beschämende Schauspiel beendet. Er gewährt Draupadī versöhnlich drei Wünsche, mit denen sie ihre Männer aus der Sklaverei befreit.

Aber ist die Frage wirklich so dumm? Spiegelt sie nicht eher ein Selbstverständnis der Frau Draupadī wider, die sich nicht als das Eigentum ihrer Männer betrachtet? Vielleicht fokussiert sich in Draupadīs Frage ein Wendepunkt im Verständnis der Frau, die nach brahmanischem Weltbild dem Mann untergeordnet und ein Teil seines Besitzes ist. Draupadī kommt aus einer nicht-arischen Kultur, sie heißt unter anderem auch Kṛṣṇā, die Schwarze, sie hat eine dunkle Hautfarbe und lebt in einer polyandrischen Ehe. Die Wurzeln dieser Figur des *Mahābhārata* liegen jenseits der brahmanischen Kultur, die sich erst später des Textes bemächtigt hat. Die Argumente, mit denen Iravati Karve Draupadīs Frage abweist und als Fehler bewertet, kommen aber aus den Werten der brahmanischen Kultur und können daher nicht überzeugen. So kann zum Beispiel der Status der Witwe, der im brahmanischen Verständnis sehr negativ gewertet wird, in der frühen Heldenzeit, wo Männer vorzugsweise auf dem Schlachtfeld und oft in jungen Jahren in den Tod gingen, nicht dieses Stigma gehabt haben. Man kann das Schweigen der Männer auf Draupadīs Frage auch so lesen, dass sie sich verlegen und unsicher fühlen, auf die frei formulierte Frage einer frei denkenden und sich als frei verstehenden Frau zu reagieren. Die nachfolgende dominante Tradition ist mit einem solchen weiblichen Verhalten unzufrieden, doch die Frage ist so fest verankert im *Mahābhārata*, dass sie wie die polyandrische Ehe nicht weggelassen werden kann und nun ohne Antwort über dem Text schwebt.

Der zweite große Fehler Draupadīs sei es gewesen, von allen fünf Pāṇḍavas Arjuna am meisten geliebt zu haben. Yudhiṣṭhira wusste es und litt still darunter. Einen Fehler kann man es wohl kaum nennen, obwohl Draupadī bei Iravati Karve wie auch bei Saola Mitra am Ende erkennt, dass von ihren fünf Männern nur Bhīma immer zu ihr gestanden und versucht hat, sie zu schützen und zu verteidigen, und sie vielleicht den Falschen geliebt hat – auch eine mögliche Abwendung vom männlichen heroischen Ideal, verkörpert in Arjuna, hin zum liebenden und fürsorglichen Mann.

Das damalige heroische Zeitalter hatte Helden nötig, doch heute wird der Heroismus, wie er sich in den Epen zeigt, von Teilen der Gesellschaft kritisch gesehen, unter anderem auch deshalb, weil den Frauen dieses Zeitalters oftmals nur die Rolle der Leidenden zugestanden wurde. Dass dies nicht immer so war, kann man an den Heldinnen Kriemhild und Draupadī sehen. Allerdings wurden im Laufe der Geschichte gerade diese Figuren kritisiert, verändert, umgedeutet – weit mehr als die männlichen Helden, deren Taten, und sei es Betrug und Mord, als akzeptabel galten und zum Teil bis heute gelten. Nicht so das Verhalten der Frauen des gleichen Standes: Kriemhild wurde geschmäht, Draupadī legte man die Worte einer *pativratā* in den Mund. Heute hat sich der Blick auf die Epen verändert, sowohl auf die männlichen als auch auf die weiblichen Figuren, und man kann sich mit Erfolg auf die Spurensuche nach Lebenskonzepten jenseits patriarchalischer Normen begeben. Wenn wir hier am Ende noch einmal die oben aufgeführten Kriterien zur Hand nehmen, mit denen man die Geschlechterverhältnisse bemessen kann, so sehen wir Kriemhild als eine politisch Handelnde. Darüber hinaus tritt sie als Verwalterin des umfangreichen königlichen Haushalts und Produzentin von standesgemäßer Kleidung auf. Ähnliches finden wir im *Mahābhārata* und muss hier besonders für Frauen aus hohem Stand betont werden. Zu Recht hat Elke Hartmann am Beispiel antiker Frauen aus den Epen Homers darauf hingewiesen, dass der große Stellenwert weiblicher Arbeiten im Haus lange Zeit verkannt wurde (Elke Hartmann S. 22). Für das *Mahābhārata* stehen hierzu noch weitergehende Forschungen aus. Doch wir erhalten eine Reihe interessanter Hinweise aus dem Epos zum Beispiel über fehlende Keuschheitsnormen für Frauen verschiedenen Standes, über Brautpreis statt Mitgift, über Selbstwahl des Gatten. Mit Hilfe des Wissens um die eigenen vielfältigen Traditionen Indiens können die heute geltenden patriarchalischen Normen in Frage gestellt werden. Das bedeutet keine Rückkehr zu den alten, vorgeblich guten Traditionen, sondern ein Reflektieren über die mögliche Vielfalt und den historischen Wandel von Normen. Dies wiederum impliziert deren Veränderung und man kann so leichter und freier über die künftige Gestaltung der Geschlechterverhältnisse nachdenken.

Für gründliche Durchsicht des Textes möchte ich mich bei Sylvia Stapelfeldt, Durdana Förster, Ingrid Hörkner und Frauke Roschitz bedanken. Besonderer Dank geht an Barbara DasGupta für die Übersetzung der Erzählung von Mahasweta Devi aus dem Bengalischen.

Literatur[1]

Brigitte. 2007. Nr.17. 1.8.

Chattopadhyaya, Debiprasad. 1968. *Lokayata. A Study in Ancient Indian Materialism*. New Delhi: People's Publishing House.

Curley, David L. 2001. Marriage, Honor, Agency, and Trials by Ordeal: Women's Gender Roles in Caṇḍīmaṅgal. *Modern Asian Studies* 35 (2): 315-348. Cambridge University Press.

Dharampal-Frick, Gita. 2003. „Audiatur et altera pars" – Aspekte der indischen Frauengeschichte. In: Preisendanz, Karin (Hrsg.). *Südasien in der „Neuzeit". Geschichte und Gesellschaft, 1500-2000*. Wien: Edition Weltreligionen. S. 129-152.

Das Mahābhārata. 1961. München: Eugen Diederichs Verlag.

Das Nibelungenlied. 1997. Stuttgart: Philipp Reclam jun.; zitiert als: NL.

Das Rāmāyaṇa. 1981. München: Eugen Diederichs Verlag.

GEO. Das neue Bild der Erde. 2007. Hamburg. August. S. 34. Gruner+Jahr.

Hiltebeitel, Alf/Erndl, Kathleen. 2000. *Is the goddess a feminist? The politics of south asian goddesses*. Sheffield: Sheffield Academic Press.

Hartmann, Elke. 2007. *Frauen in der Antike. Weibliche Lebenswelten von Sappho bis Theodora*. München: Verlag H. C. Beck.

---

1 Die Literaturhinweise beziehen sich auf im Text zitierte und auf für den interessierten Leser zugängliche Literatur.

Karve, Iravati. 1969. *Yuganta. The end of an epoch.* Poona: Deshmukh Prakashan.

Kinsley, David. 2000. *Indische Göttinnen.* Frankfurt am Main: Insel Verlag.

Kumar, Nita. 1988. *Artisans of Banaras.* Princeton, NJ: Princeton University Press.

Lenz, Ilse/Luig, Ute (Hrsg.). 1990. *Frauenmacht ohne Herrschaft. Geschlechterverhältnisse in nichtpatriarchalischen Gesellschaften.* Berlin: Orlanda Frauenverlag.

Lienert, Elisabeth. 2003. Geschlecht und Gewalt im ‚Nibelungenlied'. *Zeitschrift für deutsches Altertum.* 132: 3-23.

Mehlig, Johannes. 1983. Nachwort zu *Kālidāsa – Werke.* Leipzig: Philipp Reclam jun.

Mitra, Saoli. 2006. *Five Lords, Yet None a Protector.* Kolkata: Stree.

Pintchman, Tracy. 1994. *The rise of the goddess in Hindu tradition.* Albany: State University of New York Press.

Schausten, Monica. 1999. Der Körper des Helden und das „Leben" der Königin. Geschlechter- und Machtkonstellationen im Nibelungenlied. *Zeitschrift für deutsche Philologie.* 118 (1): 27-49.

Smith, W.L. 1980. *The One-Eyed Goddess. A Study of the Manasā Maṅgal.* Stockholm: Almqvist&Wiksell International.

Sutherland, Sally. 1989. Sītā and Draupadī: Aggressive Behavior and Female Role-Models in the Sanskrit Epics. *Journal of the American Oriental Society.* 109 (1): 63-79.

Thapar, Romila. 2002. *Śakuntalā. Text, Readings, Histories.* London: Anthem Press.

Thomas, P. 1964. *Indian Women Through the Ages.* Bombay: Asia Publishing House.

Wartmann, Brigitte. Die Grammatik des Patriarchats. Zur „Natur" des Weiblichen in der bürgerlichen Gesellschaft. *Ästhetik und Kommunikation.* 13 (47): 12-33.

Nabaneeta Dev Sen

Gender, Moral und Erzählstruktur in der epischen Literatur

Vor einigen Jahren, während ich mich mit der Technik der oralen Komposition der Epen beschäftigte, habe ich eine Analyse des *Rāmāyaṇa* von Vālmīki nach Themen und Strukturen vorgenommen. Zu diesem Zweck erstellte ich eine vergleichende Liste der Themen von 13 Epen aus den verschiedenen Teilen der Welt, einschließlich des *Rāmāyaṇa*. Die Struktur eines Epos hängt an einigen grundlegenden Themen, die sich in zwei Gruppen teilen lassen. Die eine Themengruppe beschäftigt sich mit dem Leben des Helden, seiner wundersamen Geburt, Initiation, heiligen Hochzeit, dem großen Kampf, Sieg und Tod; die andere dient dazu, die Handlung voranzutreiben, indem sie die Situationen vorgibt, in denen die Aktionen stattfinden können. In meiner Liste notierte ich 14 gemeinsame Themen in der ersten und 24 in der zweiten Gruppe. Es zeigte sich, dass in den Epen, die in sehr verschiedenen, sich nach Zeit, Ort, Sprache und Religion unterscheidenden kulturellen Kontexten entstanden sind, die gleichen Themen vorkamen und die Strukturen sich ähnelten. Dies ist jedoch nicht überraschend, da Forscher seit langem darauf aufmerksam gemacht haben, dass die heroische Welt kulturübergreifend gemeinsame Werte teilt und eine gemeinsame Erzählstruktur aufweist.

Da die Welt der Epen eine männliche Welt ist, fragte ich mich, wie es darin den Frauen ergeht. Doch da ich mit der Technik der Komposition und nicht mit der Genderfrage beschäftigt war, fiel mir zunächst die sonderbare weibliche Präsenz in der Themenliste nicht auf. Den Frauen können nur 9 der insgesamt 38 gemeinsamen Themen zugeordnet werden, auf denen die epische Erzählung beruht. Diese 9 Themen sind: 1) die wundersame Geburt des Helden, 2) seine jugendlichen Heldentaten einschließlich der Gewinnung einer Braut und der Tötung eines Dämonen, 3) seine heilige Heirat, 4) seine Begegnung mit Dämonen (einige von diesen sind weiblich), 5) Entführung und Wiedergewinnung, 6) göttliches Eingreifen (einige der Gottheiten sind weiblich), 7) Eifersucht und Rache, 8) Verstümmelung, 9) Wehklagen. Ein Punkt wird aus diesem Vergleich deutlich: die Frauen der Epen haben, wie auch die Männer, große Gemeinsamkeiten, und sie spielen nur eine kleine Rolle, doch diese Rolle treibt die Handlung voran. Durch die moralischen Normen der heroischen Welt gebunden, ist die epische Erzählung in einer Weise strukturiert, die den Frauen abverlangt, vor allem zu leiden, um damit den Boden für die glorreichen Taten des Helden zu schaffen. Manchmal dient dieses Leiden der Erfüllung eines göttlichen Planes, manchmal ist es die Folge eigener Fehler, doch meist wird beides geschickt kombiniert, um einem epischen Zweck zu dienen.

Egal, welche Gründe vorgebracht werden, die Frauen in den Epen kommen überall schlecht weg, ob sie nun im Mittelmeerraum, an der Nordsee oder am Ganges geboren wurden. Sie haben keine Wahl. In der männlichen Welt der Epen spielen Frauen lediglich eine negative Rolle. Obwohl die meisten von ihnen passiv bleiben, sind üblicherweise sie es, die Tod und Zerstörung verursachen. Die großen Kämpfe würden nicht ausgefochten, epische Helden würden nicht existieren und die größten Epen der Welt würden nicht verfasst werden – ohne diese Frauen, die eine Vielzahl von Schwierigkeiten und Problemen hervorrufen – sie werden betrogen, belästigt und verstümmelt, verführt, entführt oder verpfändet. Diese Frauen haben schlechten Einfluss auf das Leben eines anständigen Mannes, verursachen Blutbäder und auf dem Schlachtfeld sind sie ohne Nutzen. Kein Wunder, dass ihr Leben nicht mit dem der Männer vergleichbar ist.
Wären Frauen damals ebenso geschätzt wie die Männer, würden die epischen Erzählungen ganz anders gestaltet sein. In der epischen Welt der Männerbündnisse und maskulinen Ehre haben Frauen kaum Ansehen, geschweige denn eine positive Rolle. Die Würde einer Frau bestimmt sich durch ihre Fähigkeit, die moralischen Auflagen still und ohne Protest zu befolgen. Ihr Heroismus besteht in unendlicher Nachsicht, ihr Ansehen wird mit ihrer Leidensfähigkeit gleichgesetzt. Wenn eine Frau die Handlung eines Epos aktiv lenkt, so ist es nahezu immer eine negative Rolle wie die von Śūrpaṇakhā oder Kaikeyī oder Kriemhild oder Juno. Im Allgemeinen ist es der Frau in den Epen nicht erlaubt, ein eigenes Leben oder einen eigenen Kopf zu haben und in aller Regel ist sie ein unglückliches Wesen. Der Wunsch einer Frau nach persönlichem Glück macht sie zu einer moralisch sehr bedenklichen Person – siehe wiederum Kaikeyī oder Śūrpaṇakhā oder Dido. Selbst die arme Kausalyā, die ihren Sohn Rāma bittet, an ihre Not zu denken, und so versucht, ihn davon abzuhalten, ins Exil zu gehen, wird von Rāma als selbstsüchtige Frau streng gemaßregelt.

Und seltsamerweise scheint dies ein konstantes Merkmal epischer Erzählungen zu sein, zu allen Zeiten und in allen Kulturen.
Im Laufe der Zeit änderte sich der epische Held. Auch die Vorstellung vom Heroismus veränderte sich. Wir können einen deutlichen Übergang von Homer zu Vergil beobachten, von Achilles zu Aeneas, von körperlicher Kraft zu moralischer Tapferkeit, von der Treue des Helden gegenüber seinen Kampfgefährten zur Treue gegenüber einer göttlichen Mission. Ein neues Zeitalter bricht an mit neuen Werten. Aber was ist mit den Frauen, zum Beispiel bei Homer und Vergil? Finden wir hier eine ähnliche Veränderung? Einen vergleichbaren historischen Prozess? Einen neuen Wertekanon? Eine neue Ära für die Frauen? Nein, nichts dergleichen.

Nehmen wir zum Beispiel die *Aeneis*. Es heißt, an dieser Geschichte zeige sich der Fortschritt vom ungehobelten Helden des frühen heroischen Kodex zum verfeinerten Helden des späteren Moralkodex. Es ist eine Bewegung von den kulturellen Werten der Gemeinschaft (*Illias*) hin zu den kulturellen Werten des Individuums (*Aeneis*), eine Unterscheidung zwischen *Gemeinschaft* und *Gesellschaft.*
Interessanterweise erlaubt der frühe Kodex dem Helden, nach seinem individuellen Willen zu handeln und lediglich seinem eigenen Verständnis von persönlicher Ehre verpflichtet zu sein. Der spätere Kodex hingegen bindet das Individuum durch einen göttlichen Willen und verlangt Treue zu den göttlichen Moralregeln. Es gibt also in den Epen einen Unterschied zwischen dem Moralkodex der frühen ‚heroischen' und der späteren ‚zivilisierten' Gesellschaft. Die Erwartungen an den Helden veränderten sich im Zuge der Entstehung eines neuen Machtkonzeptes.
Was können wir über die Frauen sagen? Die Form des Heroismus und der Zivilisation veränderten sich nur für die männlichen Mitglieder der Gesellschaft und ließ die Frauen davon unberührt. (In diesem Punkt sind sie wie die unveränderlichen Gottheiten.) Wenn etwas gesagt werden kann, dann, dass sich die Situation für die Frauen verschlechterte. Helena war freier als Dido. Ihr war immerhin erlaubt zu leben. Noch heute, wenn die Wissenschaftler über die Epen diskutieren, beachten sie nur die Männer. Zum Beispiel ist der Kampf zwischen Turnus und Aeneas von einigen Gelehrten als Kampf zwischen zwei wütenden Bullen beschrieben worden. Der Sieger wird die Herde führen und die Nachkommen zeugen. Die Prinzessin Lavinia und ihre Wahl sind nebensächlich. Sie wird in diesem Zusammenhang nicht einmal erwähnt.

Auch zu Recht, denn sie ist nur die Kuh, die den Samen tragen soll. Sie gehört zu keiner der sinngebenden Strukturen des Epos, die von den Gelehrten akzeptiert wird, weder der politischen, metaphysischen noch moralischen. Ihre Aufgabe ist es lediglich, geduldig zu warten, von dem richtigen Bullen geschwängert zu werden. Vergil, der sich in seinem Werk vom alten Homerischen Ehrenkodex verabschiedete, veränderte bloß seinen Helden und „domestizierte“ das heroische Ideal, aber er tat nichts dergleichen für die Götter und Göttinnen oder die Frauen des Epos.

Der Kampf zwischen Jupiter und Juno gelangt bis nach Rom und Karthago und ein kriegsmüder, Frieden suchender Aeneas gerät auf Abwege, indem er seinen natürlichen Bedürfnissen folgt und sich in Dido verliebt. Doch schon bald helfen ihm die Götter, sich aus diesem konfusen Zustand zu befreien und er ordnet sich, entgegen seiner Natur, wieder in den Gang der Geschichte ein, wie er von den Göttern vorgesehen ist. Doch was ist mit der Königin von Karthago? Die kühne Gründerin eines neuen Königreiches? Was ist mit ihrem Werk, ihrem Reich, ihrem Leben, ihrer Liebe? Wo rangiert sie in der großen Allegorie? Wo ist ihr Platz in dem Ethos des Aeneas? Werden die Konzepte der Politik, Metaphysik, Moral nicht auf sie, die Gründerin von Karthago, angewendet? Beide sind in einer verhängnisvollen Beziehung als Opfer von Schicksal und Leidenschaft gefangen, doch in Aeneas erwacht sein Pflichtbewusstsein, während das Ganze für Dido tödlich endet. Sie wird total zerstört, wohingegen Aeneas Vergebung erlangt. Vergil wurde für seine differenzierte Sichtweise gepriesen, die gegenüber Homers einfachem Standpunkt einen modernen Geist aufweise. Doch es scheint, dass selbst Vergils Version die weibliche Sichtweise ebenso ausschließt wie schon die von Homer.

Aeneas verlässt Troja, indem er seinen alten Vater auf den Schultern trägt und seinen Sohn an der Hand führt. Von Forschern wurde darauf hingewiesen, dass in diesem Bild Vergangenheit und Zukunft in der Figur des Aeneas zu einer beständigen Zeit verschmelzen. Doch wie wird diese Beständigkeit in der Erzählung erreicht? Sehr einfach: durch das Leiden und die Opfer der Frauen in seinem Leben. Bei ihrer Flucht aus Troja geht seine Frau Kreusa praktischerweise verloren, sie wird so zu seiner Vergangenheit und macht Platz für seine Zukunft. Dido, seine Geliebte, die im Epos seine Gegenwart darstellt, wird verlassen und tötet sich selbst, dadurch wiederum Platz für seine Zukunft machend. Und die junge Lavinia, seine göttlich bestimmte zukünftige Gefährtin, muss ihren jungen Geliebten opfern, ihren Verlobten Turnus, und einen alten Mann heiraten, um den Samen Trojas in

Latium zu tragen. Alle drei Frauen müssen ihre individuellen Pläne opfern, um dem Aeneas seine große nationale Zukunft zu sichern.

Adam Parry spricht von den zwei Stimmen in Vergils *Aeneis*: die öffentliche Stimme des Triumphes und die private Stimme des Bedauerns. Niemand spricht über die dritte private Stimme der Agonie, die Stimme der Frauen. Weil wir sie nicht gut genug hören. Dido offenbart sich gegenüber Aeneas und ihrer Schwester Anna in Karthago, doch im Elysium weigert sie sich, zu Aeneas zu sprechen. Wir hören niemals die Stimme von Lavinia. Nur ihre Mutter Amata widerspricht der unfairen Entscheidung der Götter, doch sie wird als ein ungezähmter Geist abgetan, besessen von den Furien. Dies sind einige Beispiele, wie selbst in der gegenwärtigen Forschung, in den detaillierten Analysen, die Frauen keine Beachtung finden, sie nicht als ein wesentlicher Teil der epischen Struktur oder der sich verändernden epischen Welt verstanden werden. Die Sybille, die ekstatische Priesterin, ist ein gutes Beispiel für die weibliche katalytische Rolle, denn ohne sie wäre der Abstieg von Aeneas in die Unterwelt nicht möglich. Dennoch hat sie keine direkte Verbindung mit der Erzählung.

Ein anderes interessantes Beispiel ist Andromache, die untadelige Frau des Hektor, der wir bei Vergil wieder begegnen, dieses Mal als die Frau seines Bruders Helenos. Es ist eine weibliche Stimme, die wir hören. Sie klagt Aeneas, ihrem trojanischen Landsmann, ihre Geschichte des Leids und der Demütigung. In Vergils eigenen Worten „eine merkwürdige Geschichte, fast unglaublich“, die Geschichte der Unterjochung und Sklaverei einer Prinzessin, die vom Verlierer zum Sieger weitergereicht wird und dabei mehr als einmal den Besitzer wechselt.

Was hat Andromache getan, um ein solches Los zu verdienen? Nur die heroische Gesellschaft vermag darauf eine Antwort zu geben. Und was ist mit Dido? Sie vergaß ihre Treue zu ihrem toten Ehemann, verliebte sich und wurde dafür bestraft. Sie hat die moralischen Normen verletzt und muss dafür bezahlen, indem sie zuerst von ihrem Liebhaber Aeneas zurückgewiesen wird und dann sich selbst tötet. Es sei in diesem Zusammenhang daran erinnert, dass auch Aeneas seinen Treueid gegenüber seiner toten Frau Kreusa nicht einhält, doch er wird dafür nicht bestraft, weil sein Handeln in seiner Macht liegt. Die Quelle der Macht für die Frauen des Epos liegt in ihrer Tugend, die oft mit Keuschheit gleichgesetzt wird. Dido hat diese Tugend verloren und damit ihre Macht.

Nach Dido schauen wir uns nun das Mutter-Tochter-Duo Amata und Lavinia an. Als Ergebnis der Übereinkunft zweier alter Männer, die anscheinend Feinde sind, König Latinius und Aeneas, muss die junge Lavinia ihren gutaussehenden, jugendlichen Liebhaber Turnus verlassen und einen völlig Fremden aus einem fernen Land heiraten, der ihr Vater sein könnte. Vergil erzählt uns nichts über ihre Träume oder ihre persönlichen Wünsche. Er schweigt darüber. Aber die Meinung ihrer Mutter Amata wird zumindest erwähnt. Sie möchte, dass ihre Tochter ihren jugendlichen Liebhaber heiratet, den Mann, den sie liebt. Amatas Mutterherz ist nicht bereit, diese politische Allianz auf Kosten des Glücks ihrer Tochter zu akzeptieren. Sie versucht dagegen zu rebellieren und bezieht alle Frauen von Latium mit ein. Dies ist ein Akt der Rebellion gegen die so genannten moralischen Prinzipien der männlichen Welt, doch er wird in der Erzählung als Wahnsinn wegerklärt. Amata wird als eine Frau beschrieben, die von bösen Mächten besessen ist und daher nicht bei Verstand. Verstand wohnt offenbar nur in Männerbündnissen. Die natürlichsten mütterlichen Gefühle werden als ‚hysterisches' Benehmen präsentiert, denn nur Wesen, die eine Gebärmutter haben, sind solchen Wahnsinns fähig. Amata kann nicht gewinnen, sie spielt ein verlorenes Spiel, die Götter sind gegen sie und auch ihr Ehemann. Was die Frauen von Latium wollen, ist für die Götter wie für den König und den Dichter bedeutungslos. Der junge Turnus muss sterben. Lavinias Liebe muss nach dem Willen der Götter geopfert werden. Lavinia ist eine perfekte jāyā, gut und anständig. In Sanskrit bedeutet jāyā die Ehefrau, durch deren Körper der Ehemann als sein eigener Sohn wiedergeboren wird. Lavinia ist lediglich der Körper, durch den die Trojanische Dynastie an den Ufern des Tibers fortgeführt werden kann. Das arme Mädchen hat nur drei kurze Jahre mit einem alternden Ehemann, der sie nicht aus Liebe, sondern um die Götter zufrieden zu stellen, geheiratet hat.

Für die Frauen der Epen gibt es nichts zu gewinnen, sie bleiben die Verlierer, egal, was sie tun. Wenn du wie ein gutes Mädchen die moralischen Regeln befolgst, endest du wie Andromache oder Sītā, Lavinia oder Urmilā. Und wenn du es nicht tust, bist du eine Dido oder Ambā, Kriemhild oder Śūrpaṇakhā. Non-Konformismus führt zwar zu Bestrafung, doch Konformismus zahlt sich nicht aus.

Schauen wir nun ins Nibelungenland. Was geschieht den Frauen hier? In einem anderen Land, einer anderen Kultur, einer anderen Zeit? Es ist wieder eine brutale Geschichte von Männerbündnissen und ungerechter Behandlung der Frauen. Wie Sītā und Draupadī ist auch Brunhild eine vīrya-śulkā, d.h. um sie zu gewinnen, müssen die Bewerber ihre Männlichkeit unter Beweis stellen. In diesem Fall allerdings muss der Bewerber mit der Braut selbst kämpfen. Die schöne und unbesiegbare Brunhild wird von Siegfried für Gunther betrügerisch gewonnen. Unsichtbar durch seine magische Tarnkappe, ringt er mit Brunhild im Namen seines Kumpels, und hier ist der Betrug noch nicht zu Ende. Der arme Gunther ist nicht in der Lage, das starke Mädchen zu entjungfern, denn sie hängt ihn die Nacht über an einen Nagel in der Wand. In der kommenden Nacht ist es wieder Siegfried, der die Aufgabe übernimmt. Unsichtbar durch seine Tarnkappe, in einem dunklen Raum, verführt er Brunhild und übergibt sie dann Gunther zu dessen Vergnügen. All dies wird vor Brunhild geheim gehalten, die Gunther nun als ihren Herrn und Meister akzeptiert. Zusammen mit ihrer Jungfräulichkeit hat sie auch ihre Unbesiegbarkeit verloren. Für die Frauen der Epen ist Jungfräulichkeit und Keuschheit eine große Kraftquelle, sei es physisch oder moralisch. Sie war die Quelle von Sītās Macht und auch die von Sāvitrī, und ihr Verlust führte zu Didos Untergang und zu Śūrpaṇakhās Verstümmelung.

Und was geschah mit Kriemhild, der schönen Frau von Siegfried und Schwester von Gunther? Sie verlor ihren heroischen Ehemann, weil sie dem Gefolgsmann Hagen das kostbare Geheimnis seiner Verwundbarkeit anvertraute. Doch statt Siegfried zu schützen, betrog er Kriemhild und tötete Siegfried. Im weiteren Verlauf der Erzählung, im zweiten Teil des Epos, wird der Verräter Hagen zum Helden und Kriemhild, von dem Wunsch getrieben, den Mord an ihrem Mann zu rächen, wird zu einer Dämonin, entsexualisiert und entmenschlicht in ihren blutdürstigen Racheakten. Sie ist diejenige, der Unrecht getan wurde, dennoch hat der Erzähler für sie keine Sympathie. Erinnert sei hier an den Moment, als Achilles Hector tötet und seinen Körper über das Schlachtfeld schleift, um den Tod seines Freundes Patroklos zu rächen, und er zu einem Super-Helden wird. Als Aeneas den tapferen und jugendlichen Turnus, der um sein Leben bittet, tötet, um den Tod von Pallas, der ein Sohn seines Freundes war, zu rächen, wird er als rechtschaffener Held betrachtet. Doch die gleiche Handlung, ausgeführt von einer Frau, macht Kriemhild zu einer Dämonin. Warum? Weil sie die moralischen Normen der epischen Welt überschritten hat. Sie ist über die Grenzen des Frauseins hinausgegangen. Blutige Rache fällt nicht in den Bereich weiblicher Rechte.

Im *Mahābhārata* muss Ambā als Hermaphrodit wiedergeboren werden, um sich für die Demütigung, die Bhīṣma ihr zugefügt hatte, zu rächen.Als Frau war es ihr nicht möglich, Rache zu üben. Draupadī ist eine weitere Frau aus den Epen, die von Rache getrieben wird. Ihr Fall unterscheidet sich etwas, da sie nicht selbst Krieg führt, doch durch das ganze Epos hindurch ist sie es, die ihre fünf Ehemänner zu blutigen Rachehandlungen anstiftet. Sie erinnert sie immer wieder an die Demütigungen, die sie als Frau durch ihre Feinde erlitten hat. Draupadī schwört, ihre Haare im Blut der Feinde zu waschen, und sie tut es. Doch der Preis, den sie zu zahlen hat, ist hoch. Sie verliert in einer Nacht alle ihre fünf Söhne und ihr Drängen auf einen unfairen Kampf lädt einen schrecklichen Fluch auf die Familie. Die künftige Generation der Dynastie wird ausgelöscht und die Ungeborenen werden bereits im Mutterleib getötet. In ähnlicher Weise löscht auch Kriemhilds Rache das Haus der Nibelungen aus. Śūrpaṇakhās Rache bringt die totale Zerstörung der Rākṣasa Dynastie in Lanka.

Aus den Geschichten der Frauen in den Epen aus aller Welt erfahren wir, dass es egal ist, ob diese die moralischen Normen missachten, wie es Dido, Draupadī oder Kriemhild tun, oder ob sie sich an die Normen halten wie Sītā, Andromache und Mandodarī, es gibt für sie kein persönliches Glück. Die Epen verlangen von ihnen zu leiden.

II.

Vor diesem Hintergrund möchte ich mich nun der Rāma-Geschichte zuwenden, wie sie im 16. Jahrhundert von einer Frau aus Bengalen erzählt wurde. Wenn Frauen die Epen singen, hören wir dann eine andere Geschichte? Wir wissen, dass die epische Welt eine Männerwelt ist, und so fragt sich, wie eine Frau mit den moralischen Normen umgeht und wie sie die Geschichte erzählt. Sehen wir uns zu diesem Zweck das *Rāmāyaṇa* von Candrābatī an, der ersten anerkannten Dichterin in der bengalischen Sprache.

Candrābatī erzählt das *Rāmāyaṇa* aus der Sicht einer Frau. Ihre Erzählung unterscheidet sich von der traditionellen Erzählstruktur. Sie beginnt nicht mit der wundersamen Geburt des Helden, sondern mit Sītās Geburt und die Erzählung folgt nicht dem Leben und den Handlungen des Helden, sondern denen von Sītā. Die Heldentaten von Rāma werden entweder ignoriert oder in ein, zwei Versen kurz berichtet. Die großen heroischen Kämpfe der epischen Schlacht werden in kurze Traumsequenzen gepackt und von Sītā erzählt und das Werk endet mit Sītās Rückkehr in den Schoß der Mutter Erde. Die Autorin mischt sich selbst oft in die Geschichte ein, um Rāmas Intelligenz zu kommentieren, indem sie sagt: Rāma, du hast deinen Verstand verloren. Oder, um seine nicht wiedergutzumachenden Fehler zu kritisieren und ihn für seine törichten Entscheidungen zu tadeln. Sie warnt ihn vor den Gefahren, die durch ungerechte königliche Handlungen seinem Volk und der Sonnendynastie unvermeidlich drohen. Sie beschreibt ihn als eifersüchtigen Ehemann, der jeglichen Sinn für Anstand verloren hat. Ihr Bild Rāmas unterscheidet sich wesentlich von dem Bild des traditionellen Textes, in dem er als eine gleichmütige, weder durch Freude noch Leid aus der Ruhe zu bringende Person geschildert wird. Candrābatī hält nichts von Rāmas moralischer Unangreifbarkeit, sie hat stattdessen eine Reihe von Vorbehalten gegen ihn, die sie offen nicht nur in ihren eigenen Worten ausspricht, sondern auch in den Worten der Ältesten des Reiches. Aber niemals lässt sie Sītā an Rāma zweifeln. Die moralischen Normen werden im Epos von Sītā nicht direkt herausgefordert.

Es gibt zwei weibliche Stimmen, die eine ist die der Dichterin, eine starke kritische Stimme von außen. Mit ihrer bewussten Ablehnung und Auswahl von bestimmten Episoden, ihrer sorgfältigen Gewichtung, ihrem erzählerischen Interesse, ihren Abweichungen vom traditionellen klassischen Text, erweist sie ihre rebellische Originalität. Jedoch nicht in ihrem Porträt von Sītā. Diese bleibt die traditionelle Frau der Epen, die im Reden wie im Handeln dieselbe dominante Ideologie repräsentiert, die Candrābatī als Erzählerin herausfordert. Sie verwendet Zeit auf Angelegenheiten, die sie und ihre Zuhörer, die hauptsächlich Frauen sind, beschäftigen. Im Text werden sie mit „hört, Mädchen“ angesprochen statt der sonst üblichen Anrede „hört, Angehörige des Hofes“ oder „hört, ihr alle“. Daher diskutiert sie ausführlich Schwangerschaft und Geburt, Frauenrituale, die Treffen der Frauen am Nachmittag, Spiele und Scherze, und sie schreibt über Kummer und süße Erinnerungen an Romanzen. Sie verschwendet nicht mehr als zwei langweilige Verse an den epischen Kampf, an dem sie offensichtlich nicht weiter interessiert ist, obgleich er den Kern der epischen Erzählung bildet. In jedem Heldenepos nimmt der Kampf den größten Raum ein. Nicht so bei Candrābatī, die es vermeidet, Krieg und Gewalt zu preisen und von den wunderbaren Errungenschaften des Helden zu berichten. Wenn sie vom Krieg spricht, dann berührt sie nicht den heroischen Aspekt, sondern spricht von dem enormen Leid, dass er den Frauen bringt, und von der großen Verzweiflung derjenigen, die ihre Ehemänner und Söhne verloren haben. Kein Wunder, dass die größten literarischen Kritiker Bengalens ihr *Rāmāyaṇa* als unzureichend und unvollständig abgelehnt haben, da es nicht mit der üblichen epischen Stimme spricht. Sie konnten nicht hören, was sie uns erzählt. Selbst für die exzellente Anthologie *Women Writing in India*, herausgegeben von Susie Tharu und B. Lalitha bei Oxford University Press, haben die Herausgeberinnen ein eher konventionelles Werk von Candrābatī ausgewählt und lediglich erwähnt, dass sie auch ein unvollständiges *Rāmāyaṇa* geschrieben hat. Es wird deutlich, wie selbst von wohlmeinenden Forschern die Intention von Candrābatī verkannt werden kann, weil wir durch die traditionelle Gelehrtenmeinung fehlgeleitet sind. Mir scheint, dass Candrābatī nicht die übliche männliche epische Tonart gewählt hat, sondern die Stimme der Arbeitslieder ländlicher Frauen, mit der sie sich untereinander von ihren Kümmernissen erzählen. Erst kürzlich war ich in dem Dorf von Candrābatī in Bangladesch, um Frauenlieder zu sammeln. Mir ist aufgefallen, dass die heutigen Frauen dort Rāma in einer Sprache kritisieren, die der von Candrābatī sehr ähnlich ist. Sie bezeichnen ihn respektlos als sündig (papishthi) und herzlos (pashanda), wenn sie unter sich die Geschichte Sītās singen.

Es ist also leicht zu erkennen, wie sich in den Epen sowohl der erzählerische Fokus als auch das moralische Anliegen je nach dem Geschlecht des Erzählenden ändert. Was für eine Erzählerin wichtig ist, mag einem männlichen Poeten gar nicht in den Sinn kommen, und was ihm wichtig ist, mag für eine epische Sängerin, die vor einem weiblichen Publikum singt, ohne Bedeutung sein. In einigen Teilen von Candrābatīs *Rāmāyaṇa* ist Sītā die Erzählerin und die fünf hauptsächlichen Bücher des Epos werden in einem kurzen Baromasi-Lied zusammengefasst, welches Sītā ihren Freundinnen vorsingt. Das Baromasi-Lied als ein Genre erzählt von den Leiden und der Entbehrung im Überlebenskampf der ländlichen Frauen durch die zwölf Monate des Jahres hindurch. Es ist ein spezielles Genre der Frauen und unterscheidet sich von den Epen, in denen die Welt der Männer beschrieben wird. Dass das gesamte Heldenepos mittels der Stimme von Sītā und in einem spezifischen weiblichen Genre erzählt werden könnte, ist eine sehr interessante Idee. Candrābatī konzentriert sich auf den Anfang und das Ende des Epos' und versieht diese Teile mit ihren respektlosen Kommentaren über den Helden. Das Epos wird daher zweifach durch weibliche Sensibilität vermittelt, die von Sītā und die der Erzählerin.

Das *Rāmāyaṇa* des Vālmīki dagegen ist durchzogen mit Ratschlägen an Frauen, wie sie eine gute Ehefrau sein können, wem eine Frau angehören solle, welches die weiblichen Pflichten sind, und es gibt Abschnitte, in denen uns vom prinzipiellschlechten Wesen der Frauen berichtet wird. Es scheint, als habe der Gesetzgeber Manu aus diesen Quellen getrunken, bevor er seine unheilvollen Gesetze bezüglich der Frauen formulierte. Rāmas unverschämte Worte gegenüber seiner Mutter Kausalyā, als sie versucht, ihn davon abzuhalten, ins Exil zu gehen, oder ihn unter Tränen bittet, ihn begleiten zu dürfen, sind schockierend, bedenkt man, dass sie von einem idealen Sohn kommen. Doch er ist, wie es das Patriarchat erfordert, nur ein idealer Sohn für seinen Vater. Rāma steht an der Seite seines Vaters und nicht an der der Mutter, die sich gegen die Entscheidung ihres Ehemannes auflehnt, den Sohn ins Exil zu schicken, und dabei ihre moralischen Rechte als Frau übertritt. Als Kausalyā erwähnt, dass auch die Mutter aus guten Gründen ein Guru ist und ihre Worte daher ebenso geachtet und befolgt werden sollen, fährt ihr Rāma über den Mund, indem er sie daran erinnert, dass dies nicht sein kann, wenn ihre Worte dem Willen ihres Ehemanns widersprechen, denn eine gute Ehefrau muss immer den Wünschen ihres Mannes folgen. Er zählt dann drei Beispiele von guten Söhnen auf, unter anderem das von Paraśurāma, der Schreckliches getan hat, darunter den Mord an seiner Mutter, was alles nicht als Sünde betrachtet wird, da er nur den Willen seines Vaters befolgt hat.

Wir müssen hier feststellen, dass das, was Männer wollen, in der Erzählung pflichtbewusst ausgeführt wird. Aber wenn der Wille einer Mutter dem des Vaters entgegenläuft, so findet die Erzählung einen Weg, ihn zu umgehen oder abzuweisen. Wir haben das Beispiel von König Latinus und Amata gesehen, bei dem des Vaters Wille mit dem Willen Gottes gleichgesetzt wird und die Wünsche der Mutter von Dämonen hervorgerufener Wahnsinn sind. Und natürlich ist der Wille von Vater Zeus allgegenwärtig, um über den unlogischen Willen von Hera zu herrschen. Auch bei Vālmīki wird der Plan der Mutter Kausalyā für die Zukunft ihres Sohnes von diesem abgelehnt, aus hehren moralischen Gründen. In den Epen gibt es viele, die gute Ratschläge für Frauen parat haben, Rāma ist nicht der einzige.

Doch Candrābatī lässt das alles beiseite. Sie vermeidet jegliche Didaktik, offenbar findet sie die Ratschläge weder attraktiv noch nützlich. Obwohl sie die Erzählung nicht gänzlich umschreiben und die Frauen aus ihrem Elend retten kann, so bewahrt sie sie vor den Moralpredigten. Stattdessen berät und kritisiert sie Rāma, sagt ihm, wo er das Falsche getan hat. Anstatt Rāma und sein ideales Königreich Rāmraj zu preisen, macht sie sich die Mühe zu beschreiben, wie Rāma's ungerechte Behandlung seiner unschuldigen Frau den Fluch der Natur über das Land brachte und dabei die Früchte, Ernte und Gewässer zerstörte wie auch die Gesundheit, den Frieden und den Wohlstand seiner Untertanen.

Nun, das ist es nicht, was man von einem Poeten erwartet, wenn er das *Rāmāyaṇa* singt, man erwartet, etwas über die Reise von Rāma, dem epischen Helden, zu erfahren, nicht über die von Sītā. Doch genau das ist es, was Candrābatī's *Rāmāyaṇa* uns gibt, die Reise von Sītā, einer Frau, durch eine epische Welt, gesehen mit den Augen einer Frau, gesungen in der Sprache einer Frau, zu hören mit den Herzen der Frauen. Es ist etwas sehr vom klassischen Sanskrit-*Rāmāyaṇa* Verschiedenes, selbst von den *Rāmāyaṇas* in den verschiedenen Landessprachen, die etwa zur gleichen Zeit wie das von Candrābatī entstanden sind. Die moralischen Normen können nicht verändert, aber sie können herausgefordert, die epische Schilderung kann nicht abgeändert, aber ihr Anliegen und ihre Struktur können transformiert werden. Und dies alles kann geschehen, wenn sich das Geschlecht des Erzählers ändert.

Abschließend kann man sagen, dass die moralischen Normen der epischen Welt, die eine Männerwelt ist, die Aktionen und Reaktionen der Männer und Frauen kontrollieren und die Anordnung der Erzählstruktur beeinflussen, unabhängig von dem jeweiligen kulturellen, zeitlichen und geographischen Kontext.

Die Wahrnehmung dieser moralischen Normen kann nach dem Geschlecht des Erzählenden variieren, und obgleich dies die Schilderung insgesamt beeinflussen kann, aber nicht muss, verändert das Geschlecht des Erzählenden doch erheblich die Vision der Erzählung. Sie wird von einem anderen Geist durchdrungen, was oft eine Kritik an der üblichen epischen Handlung einschließt.

Aus dem Englischen übersetzt von Melitta Waligora.

Sylvia Stapelfeldt

Draupadīs Mahābhārata

Morgen werde ich dieses Haus für immer verlassen. Ich werde in die Wälder gehen, werde mich niemals wieder unter dem Dach eines Hauses zur Ruhe legen. Schon oft bin ich hinausgezogen, doch immer zurückgekehrt. Diesmal wird es keine Wiederkehr geben. Du, Subhadrā, warst mir in den letzten Jahren Gefährtin und Freundin wie kein anderer Mensch. Wenn ich im Morgengrauen mit meinen fünf Gatten, von denen einer auch dein Ehemann ist, aus der Stadt fortgehen werde, bleibst du mit deinem Enkel, dem Kronprinzen, unserem einzigen Nachfahren zurück.

Lass uns die letzten gemeinsamen Stunden in diesen uns lieb gewordenen Gemächern damit verbringen, die Wellen meines Lebensflusses noch einmal an mir vorbeiziehen zu lassen. Ich möchte die Erinnerung an mein Leben in deine Hände legen, um den letzten Weg unbeschwert von dieser drückenden Last gehen zu können.

Zwar haben wir, du und ich, jede Stunde miteinander geteilt, seitdem die Herrschaft der Pāṇḍavas gesichert war. Doch weißt du wenig über die Jahre davor. Ist es nicht so, dass ein Lehrer verpflichtet ist, seinem Schüler auch nicht ein Quentchen seines Wissens vorzuenthalten? Und liegt es nicht in meiner Verantwortung, dich an den Lehren der Vergangenheit teilhaben zu lassen, auf dass dieses Wissen dir in Zukunft von Nutzen sei? Schließlich wirst du als Großmutter und Erzieherin des künftigen Herrschers eine nicht unwichtige Stellung einnehmen.

Vieles weißt du bereits, doch habe Geduld. Wenn ich dich die Dinge mit meinen Augen betrachten lasse, wird dir vieles neu, anders und verständlicher erscheinen als bisher.

* * *

Also werde ich dir meine Geschichte erzählen. Nicht die Geschichte der mächtigen Herrscherin an der Seite mächtiger Fürsten, sondern eine Geschichte von Treue und Verrat, von der immer neuen Suche nach dem rech-

ten Weg, von Liebe und Verzicht, von Hoffnung, Kampf, Rache und Vergebung.
Keine Mutter gebar mich – ich entsprang dem Opferfeuer des Drupada, König der Pāñcālas. Wofür opferte König Drupada? Ein Sohn sollte ihm geboren werden, der ihn an seinem alten Feind Droṇa rächen konnte. In ihrer Jugend waren Drupada und Droṇa Freunde und Gefährten, doch wollte mein Vater von dieser Freundschaft nichts mehr wissen, als er König geworden war. Droṇa, der Waffenmeister, hat ihm seine Ebenbürtigkeit bewiesen, indem er ihm Jahre später mit Hilfe seines Meisterschülers Arjuna die Hälfte seines Reiches raubte. Seitdem sann Drupada auf Rache. Allein war er seinem ehemaligen Freund Droṇa jedoch nicht gewachsen.
Als die Opferpriester das Opfer vorbereitet hatten, konnte die Königin, meine Mutter, nicht an dem Ritual teilnehmen, da sie in ihrem monatlichen unreinen Zustand war. Also wurde das Opfer ins Feuer gegossen und ihm entstiegen zwei Geschöpfe, gleich an Kraft und Schönheit, der Jüngling Dhṛṣṭadyumna und das Mädchen Draupadī. Man erzählte mir, dass jedermann meine Schönheit bewunderte, meine ebenmäßige Gestalt, die Augen, die dunkelblauen Lotosblüten glichen, die wie Seide schimmernde Haut. Meine Haare fielen wie ein schwarzglänzender Wasserfall herab.
Mit Freude und Stolz sah mein Vater Drupada meinen Bruder und mich heranwachsen, aber nicht ein Tag verging, an dem er nicht an seine schmachvolle Niederlage gedacht hätte. Als ich das heiratsfähige Alter erreicht hatte, war in ihm nur ein Wunsch: mich mit Arjuna, dem Meisterschüler seines Gegners, zu vermählen. Mochte mein Bruder Dhṛṣṭadyumna eines Tages gegen Droṇa kämpfen, Arjuna als mein Gatte würde sich dann nicht mehr auf die Seite Droṇas stellen.
So ließ Drupada für mich eine Gattenwahl ausrufen. Ich fühlte mich geehrt und ernst genommen, denn nur wenige Mädchen königlichen Geblüts kommen in den Genuss dieses Privilegs, sich den Bräutigam unter einer Schar von Bewerbern selbst aussuchen zu dürfen. Doch wie ich später erfuhr, wollte er sichergehen, dass ich mich für den Richtigen entscheide, und ließ deshalb einen Bogen anfertigen, den kein Mann außer Arjuna würde spannen können.

* * *

An dieser Stelle muss ich dir, geliebte Schwester, zunächst noch einmal die Geschichte der Pāṇḍava-Brüder in Erinnerung rufen, die nicht nur mein Geschick, sondern das Leben und Sterben tausender Menschen geleitet hat.

Hör gut zu, denn diese Geschichte lehrt dich mehr als tausend philosophische Verse.
Erinnerst du dich an die vielen Mythen und Legenden, die die Herkunft der Pāṇḍavas umranken? Einer der ersten ihres großen Geschlechtes war König Śantanu, mächtiger und gerechter Herrscher von Kurukṣetra und seiner Hauptstadt Hāstinapura. Aus Śantanus erster Ehe mit der Flussgöttin Gaṅgā ging der große Bhīṣma hervor. Später verfiel Śantanu den Reizen eines Mädchens namens Satyavatī. Satyavatī, Tochter eines Fischers, hatte früher dem Liebesverlangen eines Asketen nachgegeben, der aus Dankbarkeit ihren Fischgeruch in einen betörenden Duft umwandelte, ihre Unberührtheit wiederherstellte und ihr einen König zum Gemahl versprach. Zudem stammte aus der Verbindung zwischen Satyavatī und dem Asketen ein Sohn, Kṛṣṇa Dvaipāyana Vyāsa, allwissender Kenner der Veden und, wie sich noch herausstellen wird, einer der Ahnen unserer Dynastie. Der Vater Satyavatīs willigte nur unter einer Bedingung in die Ehe seiner Tochter mit König Śantanu ein: Die Söhne seiner Tochter sollten die alleinigen Erben und Thronfolger der Kurus werden. Um dem Glück seines Vaters nicht im Weg zu stehen, verzichtete Bhīṣma, der Erstgeborene, nicht nur auf den Thron, sondern schwur sogar, nie selbst zu heiraten und Kinder zu bekommen. Aber du weißt ja selbst, dass er später so etwas wie der Vater der gesamten Familie wurde.
Śantanu und Satyavatī hatten zwei Söhne, von denen der erste starb, bevor er das Mannesalter erreicht hatte. Auch der zweite Sohn überlebte seine Hochzeit mit zwei Prinzessinnen nur um kurze Zeit. An dieser Stelle hätte das Geschlecht der Kurus aussterben können. Zudem ist es ein großes Unglück, ohne Söhne zu sterben, denn wer sollte die Ahnenopfer vollziehen, die dem Toten den Weg durch die jenseitigen Welten ebnen würde? Satyavatī überlegte also, wie ihre beiden Schwiegertöchter dennoch zu Söhnen kommen könnten. Die Gesetzesbücher erlauben in Ausnahmefällen, dass ein Bruder oder anderer männlicher Verwandter bzw. ein unbescholtener Brahmane mit der Witwe einen Sohn zeugt, um dem Verstorbenen einen Nachkommen zu verschaffen. Mit diesem Anliegen ging Satyavatī zunächst zu ihrem Stiefsohn Bhīṣma, der ihren Wunsch mit Verweis auf seinen Schwur ablehnte. Schließlich erinnerte sie sich ihres ersten Sohnes Vyāsa, der sich denn auch bereit fand, diese Aufgabe zu übernehmen. Aufgrund seines Alters und seiner asketischen Lebensweise war er freilich alles andere als ein schöner Mann, so dass die erste Prinzessin bei seinem Anblick die Augen schloss und daraufhin einen blinden Sohn,

Dhṛtarāṣṭra, gebar, während die zweite Prinzessin erbleichte und einem blassen Kind, Pāṇḍu, das Leben schenkte. Zu einem von Satyavatī befohlenen zweiten Rendezvous schickte die erste Prinzessin eine Dienerin, deren Sohn Vidura mit ausgezeichneten Geistesgaben gesegnet war, aber aufgrund seiner niederen Geburt als Sohn einer Dienerin keine offizielle Stellung in der Kuru-Dynastie innehatte.

Bhīṣma, der erste Sohn Śantanus, regierte das Reich der Kurus stellvertretend für seine beiden Neffen und brachte es zu einem nie vorher gesehenen Glanze. Als er das vorgeschriebene Alter erreicht hatte, wurde, obwohl er der jüngere war, Pāṇḍu zum König ausgerufen, denn Dhṛtarāṣṭra war der Thron aufgrund seiner Blindheit verwehrt. Pāṇḍu heiratete die edle Kuntī und die wunderschöne Mādrī. Dhṛtarāṣṭras Gattin wurde die selbstlose Gāndhārī, die seit ihrer Hochzeit ihre Augen mit einem Tuch bedeckte, um nicht mehr zu sehen als ihr Gatte.

Ist dir aufgefallen, meine schöne Schwester, dass keiner dieser fünf bedeutenden Männer Bhīṣma und Vyāsa, Dhṛtarāṣṭra, Pāṇḍu und ihr kluger Halbbruder und Ratgeber Vidura aus einer nach dem Gesetz geschlossenen Krieger-Ehe stammt? Dann wirst du dich nicht wundern, dass auch die Pāṇḍavas nicht blutsverwandt mit ihrem Vater, Pāṇḍu, sind.

Ein Asket, den König Pāṇḍu während einer Jagd beim Liebesspiel gestört hatte, hatte diesen verflucht, bei der ersten Liebesumarmung zu sterben. Daraufhin übergab König Pāṇḍu die Herrschaft seinem blinden Bruder Dhṛtarāṣṭra und zog sich mit seinen beiden Frauen Kuntī und Mādrī in die Wälder zurück, um fernab der Welt seine Tage asketischen Übungen zu widmen.

Dennoch wollte Pāṇḍu nicht ohne Söhne sterben. Als sie seine Not sah, beschloss Kuntī, ihren Gatten an ihrem bisher sorgsam gehüteten Geheimnis teilhaben zu lassen. In früher Jugend hatte ihr ein ebenso weiser wie mächtiger Asket, dem sie ein Jahr mit vollkommener Hingabe gedient hatte, zum Dank ein Mantra, einen zauberkräftigen Vers, geschenkt. Mit diesem Mantra konnte sie einen Gott ihrer Wahl herbeirufen und einen Sohn von ihm erhalten. Ein unglaublich großzügiges Geschenk, findest du nicht? Manche Frau würde alles dafür geben, solch ein Mantra auch nur ein einziges Mal benutzen zu dürfen.

Eines jedoch verschwieg Kuntī ihrem Gatten Pāṇḍu: nämlich dass sie dieses Mantra aus Neugier und auch ein wenig Zweifel an seiner Kraft als junges Mädchen ausprobiert hatte. Als der gewählte Gott – Sūrya – dann tatsächlich erschien, erschrak sie und bat ihn, sich wieder zu entfernen. Doch einmal gerufen, bestand der Gott auch auf der vollständigen Erfüllung der Worte des Weisen. Geboren wurde Karṇa – Sohn der Sonne, mit einem goldenen Brustpanzer und goldenen Ohrringen. Um sich und ihrer Familie die Schande eines unehelichen Kindes zu ersparen, setzte Kuntī diesen ersten Sohn in einem Weidenkörbchen auf einem Fluss aus. Eine schicksalsschwere Entscheidung.

Pāṇḍu entschied, dass Kuntī mithilfe des Mantras den Gott der kosmischen Ordnung und Gesetze – Dharma – herbeirufen sollte. So gebar Kuntī ihrem Gatten Yudhiṣṭhira – Sohn des Dharma. „Ein Sohn schenkt dir die Erde, der zweite den Himmel", so sagen die Alten. Pāṇḍu bat Kuntī noch zweimal, ihm auf diesem Weg Söhne zu schenken. So wurden Bhīma, Sohn des Windgottes Vāyu, und Arjuna, Sohn des Götterkönigs Indra, geboren. Pāṇḍus zweite Frau, Mādrī, erbat sich das söhneschenkende Mantra von Kuntī und gebar die Söhne der beiden Aśvins, der Zwillingsgötter – Nakula und Sahadeva. So also kamen die Pāṇḍavas, die fünf Söhne des Pāṇḍu, zur Welt.

Nicht lange danach ließ sich Pāṇḍu von den milden Frühlingswinden, der Schönheit der Natur und der seiner Gattin Mādrī betören, näherte sich ihr in Liebe und starb in ihren Armen. Mādrī folgte ihrem Gatten in den Tod, nicht ohne zuvor ihre Zwillinge der Obhut und Liebe Kuntīs anvertraut zu haben.

Kuntī sah sich nun der Aufgabe gegenüber, fünf Knaben königlichen Geblüts zu erziehen. Sie kehrte zurück an den Hof ihres Schwagers Dhṛtarāṣṭra, dessen treue Gattin Gāndhārī nach übermäßig langer Schwangerschaft ebenfalls geboren hatte: einen unförmigen Fleischklumpen, den man auf den Rat Vyāsas in hundert Stücke teilte, die in Töpfen zu hundert Söhnen heranwuchsen. Prinz Duryodhana kam als erster der hundert auf die Welt. Dhṛtarāṣṭra sah ein, dass Yudhiṣṭhira als Erstgeborener dieser Generation der erste Thronfolger war, doch folgte dann Duryodhana? Kaum hatte Dhṛtarāṣṭra den Weisen diese Frage gestellt, ertönte in der Ferne das Heulen der Schakale, die Erde bebte, Blitze zuckten. Die Natur bäumte sich auf, und die Weisen kamen zu dem Schluss, nur der Tod Duryodhanas könnte die Familie vor ihrer eigenen Auslöschung retten. Dazu konnte sich Dhṛtarāṣṭra jedoch nicht entschließen; wir beide, du und ich, Subhadrā wissen um die Liebe, die man den eigenen Kindern, selbst den missratenen, entgegenbringt.

Die Söhne Pāṇḍus und die Söhne Dhṛtarāṣṭras wuchsen miteinander auf, und es gab keine Zeit, in der Frieden zwischen ihnen geherrscht hätte. Sie stritten und kämpften ohne Unterlass gegeneinander. Vor allen anderen waren Duryodhana und Bhīma einander feind. Wenn sie sich schlugen, glichen sie grausamen Dämonen. Bhīma kränkte die Kauravas bei jeder Gelegenheit, und Duryodhana trachtete Bhīma bereits in früher Jugend nach dem Leben.

Erst die strenge Zucht des Waffenmeisters Droṇa, des früheren Freundes meines Vaters, bändigte die Jünglinge. Von ihm erlernten sie das Kriegshandwerk. Sein Lieblingsschüler freilich war Arjuna – ein meisterhafter Bogenschütze und vollkommener Krieger, der alle anderen an Mut, Geschick und Waffenkunst übertraf.

Just an dem Tage, an dem die Prinzen in einem Turnier zeigen sollten, was sie gelernt hatten, betrat ein Fremder die Arena: Karṇa, der als Sohn eines Wagenlenkers aufgewachsen war und nichts von seiner königlichen Herkunft ahnte, erschien im Glanz seiner goldschimmernden Rüstung und prächtigen Ohrringe. Kuntī erkannte die Zeichen wohl, doch noch stand ihr die Ehre über der Wahrheit. Nicht nur dass Karṇa es Arjuna in allen Waffengattungen gleich tat, er forderte ihn gar zu einem Zweikampf heraus. Allein die Tatsache, dass Karṇa als – vermeintlicher – Sohn eines Wagenlenkers kein gesellschaftlich ebenbürtiger Gegner für den Kṣatriya Arjuna sein konnte, verhinderte dessen öffentliche Niederlage. Wie Duryodhana und Bhīma so waren Karṇa und Arjuna von Stund an erbitterte Gegner. Duryodhana allerdings handelte in diesem Moment so klug wie später niemals mehr. Er erklärte, dass ein Mann König nicht nur durch Geburt, sondern auch durch Erwerb eines Reiches werden kann, und bot ihm daraufhin das Königreich Aṅga an. Für diese Geste, die seine Ehre wiederherstellte, schwur Karṇa Duryodhana ewige Freundschaft. Eine Freundschaft, die Duryodhana stärker als je zuvor machte.

Dies hatte aber auch zur Folge, dass Duryodhana sich nun unbesiegbar fühlte und sich durch niemanden mehr das Recht auf die Thronfolge streitig machen lassen wollte. Als im Land immer mehr Stimmen laut wurden, die Yudhiṣṭhiras Krönung zum König das Landes forderten, beschloss Duryodhana, seine fünf Vettern und Rivalen endgültig aus dem Weg zu räumen.

Unter einem Vorwand lockte er die Pāṇḍavas und ihre Mutter Kuntī an einen abgelegenen Ort und ließ dort einen Brandanschlag auf ihr Haus verüben. Glücklicherweise konnte ihr Onkel Vidura sie rechtzeitig warnen, und es gelang ihnen zu fliehen. Die Brüder sahen sehr wohl, dass Duryodhana nie aufhören würde, ihnen nach dem Leben zu trachten. So beschlossen sie, fortan als Brahmanen verkleidet durch die Lande zu ziehen.

Nach vielen Monaten des Umherwanderns kam ihnen die Kunde von meiner bevorstehenden Gattenwahl zu Ohren, und sie beschlossen sich das Spektakel anzusehen.

* * *

Nun versetze dich mit deinen Gedanken also wieder an den Hof meines Vaters vor fünfzig Jahren, liebreizende Subhadrā. Solch eine Gattenwahl ist seit alters her ein Privileg der Königstöchter – und für die jungen Fürsten eine willkommene Gelegenheit, ihre Kräfte im friedlichen Kampf zu messen. Selten wurde eine edlere Versammlung an einem Ort wie zu diesem Anlass gesehen. Der Ruhm meiner Schönheit hatte mächtige Könige aus nah und fern in unsere Hauptstadt gelockt. Jeder wollte den anderen an Pracht übertreffen. Der Beste sollte es sein – für die Schönste. Wer aber war der Beste? Ein Krieger doch wohl, ein Herrscher. Stark musste er sein und geschickt.

Als ich hinter meinem Bruder Dhṛṣṭadyumna die Arena betrat, hielt ich meine Augen gesenkt, doch unter den Lidern hervor betrachtete ich die Bewerber genau. Kaum konnte ich unter den prächtigen Gewändern und schweren goldenen Kronen einzelne Gesichter unterscheiden. Doch wer war das? Zwischen den Brahmanen stand ein Jüngling von edler Gestalt. Sein einziger Schmuck war die Brahmanenschnur, und dennoch schien er die Fürsten an Adel, Kraft und Herrlichkeit weit zu übertreffen.

Oft hatte ich mir vorgestellt, wie es sein würde, wenn ich mir unter den berühmtesten Männern der Erde meinen Gatten heraussuchen würde, doch nun – außerhalb der Frauengemächer, unter den verlangenden Augen all dieser Männer – verließ mich der Mut. Zudem überließ mein Vater die Wahl seines Schwiegersohnes keineswegs der schwer vorhersehbaren Laune meines Herzens, sondern er hatte mit einer Freierprobe vorgesorgt: Ein Bogen, so schwer, dass ihn keine zehn Männer anheben konnten, musste gespannt werden, und der Pfeil sollte das Auge eines Fisches, der auf einem sich drehenden Rad befestigt war, treffen. Es gab nur einen, der dieser Aufgabe gewachsen war, doch der war, so lautete die Kunde, samt seinen Brüdern und seiner Mutter in den Flammen eines brennenden Hauses umgekommen.

Nachdem mein Bruder noch einmal die Bedingungen verkündet hatte, begannen die Wettkämpfe. Ein Fürst nach dem anderen versuchte sein Glück, doch niemandem gelang es, den Bogen auch nur zu spannen. Enttäuschung und Zorn breiteten sich aus. Da erhob sich plötzlich der junge Brahmane. Festen Schrittes durchmaß er die Arena, ergriff den Bogen, spannte ihn mit geübtem Griff und traf mit dem ersten Schuss das Fischauge. Kein Jubel, sondern ein Aufschrei der Entrüstung erscholl auf dem Turnierplatz. Die Fürsten empfanden es als Beleidigung, von einem Brahmanen in einem kriegerischen Wettkampf besiegt worden zu sein. Unsicherheit ergriff meinen Vater, König Drupada, und meinen Bruder Dhṛṣṭadyumna. Was sollten sie tun? Zwar war die Ehe zwischen einem Brahmanen und einer Kṣatriya-Frau nicht verboten, gleichwohl hatten sie sich den Ausgang meiner Gattenwahl ganz anders vorgestellt.

In dem allgemeinen Durcheinander fasste ich mir ein Herz, schritt auf den jungen Brahmanen zu und legte ihm den Kranz aus weißen Jasminblüten um den Hals. Ich hatte meine Wahl getroffen. Damit war die Angelegenheit entschieden. Gefolgt von neidischen, wütenden, auch verachtenden Blicken verließen der unerkannt gebliebene Arjuna mit seinem Bruder und mir als seiner Braut den Kampfplatz. Nie werde ich diese ersten Schritte in mein Leben als Frau vergessen. Bestürzt und ratlos blieb mein Vater zurück. So hatte er sich die Heirat seiner einzigen Tochter nicht vorgestellt. Als er sich gefasst hatte, ließ er Dhṛṣṭadyumna holen und befahl ihm, uns zu folgen und herauszubekommen, wer der fremde Brahmane sei.

Wann war ich jemals mehr als ein paar Schritte von Palast zu Palast oder bei einem Spaziergang in den königlichen Gärten zu Fuß gegangen? Selbst dann nur in Begleitung meiner Dienerinnen und Gefährtinnen. Endlos erschien mir der Weg. Wohin führte mich mein Gatte, was erwartete mich? Noch wusste ich nichts von ihm, doch vertraute ich ihm bereits wie meinem eigenen Bruder. In einen Palast würde mich ein Brahmane nicht bringen, soviel war mir klar, deshalb war ich nicht erstaunt, als wir vor einem einfachen Haus vor den Toren der Stadt haltmachten. Allerdings wusste ich damals nicht, wie oft ich noch unter weit härteren Bedingungen zu Fuß gehen sollte mit keinem Besitz als den Kleidern, die ich am Leibe trug. So wie mein Leben als verheiratete Frau damals begann, so wird es sich in den nächsten Tagen seinem Ende zuneigen.

Mein Bruder, der uns gefolgt war, hat mir später erzählt, wie er aus seinem Versteck die ersten Momente in meiner neuen Familie beobachtet hatte. Er sah, wie der älteste der Brüder – denn Brüder schienen es ihm zu sein trotz ihrer körperlichen Unterschiede – zuerst eintrat und ehrerbietig eine ältere Frau begrüßte, die ihm den Rücken zuwandte und vor einem kleinen Altar ihre abendliche Andacht verrichtete. Ohne sich zu ihrem Sohn umzuwenden, erwiderte sie seinen Gruß, und Dṛṣṭadyumna bemerkte mit Erstaunen, dass ihre Erwiderung unter den Ankömmlingen große Verwirrung hervorzurufen schien. Alle schauten auf mich, auch ihre Mutter (die Mutter der Brahmanen musste es sein, denn keine andere Frau würden sie auf solch respektvolle Weise begrüßt haben) schien plötzlich erschrocken. Es folgte ein längeres Gespräch, das sich offensichtlich um mich drehte, die wortlos daneben stand und, wie es sich für eine junge Braut gehörte, ihre Augen kein einziges Mal aufschlug.

Folgendes war geschehen: Yudhiṣṭhira hatte seiner Mutter nach seinem Gruß verkündet, dass sie etwas Besonderes erworben und mitgebracht hätten. Da nichts Kuntī dazu bringen konnte, ihre Andacht zu unterbrechen, hatte sie nur geantwortet: Was immer es sei, sie sollten es gerecht untereinander teilen. Als Kuntī spürte, welche Bestürzung ihre Rede hinter ihrem Rücken ausgelöst hatte, wandte sie sich um und erkannte sofort, was sie angerichtet hatte. Vor ihr stand die herrlichste aller Frauen, ein Segen für jeden Mann. Doch solch einen Gewinn zu teilen war unmöglich. Unmöglich? Ihre Worte schienen Nahrung zu sein für bereits aufgekeimte Wünsche in den Herzen ihrer Söhne. Gleichzeitig traf mich wie ein Blitz die Erkenntnis: Das ist keine Brahmanenfamilie, und mein vermeintlicher Priestergatte hatte nur deshalb die Freierprobe bestanden, weil er der war, für den diese Probe erdacht worden war! Niemand anders als Arjuna, der mittlere der legendären Pāṇḍava-Brüder, stand neben mir.

Für wenige Augenblicke fühlte ich mich unendlich glücklich – bis Yudhiṣṭhira das Wort ergriff: Dem Geheiß einer Mutter müsste um jeden Preis Folge geleistet werden, die Taten der Söhne dürften die Worte der Mutter niemals Lügen strafen; überdies gäbe es in den alten Schriften höchst achtbare Frauen, die mit mehreren Männern gleichzeitig verheiratet gewesen waren. Mit jedem Wort Yudhiṣṭhiras wuchs die Hoffnung der drei anderen Brüder, denn es war nur natürlich, dass meine Anwesenheit Sehnsüchte in ihnen geweckt hatte, Sehnsüchte, die keine andere Frau hätte stillen können. Auch Arjuna sah das Verlangen seiner Brüder, und obwohl er allein mich durch seine Stärke erworben hatte, musste er erkennen, dass über kurz oder lang Neid und Zwietracht zwischen ihm und seinen Brüdern ausbrechen würde, dürfte nur er sich an mir erfreuen. Außerdem war es gegen jede gute Sitte, dass ein jüngerer Bruder vor dem älteren heiratete. Schweren Herzens stimmte er Yudhiṣṭhira zu, dass die fünf Pāṇḍavas gemeinsam meine Gatten werden sollten.

Während des gesamten Gesprächs hatte ich geschwiegen. Zum einen weil es mir als junger Braut in der Familie meines zukünftigen Mannes, nunmehr meiner zukünftigen Männer, nicht zustand, ungefragt meine Meinung zu äußern. Zum anderen – und das wirst du sicher gut verstehen, meine Liebe – war ich aufgrund dieser Wendung so vollkommen durcheinander und hilflos, dass ich zunächst gar nicht wusste, was ich denken, geschweige denn sagen sollte. Was hättest du an meiner Stelle getan?
Ich war erleichtert, als ich meiner zukünftigen Schwiegermutter bei der Zubereitung des Abendessens zur Hand gehen und mich mit Dingen beschäftigen konnte, mit denen ich mich auskannte, mit dem Schneiden von Gemüse, dem kunstreichen Mischen der Gewürze. Sechs von sieben Teilen erhielt Bhīma, das Übrige wurde unter allen anderen verteilt. Nach dem Mahl legten sich die Brüder nebeneinander auf dünnen Matten auf dem Boden zur Nachtruhe nieder, zu ihren Köpfen schlief Kuntī, ich selbst zu ihren Füßen. Dṛṣṭadyumna, der sich immer noch versteckt hielt, schlich in der Dunkelheit näher heran und belauschte die abendlichen Gespräche der Brüder. Wie erstaunt war er, als er statt frommer und weiser Reden Erzählungen voller Helden, Kriegstaten und Waffen zu hören bekam. Und er eilte, unserem Vater all die erstaunlichen Dinge zu berichten.
Inzwischen kehrte Ruhe in der bescheidenen Hütte ein, bald atmeten die Pāṇḍava-Brüder und Kuntī tief und ruhig im Schlaf, bloß ich war hellwach. Dieser Tag schien mir länger und voller als mein ganzes Leben zuvor. Bisher waren meine Stunden ausgefüllt von den angenehmen, nie ermüdenden Dingen, denen sich eine Prinzessin im Kreise ihrer vertrauten Freundinnen, umgeben von Dienerinnen hingab – Gesang, Tanz, Rezitation kunstvoller Poesie; bisher war es von höchster Wichtigkeit, welche Essenzen und Blüten man einem Bade zuzufügen hatte, wie die Stoffe und Schmuckstücke entsprechend den Jahreszeiten und den Stunden des Tages zu wählen waren; tagelang war ich mit den Vorbereitungen für einen festlichen Abend beschäftigt; noch gestern hatte ich mich unter der Anleitung der besten Gelehrten unseres Landes in philosophische und grammatische Texte vertieft; noch gestern saß ich an der Seite meiner Mutter, wenn sie mehrmals täglich die häuslichen Rituale zelebrierte. Es war, als hätte der Fluss meines Lebens sein flaches, breites und sandiges Bett verlassen und strömte nun durch enge, felsige Schluchten, strudelte und stürzte steile Wasserfälle hinab: Bei Sonnenaufgang war ich von meinen Freundinnen geschmückt worden, dabei hatten sie die vertrauten Lieder gesungen, die von der Vorfreude auf das Leben einer Ehefrau, aber auch von der Trauer

um die verlorene Kindheit in der Geborgenheit der eigenen Familie handelten. Und wie alle Bräute hatte ich Angst, alles Liebe und Vertraute für das Ungewisse und Fremde aufgeben zu müssen. Alles drehte sich um mich – an diesem einen Tag, und dann nie mehr. Das wusste ich aus den Erzählungen meiner verheirateten Verwandten und der Nebenfrauen meines Vaters. Gleichzeitig würde ich als Hauptfrau eines mächtigen Herrschers einem Hofstaat vorstehen und die Verantwortung für einen fürstlichen Haushalt übernehmen. War ich bereit dafür?

Während ich den ruhigen Atemzügen der Schläfer lauschte, überschlugen sich die Gedanken in meinem Kopf. Tief in meinem Herzen fühlte ich: an der Hand Arjunas, des besten aller Männer, würden mich keine Sorgen quälen; an seiner Seite und mit Gottes Hilfe würde ich jeden Weg gehen können. Allerdings hätte ich bei der Entscheidung der Pāṇḍavas, dass ich die Frau aller werden sollte, um ein Haar die Fassung verloren. Allein, ohne eigene Verwandte und in der häuslichen Rangordnung unter meiner Schwiegermutter und ihren Söhnen stehend hatte ich mich schweigend deren Verfügungen zu beugen. Einerseits würde kein anderer Mann als Arjuna einen Platz in meinem Herzen einnehmen können, andererseits ging es hier nicht um mein persönliches Glück, sondern um den inneren Frieden und die Stärke einer Herrscherfamilie. Im Dunkel der Nacht spürte ich einen neuen Wunsch in mir aufkeimen: Ich werde mein Leben diesen fünf Helden weihen; jedem meiner auf seine Weise einzigartigen Gatten eine treue und verlässliche Gefährtin zu sein wäre mein höchstes Ziel. Ich ging die Ehe nicht ein, um Essen zu kochen und Kinder zu bekommen. Die Kraft dieser fünf Helden lag in ihrer Geschlossenheit. Und ich würde das Band zwischen ihnen sein. Meine Liebe zu Arjuna verschloss ich tief in meinem Herzen.

Am nächsten Morgen kam ein Bote des Königs Drupada, um mich und meinen Bräutigam sowie dessen Verwandte zum Hochzeitsfest zu geleiten. Als mein Vater das sichere und gewandte Auftreten der jungen Männer sah, verstärkten sich seine Vermutungen, dass es sich um die Pāṇḍavas handeln musste, und um seine letzten Zweifel zu beseitigen, fragte er sie nach ihrer Herkunft, denn diese zu wissen sei unerlässlich für eine rechtskräftige Eheschließung. Seine Freude kannte keine Grenzen, als er seine Vermutung bestätigt sah. Doch kaum einen Augenblick später wurde diese Freude wieder getrübt durch die Eröffnung Yudhiṣṭhiras, dass alle fünf Brüder mit seiner Tochter um das Hochzeitsfeuer schreiten werden. Yudhiṣṭhira zitierte alte Legenden, um die Rechtmäßigkeit einer solchen Ehe darzulegen. Schließlich ließ sich Drupada überzeugen. Zudem sah er wohl ein, dass er in

einer Auseinandersetzung mit diesen mächtigen Fürsten nur den Kürzeren ziehen würde. Man hatte sie besser zu Freunden als zu Feinden, und am Ende konnten ihm solche Schwiegersöhne im Kriegsfall äußerst nützlich sein. Mein Vater sah sich am Ziel seiner Wünsche: Mit diesen Verbündeten wäre er unbesiegbar. So umschritt ich zuerst mit Yudhiṣṭhira als dem ältesten der Brüder siebenmal das heilige Feuer und darauf mit jedem seiner Brüder in der Reihenfolge ihrer Geburt. Wir empfingen den Segen Kuntīs und die reichen Gaben unserer Verwandten und Verbündeten.
Wie du dir vorstellen kannst, meine süße Subhadrā, war in der Heimat der Pāṇḍavas die Aufregung groß, als bekannt wurde, dass die fünf Brüder keinesfalls in den Flammen umgekommen waren, sondern vielmehr gerade die begehrteste Prinzessin des nördlichen Indien errungen hatten. König Dhṛtarāṣṭras Hof spaltete sich sofort in zwei Lager. Auf der einen Seite rieten Bhīṣma, der Älteste der Kurus und Onkel Dhṛtarāṣṭras, Droṇa, der Waffenmeister, und Vidura, der Weise und Halbbruder Dhṛtarāṣṭras, den Pāṇḍavas in Frieden zu begegnen und ihnen freiwillig die Hälfte des Reiches, die ihnen dem Gesetz nach zusteht, zu übergeben. Dem sei nicht so, entgegnete Duryodhana, denn sein Vater Dhṛtarāṣṭra sei nicht nur Regent für Pāṇḍu, sondern dessen älterer Bruder und somit der eigentlich rechtmäßige König, und er und seine Brüder die legitimen Thronerben. Es gelte, die Größe des Reiches und seine Stärke zu bewahren, und wenn es sein muss, würde er seine eigenen Ansprüche gegen die seiner Cousins mit Waffengewalt durchsetzen.
Der von Natur aus unschlüssige und leicht beeinflussbare Dhṛtarāṣṭra war hin und her gerissen zwischen der blinden Liebe zu seinen Söhnen und den vernünftigen Ratschlägen seiner redlichen Minister. Schließlich entsandte er seinen Halbbruder, den weisen Vidura, um die Pāṇḍavas heimzuholen und ihnen die Hälfte des Reiches anzubieten. Wir wurden von der Bevölkerung mit viel Jubel empfangen. Im Palast hingegen war kaum Freude über unsere Ankunft zu spüren. Dhṛtarāṣṭra und Gāndhārī, Bhīṣma und Vidura hießen uns freundlich willkommen, hingegen schlugen uns vonseiten ihrer Söhne Misstrauen und offene Abneigung entgegen. Es war hart, von den neuen Verwandten so kalt empfangen worden zu sein. Wir alle waren froh, als die Formalitäten der Reichsteilung abgeschlossen waren und wir in unsere zukünftige Heimat ziehen konnten.
Unsere Hälfte des Reiches stellte sich als unfruchtbarer, öder Landstrich heraus, den noch kaum eines Menschen Fuß betreten hatte. Doch nichts konnte unsere Zuversicht und Begeisterung dämpfen; voller Kraft und Gott-

vertrauen brachte unser Volk die Einöde zum Blühen und erbaute unsere prächtige Hauptstadt Indraprastha, die in der Welt nicht ihresgleichen findet. Unter der gerechten und friedvollen Herrschaft Yudhiṣṭhiras gediehen Landwirtschaft, Handel und Handwerk, das Volk liebte und achtete seinen Herrscher.

Ruhe und Beschaulichkeit aber hatte das Schicksal für mich nicht vorgesehen. Eines Tages erschien der Götterbote Nārada an unserem Hofe und erzählte die Geschichte von zwei unzertrennlichen Brüdern, die sich im Streit um eine Frau gegenseitig töteten. Um Zwietracht und Eifersucht vorzubeugen, beschlossen die Pāṇḍavas eine klare Regelung: Ich hatte mit jedem der Brüder einen bestimmten Zeitraum zu verbringen. Wenn einer der anderen Brüder in dieser Zeit den Raum betrat, in dem wir gerade zusammen waren, so müsste er für zwölf Jahre in die Welt hinausziehen.

Kurz darauf geschah es, dass ein Brahmane, dem man die Kühe gestohlen hatte, sich an Arjuna um Hilfe wandte. In höchster Eile suchte er seine Waffen, die sich zu allem Unglück ausgerechnet in jenem Zimmer befanden, in dem ich mich mit Yudhiṣṭhira aufhielt. Arjuna war natürlich klar, was das bedeutete, doch war es seine allererste Pflicht einem Brahmanen beizustehen. Und obwohl Yudhiṣṭhira ihn aufgrund dieser Pflicht von seinem Eid entbinden wollte, beharrte Arjuna darauf, zu seinem Wort zu stehen und für zwölf Jahre in die Verbannung zu gehen. Wie du dir sicher vorstellen kannst, zerriss es mir fast das Herz, als ich von dieser Entscheidung erfuhr. War es mir bereits schwergefallen, meine Zuneigung nicht nur dem Erwählten meines Herzens, sondern auch dessen Brüdern zu schulden, so konnte ich es kaum ertragen, gerade der Freude meines Herzens auf Jahre zu entsagen. Indessen kannte ich Arjuna, und so hatte ich längst gesehen, dass ihm das bequeme Leben in der Stadt nicht behagte und er nicht ungern die Gelegenheit ergriff, zu neuen Abenteuern hinauszuziehen. Dass es ihm daran nicht mangelte, erfuhr ich von den Boten, die von Zeit zu Zeit Nachrichten von dem königlichen Wanderer brachten.

So verfolgte ich seinen Pilgerweg im Geiste. Als ich hörte, dass er mit einer Schlangenprinzessin und der Prinzessin von Maṇipura je einen Sohn gezeugt hat, dass nicht ich die Mutter seines ersten Sohnes bin, wurde mein Leid noch tausendmal größer. Die letzte Zeit seiner freiwilligen Verbannung verbrachte Arjuna bei seinem Cousin und innig geliebten Freund Kṛṣṇa, deinem Bruder. Was dort geschah, weißt du selbst am besten, schöne Subhadrā. Als Arjuna schließlich mit dir als seiner zweiten Frau nach Hause kam, wurde meine Liebe auf eine harte Probe gestellt. Warum sollte ich

gerade denjenigen meiner Gatten mit einer anderen Frau teilen, dem mein Herz am meisten zugetan war? Es stand nicht in meiner Macht, meine Gatten von anderen Frauen fernzuhalten. Du tratest mir jedoch so demütig und bescheiden entgegen, du warst so liebreizend und freundlich zu jedermann, dass ich nicht anders konnte, als dich in mein Herz zu schließen und als meine Schwester aufzunehmen. Heute bin ich darüber froh, denn du standest mir in vielen schweren Stunden zur Seite.
Mein Glück wurde schließlich vollkommen mit den Geburten meiner fünf Söhne, die mein Herz mit Wonne erfüllten; und ich freute mich mit dir über deinen Sohn Abhimanyu.
Was bin ich doch für eine beneidenswerte Frau, so dachte ich manchmal. Jeder Tag übertraf an Freude den vorherigen. Ich war die zärtlich geliebte Gattin nicht nur eines, sondern fünf der besten Helden der Welt, meine fünf wunderbaren Söhne waren mein ganzer Stolz, und ich war Königin im reichsten Land Indiens. Indes schien dies vollkommene Glück nur dazu da zu sein, mich das kommende Leid desto schmerzhafter fühlen zu lassen.

* * *

Nachdem mit dem Bau einer Versammlungshalle, die an Größe und Pracht selbst die Hallen der Götter übertraf, die Hauptstadt unseres Reiches fertig war, wurde Yudhiṣṭhira geraten, das Rājasūya-Opfer, das Fest der Königsweihe, vollziehen zu lassen, um seine Herrschaft endgültig zu besiegeln. Wie du weißt, demonstriert dieses Opfer die Macht eines Königs, dessen Vorherrschaft von allen anderen Fürsten uneingeschränkt anerkannt wird. Dann würde niemand mehr die Rechtmäßigkeit Yudhiṣṭhiras als Herrscher über die Hälfte des Kuru-Reiches anzweifeln können. Ein Jahr vor dem Opfer zog Arjuna mit einem Heer durch ganz Indien und unterwarf diejenigen der Fürsten, die Yudhiṣṭhira nicht als ihren Oberkönig anerkennen wollten. Nach Ablauf dieses Jahres lud Yudhiṣṭhira alle Könige und Fürsten, auch die Kauravas, in seine Hauptstadt ein und vollzog das Opfer mit aller Pracht. Niemals wieder sah der Hof in Indraprastha solchen Glanz, solche Freude. Keiner unserer Gäste kehrte heim, ohne fürstlich beschenkt worden zu sein.
Du kannst dir sicher denken, dass Duryodhana unsere Macht und unser Reichtum direkt vor seiner Haustür keine Ruhe ließ. Es war Gift für sein neidisches Herz. Sicher hatte er auch Angst vor einem starken Nachbarn, obwohl er das natürlich nie zugegeben hätte. Doch was sonst könnte ihn

bewogen haben unsere Familie so unerbittlich zu verfolgen, uns um jeden Preis vernichten zu wollen. Wohl war es von seinem Standpunkt aus nicht gerechtfertigt, das Reich zu teilen. Sein Vater war älter als Pāṇḍu, Dhṛtarāṣṭra war nach dem Tod Pāṇḍus der rechtmäßige Herrscher, und er, Duryodhana selbst, war der Erstgeborene und rechtmäßige Nachfolger Dhṛtarāṣṭras. Welchen Grund gab es, den Pāṇḍavas die Hälfte des Reiches förmlich aufzudrängen außer der Angst, sie könnten es eines Tages mit Gewalt ganz an sich reißen? Diese Angst war Dhṛtarāṣṭras Angst und die der beiden Alten Bhīṣma und Vidura, nicht die Duryodhanas. Den Alten gab Duryodhana die Schuld, dass die Pāṇḍavas auf Kosten der Kauravas so mächtig werden konnten. Es schien ihm allerhöchste Zeit, seinen Rivalen Einhalt zu gebieten und sich sein rechtmäßiges Erbe – ein starkes ungeteiltes Reich – zu sichern. Wenn ihm dies nicht durch offenen Kampf gelang, musste ihn eine List an sein Ziel bringen.

Sein Onkel Śakuni, ein versierter Würfel- und Falschspieler, sollte ihm dabei helfen. Es gelang ihm, seinen Vater zu überzeugen, dass die Macht der Pāṇḍavas eine Bedrohung für die Kauravas darstellte, so dass Dhṛtarāṣṭra seine Zusage zu dem Spiel gab und die Pāṇḍavas einladen ließ. Der weise Vidura überbrachte die Einladung, warnte uns aber zugleich. Trotz der Warnung war Yudhiṣṭhira der Auffassung, es wäre für einen König unehrenhaft und feige, eine Herausforderung abzulehnen. Das galt erst recht für einen König, der gerade mit dem Rājasūya-Opfer seine Macht bewiesen hatte.

Also begaben wir uns mit großem Gefolge nach Hāstinapura. Die Könige und Prinzen samt vielen Zuschauern versammelten sich zum festgesetzten Zeitpunkt in der Sabhā, der größten Halle im Palast, während ich mich aufgrund meiner monatlichen Unreinheit in die Frauengemächer zurückzog. Hier gedachte ich mich von den Strapazen der Reise zu erholen und der Fürsorge meiner getreuen Dienerinnen zu überlassen. Doch die Ruhe währte nicht lange. Schon bald drang Lärm aus der Halle zu mir. Ich konnte zunächst nicht hören, weshalb die versammelten Edlen so erregt waren. Abwechselnd erfüllten gespannte Stille und halb jubelndes, halb empörtes Geschrei die Hallen. Was ging dort vor? Ungute Ahnungen ergriffen mich. Ich hatte Duryodhana bisher nur selten gesehen, indes hatten mich diese wenigen Begegnungen stets fühlen lassen, welchen Hass dieser Mensch in sich trug und welcher Skrupellosigkeit er fähig war.

Eine Dienerin war beauftragt worden, mich über den Fortgang des Spieles zu unterrichten. Sie hatte zunächst gemeldet, dass nicht Duryodhana, sondern Śakuni gegen Yudhiṣṭhira spielte. Alle Welt wusste, dass Śakuni selten ehrlich spielte, und so war ich kaum überrascht zu hören, dass Yudhiṣṭhira bisher alle Spiele verloren hatte. Die Regeln schreiben zwei Durchgänge zu je zehn Würfen vor. Nacheinander verlor mein ältester Gemahl all unsere Schätze, Perlen, Gold und Edelsteine, unsere Sklaven und Sklavinnen, Pferde und Elefanten, Streitwagen und Krieger. An dieser Stelle des Spiels erhob Vidura noch einmal seine warnende Stimme und beschwor Dhṛtarāṣṭra, dem Geschehen Einhalt zu gebieten, denn dies wäre der Beginn vom Untergang des gesamten Kuru-Geschlechts. Aber er fand kein Gehör.

Mit dem elften Wurf verlor Yudhiṣṭhira all unsere Habe, mit dem zwölften unser Vieh, mit dem dreizehnten unser Volk, mit dem vierzehnten seinen persönlichen Schmuck. Halt ein, Yudhiṣṭhira! schrie ich im Stillen. Für den fünfzehnten Wurf setzte er seinen jüngsten Bruder, Nakula, und verlor. Mit dem nächsten Wurf verlor er Sahadeva. Halt ein! Nun war die Reihe an Arjuna – verloren! Mein strahlender Held als Sklave des grausamen Duryodhana? Ich verlor die Besinnung.

Was nun folgte, war ein schrecklicher Albtraum. Plötzlich erschien ein Diener in den Frauengemächern – er wand sich vor Scham, Bote dieser Nachricht zu sein – und bat, nein, richtete mir den Befehl Duryodhanas aus, mich sofort in der Halle einzufinden; Yudhiṣṭhira hätte mich im Spiel gesetzt und an Duryodhana verloren. In meiner Bestürzung war ich keines klaren Gedankens fähig. Ein Diener befiehlt mir, der Königin der Pāṇḍavas? Ich, die Königin, als Einsatz in einem Würfelspiel? König Yudhiṣṭhira hatte, nachdem er seinen Besitz, seine Brüder und sich selbst verloren hatte, für den letzten, den zwanzigsten Wurf mich gesetzt – und verloren. Yudhiṣṭhira verlor sich selbst noch vor mir? In mir glomm ein Funken Hoffnung auf. Wie kann ein Mann, der nicht mehr sein eigner Herr ist, noch etwas verspielen? Ich nahm all meinen Mut zusammen und sandte den Diener mit dieser Frage zurück in die Halle.

Der grausame Duryodhana bestand gleichwohl darauf, dass ich selbst in der Halle erschien, und ein nächster Bote zwang mich, ihm zu folgen. Stell dir vor, Subhadrā, so wie ich die Tage der Menstruation in den Frauengemächern verbringe, vor dem reinigenden Bad, mit gelösten Haaren, in dem einfachen einteiligen Gewand, stand die Königin von Indraprastha vor ihrem Schwiegervater, ihren Gatten, den Ministern, Kriegern und Dienern des Kuru-Hofes. Damit nicht genug, Duryodhana befahl einem Diener, mich vor alle Kauravas in die Mitte des Saales zu führen. So sehr er Duryodhana fürchtete, dies wagte der Diener nicht. Darauf befahl Duryodhana seinem Bruder Duḥśāsana, mich zu ergreifen, denn meine Gatten hätten jegliches Recht verloren, ihn daran zu hindern. Als Duḥśāsana tatsächlich mit lustwirrem Blick auf mich zukam, flüchtete ich voller Verzweiflung in die Reihen der anwesenden Frauen. Wutschnaubend stürzte Duḥśāsana mir nach, ergriff meine Haare und schleppte mich, die ich vor Schmerz und Scham schrie und wild um mich schlug, vor Duryodhana. Ich raste vor Zorn. Gab es unter all den anwesenden Männern keinen, der diese Schande verhinderte?

Noch einmal beschwor ich Duḥśāsana, doch er erwiderte nur, ich solle nur immer meine Götter anrufen, verloren sei ich doch und Sklavin der Kauravas. Da vergaß ich alle Zurückhaltung und rief in den Saal: »Hier stehen Männer, die den Dharma – das menschliche und kosmische Recht, Gesetz und Ordnung – studiert haben, dort sitzt der Sohn Dharmas (Yudhiṣṭhira) in eigener Person. Ich bin nicht so klug wie diese Männer, doch eines weiß ich: Hier wird der Dharma mit Füßen getreten. Wehe, wenn der König den Pfad des Rechts verlässt, gibt er sein Reich dem Untergang preis.« Ich empfand nur noch Verachtung für diese Männer, die dieses himmelschreiende Unrecht wortlos und tatenlos mit ansahen. Boshafte und zügellose Freude bei den einen; gequälte, schamvolle Gesichter bei den anderen.

Bhīṣma fasste sich zuerst, er könne das Problem auch nicht lösen, aber schließlich hätte niemand Yudhiṣṭhira zu dem Spiel gezwungen. Nun brach es aus Bhīma heraus: „Viele Huren gibt es im Land der Spieler", schrie er Yudhiṣṭhira an, „doch selbst mit dieser Sorte Frauen hat man soviel Mitleid, sie nicht im Spiel zu setzen. All unsere Schätze, die Waffen, das Königreich – darauf lege ich keinen Wert, aber du bist zu weit gegangen, als du um Draupadī gespielt hast. Sahadeva, bring das Feuer! Ich werde Yudhiṣṭhiras unglückseligen Spielerhände verbrennen!" Arjuna hielt ihn fest: „Noch nie hast du derartig respektlose Reden geführt, Bhīma. Die Feinde scheinen deine Achtung vor dem Gesetz zerstört zu haben, spiel ihnen nicht in die Hände! Kein Gesetz steht höher als die Worte eines älteren Bruders. Er hat sich nach dem Dharma der Kṣatriyas verhalten und eine Herausforderung angenommen. Das gereicht uns allen zum Ruhm!"

Nun erhob sich Vikarṇa, ein Bruder Duryodhanas, der als Einziger in der Kaurava-Sippe ein schlechtes Gewissen zu haben schien, er drängte die Gesetzeskundigen, doch endlich eine Entscheidung zu fällen, und fügte hinzu, er selbst halte mich aufgrund der genannten Argumente für frei. Dem

widersprach Karṇa auf das Entschiedenste: ich wäre als Gemahlin der Pāṇḍavas Teil ihres Besitzes und damit als solcher bereits verspielt. Damit der Beleidigung nicht genug, er bezeichnete mich als Hure, denn welche Frau würde sonst fünf Männern zugleich angehören, und halbnackte Dirnen wären in einer Männerrunde schließlich nicht unüblich. Ich solle mir nun einen Mann unter den Kauravas wählen, denn meine bisherigen Gatten seien ja offensichtlich nicht mehr imstande, für mich zu sorgen. Und er setzte hämisch hinzu, als Sklaven hätten wir kein Recht, unsere Überkleider zu tragen. Daraufhin legten meine Männer tatsächlich ihre Gewänder ab, und Duḥśāsana, der mich immer noch an den Haaren niederzwang, begann, an meinem Gewand zu zerren. Oh Götter, helft! Wer steht mir bei in dieser schrecklichen Stunde? Wer fällt dieser abscheulichen, gewissenlosen Bestie in die Arme? Wer verhindert die öffentliche Schande einer unschuldigen, edlen Königin, die ihren Peinigern schutzlos ausgeliefert ist? Als hätten die Himmlischen mein Flehen erhört, erschien auf wunderbare Weise unter dem heruntergezerrten Gewand ein zweites. Duḥśāsana zog und zog, doch die Kleider nahmen kein Ende. Ein Schrei der Verwunderung und des Erschreckens angesichts dieser offensichtlich göttlichen Parteinahme ging durch die Anwesenden. Erneut erhob sich Bhīmas Gebrüll; keineswegs besänftigt von Arjunas Zurechtweisung schwor er, eines Tages Duḥśāsanas Blut zu trinken. Erschöpft ließ Duḥśāsana von mir ab. Ich war zu Boden gesunken und versuchte mit Haaren und Gewand meine Blöße zu bedecken. Ich wünschte, ich wäre nie geboren.
Weder der große Bhīṣma noch der weise Vidura oder Droṇa konnte eine Lösung finden, darum schien es ihnen das Klügste, die Entscheidung der Verliererseite, also Yudhiṣṭhira, zu überlassen. Das war ganz nach Duryodhanas Geschmack: Ließ Yudhiṣṭhira mich als verspielt gelten, wäre ich Duryodhanas Sklavin, würde er bekennen, dass er nicht das Recht gehabt hatte, mich als Einsatz zu setzen, würde sich der Sohn Dharmas selbst einer Lüge bezichtigen. In der plötzlich einsetzenden Stille schauten alle voller Spannung auf das Oberhaupt der Pāṇḍavas, die Verkörperung von Recht und Gesetz. Auch ich hing mit meinen Augen an seinem Mund. Er schwieg, seine Augen blickten auf den Boden. Mein eigener Gatte schwieg!
Da erhob sich der greise, blinde Dhṛtarāṣṭra, den ich statt Pāṇḍu als Schwiegervater ehrte. Es schien, als ob er zu einer Antwort auf meine Frage gekommen wäre. „Draupadī“, sprach er, „du warst mir von jeher die liebste meiner Schwiegertöchter. Erbitte von mir, was du willst. Ich werde deinen Wunsch erfüllen!“

Keine Entscheidung also, sondern eine Gnade, Mitleid statt Recht. Und doch war dies meine, unsere einzige Chance. Ich stieß meinen ersten Wunsch hervor: Yudhiṣṭhiras Freiheit. Mein zweiter Wunsch: die Freiheit meiner vier anderen Gatten. Als mir Dhṛtarāṣṭra einen dritten Wunsch gewähren wollte, lehnte ich ab, denn führt Gier nicht zum Untergang? Und war nicht, meine liebe Schwester, die Freiheit meiner Ehemänner das Einzige, was zählte?
So waren wir alle wieder auf freiem Fuß, auch unser Eigentum wurde uns wieder zuerkannt. Wir hatten nichts verloren – und doch war dies der schmachvollste Tag meines Lebens. Über die Maßen gedemütigt den Feind um Gnade bitten zu müssen – was gibt es Schlimmeres für eine Kṣatriya-Frau. Ich sah, wie auch Bhīma vor Zorn bebte. Seine Brüder konnten ihn nur mit Mühe bändigen. Am liebsten hätte er auf der Stelle seine Peiniger vernichtet. Rache schrie aus seinen Augen. Auge um Auge – dies war die Sprache des mutigsten und jähzornigsten meiner Gatten. Doch nicht die des gerechten Yudhiṣṭhira. Für ihn hatte sich die Sache erledigt. Er rüstete zum Aufbruch, als wäre nichts geschehen, als wären wir nicht halbnackt vor aller Augen verhöhnt worden. Würdest du das als die angemessene Haltung eines Kṣatriya, des ersten unter den Königen bezeichnen? Ich begann zu ahnen, was Yudhiṣṭhira unter einem Leben gemäß dem ewigen Dharma verstand – und was dies für uns alle bedeuten würde. Ohne einen Blick zurück bestiegen meine Gatten ihre Wagen und verließen mit dem gesamten Gefolge Hāstinapura.
Wir waren noch nicht weit gekommen, als uns ein Bote Dhṛtarāṣṭras einholte. „Der Teppich ist ausgelegt in der Halle, oh Yudhiṣṭhira, die Würfel liegen bereit. Der Vater fordert dich auf: Komm und spiel Yudhiṣṭhira!" Das Wort seines Onkels war für Yudhiṣṭhira Gesetz, auch wenn ihm klar war, dass wir nun alles verlieren würden. Ich war fassungslos: War Yudhiṣṭhira denn gar keiner menschlichen Regung mehr fähig? Hart und kalt wie die Gletscher des Himālaya schien er mir. Mir blieb nichts anderes übrig, als ihm in die Katastrophe zu folgen. Als wir die Sabhā betraten, saßen Duryodhana und Śakuni bereits vor den Würfeln. „Lass uns einen letzten großen Wurf tun, Yudhiṣṭhira, um einen letzten großen Preis. Verlieren wir, so gehen wir für zwölf Jahre in die Verbannung, in die Wälder, und verbringen ein dreizehntes Jahr unerkannt unter Menschen. Werden wir erkannt, trifft uns die Verbannung weitere zwölf Jahre. Verliert jedoch ihr, so trifft dieses Schicksal euch. Nach seiner Rückkehr erhält der Verlierer seinen Besitz und sein Königreich vollständig wieder zurück."

Diesmal wurde mir ein Platz neben Gāndhārī, der Mutter Duryodhanas, zugewiesen. Ich spürte, wie sie litt; sie schämte sich, mich anzusehen, die ich von ihrem Sohn so gedemütigt worden war. Deutlich stand in ihrem Gesicht der Zwiespalt ihrer Seele geschrieben: die Liebe einer Mutter zu ihrem Sohn stritt gegen das Grauen angesichts seiner Taten. Dhṛtarāṣṭra und Gāndhārī waren die Einzigen, die die Macht gehabt hätten, dem abscheulichen Treiben ein Ende zu bereiten. Zugleich waren sie die Einzigen, die den Schuldigen an dieser Tragödie – Duryodhana – mit der ganzen Kraft ihrer Herzen liebten und beschützen wollten. Wie gelähmt blickten sie dem unaufhaltsam näherkommenden Verderben entgegen.
Wir oder sie? Wen es auch träfe, unsere Familie wäre endgültig zerstört. Eben noch mit allen königlichen Privilegien ausgestattet, würden die einen während der nächsten Jahre in der Wildnis leben, wie die Einsiedler, die Asketen, Wind und Wetter ausgesetzt, mit keiner Habe außer den Kleidern am Leib, in Höhlen oder Laubhütten wohnend, wie die Waldmenschen von den Früchten und Tieren des Waldes lebend. Die anderen hingegen hatten dreizehn Jahre Zeit, ihre politische Macht zu festigen und auszubauen. Was dann? War die Sache mit der Heimkehr der Verbannten aus der Welt? Konnte man danach so tun, als sei nichts geschehen?
Schweigend tat Yudhiṣṭhira seinen Wurf – nicht schlecht, doch was konnte er schon ausrichten gegen Śakuni, der im Würfelspiel noch nie verloren hatte. Ein Stöhnen ging durch die Menge. Die Würfel waren gefallen. Mit dieser Stunde hatten wir das Recht, im Palast unserer Verwandten zu leben, verwirkt.
Meine Gatten und ich legten unsere königlichen Gewänder und all unseren Schmuck ab und kleideten uns in das Fell der schwarzen Antilope, mit dem Asketen und Einsiedler ihre Blöße bedecken. Damit nicht genug übergossen uns die üblen Kauravas mit Hohn und Spott. Duḥśāsana forderte mich mit obszönen Gesten ein übers andere Mal auf, mir einen neuen Gatten unter den Kauravas zu wählen.
Da konnte Bhīma nicht länger an sich halten, er überschüttete die Kaurava-Brüder mit einer Flut wüster Beschimpfungen und Flüche. Seine hasserfüllten Augen sprühten Funken, als er schwur, Duḥśāsana das Herz bei lebendigem Leib herauszureißen, sein Blut zu trinken und alle Kauravas in einem erbarmungslosen Kampf zu vernichten.
Jedermann riet mir damals, doch mit den anderen Frauen und dem Hofstaat in Indraprastha zu bleiben, bei meinen Kindern. Wohin gehört eine Frau? Zu ihren Kindern oder zu ihrem Mann, in meinem Fall ihren Männern? Für

eine einfache Frau ist die Antwort eindeutig: zu ihren Kindern, deren alleinige Beschützerin und Ernährerin sie bei Abwesenheit ihres Mannes ist. Ich aber bin in erster Linie Königin, das wusste ich von dem Moment an, als mir damals in der Hütte klar geworden war, wessen Frau ich werden sollte. Eine Königin aber sollte dort sein, wo sie als Königin gebraucht wird, und das war in diesem Falle in der Verbannung bei meinen Gatten. Frauen, die sich um meine Kinder kümmern würden, gab es genug, vor allem du warst ihnen eine wunderbare Mutter. Aber welche Frau hätte in der Wildnis die Würde eines Reiches vertreten können, wenn nicht die Königin persönlich? Ab morgen wirst du, stolze Subhadrā, diese Verantwortung übernehmen. Ich weiß, du wirst diese Aufgabe mit Verstand und Herz meistern. Aber es bedeutet auch, dass du nur noch Königin bist, nichts sonst.

Doch zurück zu jenem schwarzen Tag. Kein Wort des Abschieds kam über die Lippen unserer Verwandten. Die Scham hatte ihnen die Sprache verschlagen. Hatten sie doch diesen ungeheuerlichen Betrug zugelassen in einer Kṣatriya-Familie, deren höchste Werte Pflicht, Ehre und Gerechtigkeit sind! Dhṛtarāṣṭra schien erschüttert von dem Unheil, das er in seinem Wankelmut, seiner Schwäche zugelassen hatte, und er ahnte, dass dieses Unheil eines Tages seine eigene Familie treffen würde. Das Ungeheuere, was sich in diesem Saal abgespielt hatte, offenbarte den Niedergang des Dharma. Es war der Anfang vom Ende des Kuru-Geschlechtes.

Nur Kuntī und Vidura, der Onkel der Pāṇḍavas, sagten uns Lebewohl. Vidura hatte darauf bestanden, dass Kuntī von nun an in seinem Hause lebt. Der weise Mann sprach uns Mut zu und erinnerte uns daran, dass unsere Stärke in der Gesetzestreue und unserem Zusammenhalt bestand. Ein Sieg, der nicht in Einklang mit dem Dharma stünde, sei nicht von Dauer.

Mit Tränen in den Augen verneigten sich die Pāṇḍavas vor ihrer Mutter Kuntī. Mich schloss sie in ihre Arme. „Du verlierst Reichtümer, mein Kind, doch dein wahrer Schatz, deine Kenntnisse des Dharma, dein untadeliger Lebenswandel und deine Hingabe an deine Gatten, wird dich unversehrt alle Not überstehen lassen.“

Das Hohngelächter der Kauravas erstarb beim Anblick der Scharen ihrer eigenen Bürger, die uns bei unserem Auszug aus Hāstinapura weinend und klagend das Geleit gaben, bis Yudhiṣṭhira sie bat, wieder nach Hause zu gehen. Den vermeintlichen Siegern dämmerte, dass dies der dunkelste Tag in der Geschichte ihres Geschlechtes war – denn ein verletzter Tiger ist noch hundertmal gefährlicher. Niemand wird ruhig schlafen können, wenn er sich die stärksten Helden der Welt, die Pāṇḍavas, zu Feinden gemacht hat.

* * *

Nach drei durchwanderten Tagen und Nächten erreichten wir den Kāmyaka-Wald und ließen uns dort nieder. Der Erste, der kam, um sein Bündnis mit uns zu erneuern, war Kṛṣṇa. Wir waren nicht allein in unserer Not. Dem über alles verehrten Freund konnte ich endlich mein Leid klagen. Vor ihm musste ich nichts verbergen, ihn musste ich nicht aufrichten. Konnte er mir sagen, warum eine Frau wie ich, die niemals vom Pfad des Dharma abgewichen war, solche Qualen leiden musste? Ihm konnte ich auch meinen Zorn zeigen, ja du hast recht gehört, Subhadrā. Ich habe es noch nie einem Menschen gestanden, doch ich war voller Zorn auf meine Gatten, die größten Helden der Erde, die so wenig heldenhaft zugesehen hatten, wie ihre Frau von anderen Männern wie eine Sklavin behandelt wurde. Kein Kupferstück ist ihre Stärke wert, wenn sie es nicht einmal fertigbringen, ihre Gattin zu beschützen. Nicht der Geringste wurde abgewiesen, der sich je hilfesuchend an sie wand, warum dann ich, die ich jedem von ihnen einen herrlichen Sohn geschenkt habe, in dem ihre Seele weiterleben wird?
Tröstend sprach damals Kṛṣṇa zu mir: „Die Frauen aller Männer, die dich verletzten, sollen um ihre Gatten weinen, wenn diese dereinst blutüberströmt auf der Erde liegen. Wenn auch die Welt untergeht, mein Versprechen wird sich erfüllen, oh Draupadī, du dunkle Schönheit: Du sollst die Königin der Könige werden."
Diese Worte gaben mir Kraft für die nächsten Jahre, denn schon oft hatte ich erfahren, dass Kṛṣṇa ein besonderer Mensch war. War es aber Rache, die ich wollte? Machte das Leid fremder Frauen mein Leid vergessen? Was konnten sie für die Grausamkeit ihrer Gatten?
Mit kleinstem Gefolge machten wir uns nun auf zum Dvaitavana-See, wo schon viele Brahmanen lebten, um dort die ersten zwölf Jahre der Verbannung zu verbringen. Wir führten ein bescheidenes Leben, jeder Tag war angefüllt mit Gebeten, religiösen Übungen und Disputen, oft fasteten wir. Selbstverständlich oblag mir weiterhin die Führung unseres Haushaltes. Vor Sonnenaufgang erhob ich mich, wusch unsere Kleider am Fluss, entzündete das Feuer und bereitete das Morgenmahl. Dann musste unsere Hütte gesäubert und ein Mittagsmahl vorbereitet werden, mit dem wir auch

die zahlreichen Gäste bewirten konnten. Für ein Abendessen reichte es allerdings selten.
Du könntest vermuten, liebste Subhadrā, dass solch ein Leben meine Seele zur Ruhe kommen ließ, doch das Gegenteil war der Fall. Eines Tages konnte ich nicht mehr an mich halten und sprach folgendermaßen zu Yudhiṣṭhira: „Gram erfüllt mich, wenn ich sehe, wie du, Yudhiṣṭhira, auf einem Sitz aus Kuśa-Gras sitzt statt auf deinem edelsteingeschmückten Thron – mein Herz findet keinen Frieden: früher hast du Tausende Menschen gespeist, nun leben du und deine Brüder von den Almosen der Ärmsten. Sieh dir doch den unglücklichen Bhīma an, zur Untätigkeit verdammt, oder Arjuna, den tigergleichen Mann, der nur noch vor sich hin grübelt statt zu kämpfen – spürst du keine Wut in dir? Wie kann man nur so unmännlich und gleichgültig sein. Es scheint in deinem Herzen keinen Zorn mehr zu geben, wenn du unseren Anblick ohne Qual erträgst. Deine jüngeren Brüder schweigen aus Respekt vor dir, aber meine Pflicht als Kṣatriya-Frau gebietet mir, diese deine Untätigkeit nicht länger hinzunehmen. Jeder Herrscher sollte diejenigen verfolgen, die den Dharma verletzen. Welcher König nicht zur rechten Zeit seine Autorität durchsetzt, vor dem verliert jedermann den Respekt. Unter keinen Umständen sollte ein wahrer Herrscher Geduld oder Mitleid mit seinen Feinden haben. Gleichermaßen wird ein Herrscher, der nicht erkennt, wann die Zeit für Vergebung gekommen ist, von seinem Volk gehasst. Ein gerechter Herrscher weiß, welche Tat er bestrafen und welche er verzeihen muss. Deshalb, oh Yudhiṣṭhira, bin ich der Auffassung, dass die Zeit gekommen ist, den Kauravas eine Lektion zu erteilen. Schluss mit Sanftmut und Geduld!"
Mein ältester Gatte antwortete mir so, wie es seinem friedliebenden Wesen entspricht: „Schönste Draupadī! Zorn führt ohne Umweg zu Leid und Vernichtung. Wer sich von seinem Zorn leiten lässt, wird unweigerlich daran zugrunde gehen, er wird Böses tun, seine Nächsten verletzen, denn er kann nicht unterscheiden zwischen dem, was getan oder gesagt werden sollte, und dem, was nicht getan oder gesagt werden sollte. In seiner Raserei wird er die Unschuldigen strafen und den Schuldigen ehren. Der Weise gerät nicht in Zorn, er zügelt sich. Autorität gewinnt jemand, der Tüchtigkeit mit Disziplin, Tatkraft und Zuverlässigkeit zu vereinen weiß. Nur der Unwissende verwechselt Zorn mit Autorität. Oh Schönhüftige, wo würden wir hinkommen, wenn es keinen Langmut gäbe unter den Menschen, wenn gälte Auge um Auge, Zahn um Zahn? Das führt nur zu Krieg und Vernichtung, nicht aber zu Frieden und Wachstum. Wenn jemand von einem

Stärkeren beleidigt und geschlagen wird, und er beherrscht seine Wut, so nennt man diesen einen Weisen, denn auf der Geduld beruhen das Brahman, die Wahrheit, das Opfer und die Dreiwelt, oh Blüte unter den Frauen. Der Rasende führt nur den eigenen Untergang herbei. Bhīṣma, Vidura und die anderen Weisen an Dhṛtarāṣṭras Hof sind dem Frieden zugetan. Sie werden Duryodhana ganz sicher dazu bringen, uns unser Königreich zurückzugeben. Tut er dies aber nicht, so wird er an seiner Gier zugrunde gehen."

Du verstehst sicher, Subhadrā, dass mich solch eine Antwort nicht zufrieden stellte. Und so entgegnete ich: „Immerzu sprichst du von Recht und Ordnung, mein Gebieter, doch gehst du, so scheint mir, nicht den Weg deines Vaters und Großvaters. Alle wissen, dass das Gesetz dir vor allen Dingen heilig war. Eher hättest du deine Brüder oder mich hingegeben, als den Pfad des Dharma zu verlassen. Wer das Gesetz schützt, den schützt das Gesetz, so sagt man. Wie konnte es aber dann dazu kommen, dass du, der du nie auch nur ein einziges Opfer unterlassen hast oder einen einzigen Brahmanen ohne Speise hast davonziehen lassen, der Spielsucht unterlegen warst? Wie wurde aus dem aufrechten, bescheidenen, ehrenhaften König ein Spieler? Offensichtlich sind alle Menschen nur Marionetten an den Fäden des Weltenlenkers, der sie zu seinem Vergnügen tanzen lässt. Er zieht die Fäden, wir sind nicht die Herren unseres Geschicks. Wir sind nur das Spielzeug eines Wesens, das uns nach seinem Belieben gute oder schlechte Taten ausführen lässt. Gibt es einen Plan für dieses Spiel? Wenn ich sehe, wie die guten, gerechten Menschen leiden und die bösen triumphieren, kann ich diesen Weltenlenker nur verdammen, der solche Verbrechen zulässt."

„Deine Worte sind wohlgesetzt, meine teure Gattin, doch was du sprichst, ist Gotteslästerung. Mir geht es nicht um die Ergebnisse meiner Taten, sondern um die Gesetzestreue der Taten selbst! Ich handle, wie ich handeln muss, ohne den Folgen einen Wert beizumessen. Ohne Gesetz und Ordnung wäre der Mensch nur ein Tier, dies ist das Einzige, dem sich der Mensch zu unterwerfen hat. Nur wer wie du sich von Gefühlen und Leidenschaften leiten lässt, gerät darüber in Zweifel. Wer das Gesetz nicht zum Maßstab nimmt, setzt sich selbst als Maßstab. Er weiß um keine andere Welt als die der Sinne, doch dort findet er keinen Frieden. Die Wege Gottes sind unergründlich, manchmal erscheinen sie uns Menschen absurd und ungerecht. Uns bleibt, dem Gesetz ohne jeden Zweifel zu folgen."

„Keineswegs will ich den Dharma oder Gott in irgendeiner Weise tadeln, doch denke ich, oh Indra unter den Männern, dass man, was auch immer

man erreichen will, etwas dafür *tun* muss, statt herumzusitzen und sich auf den Dharma zu berufen. Und was ist dein Dharma als König? Die alten Schriften sagen es dir ganz klar: Der Dharma eines Kriegers und Königs ist der Schutz des Reiches vor äußeren und inneren Feinden.
Wie kann man das Resultat einer Tat kennen, ohne sie getan zu haben? Wenn der Monsun auch keinen Regen bringt, kann man Bauern nicht tadeln, denn er hat getan, was er konnte. Wenn wir es nicht schaffen, ist es nicht unser Fehler, doch müssen wir es zumindest versuchen! Raffe Dich auf, sei ein Mann, sei ein König! Überdenke den rechten Ort, die rechte Zeit, unsere Kräfte und die unserer Verbündeten. Wäge alle Tatsachen sorgfältig ab – doch dann handle!"
Mag sein, dass meine Worte nicht in erster Linie dem Respekt einer Gattin gegenüber ihrem Gatten entsprangen, doch war ich als Frau des mächtigsten Königs Indiens nicht dazu verpflichtet, meinen Mann dazu anzuhalten, sich wie ein Kṣatriya zu verhalten? Yudhiṣṭhira hatte immer einen Hang zum Leben der Asketen, nur durfte er darüber meiner Meinung nach nicht das ihm anvertraute Volk vernachlässigen. Bhīma beeilte sich mir beizupflichten.
„Yudhiṣṭhira hat nicht das Recht, nur an sich zu denken. Er ist nicht irgendwer, er ist König der Pāṇḍavas. Mit dieser Stellung sind Pflichten und Aufgaben verbunden, denen er sich nicht ungestraft entziehen kann. Er trägt die Verantwortung nicht nur für sich selbst, nicht nur für seine Familie, nicht nur für sein Land – er muss das Böse vernichten. Das ist sein persönliches Dharma. Wer außer ihm sollte das tun? Ein König kann sich nicht wie ein Brahmane verhalten und eine Brahmane nicht wie ein König."
Doch Yudhiṣṭhira ließ sich durch keines unserer Argumente dazu bewegen, auch nur einen Fingerbreit von seinem Verständnis von Recht und Dharma abzuweichen. Und das hieß für uns alle: Einhalten der Verbannungszeit bis zum letzten Tag.
Dass es Yudhiṣṭhira keinesfalls an Voraussicht mangelte, bewies sein Entschluss, Arjuna gen Norden, in den Himmel Indras zu entsenden, um dort die Waffen dieses mächtigen Gottes zu erwerben, der als sein Vater galt. Die Götter hatten Indra in grauen Vorzeiten alle Waffen übergeben, um ihm im Kampf gegen einen Schlangendämon beizustehen. Obwohl ich wusste, dass nur ein Mann, dessen Klugheit seiner Stärke in nichts nachstand, der sowohl in der Kunst der Waffen als auch in der Kunst der yogischen Versenkung zu den Geübtesten gehörte, es wagen konnte, die Hand nach

Indras Waffen auszustrecken, fiel mir der erneute Abschied ebenso schwer wie beim ersten Mal.
Es blieb mir keine Zeit zum Trauern, die Tage im Wald waren von Sonnenaufgang bis Sonnenuntergang mit Arbeit erfüllt. Doch wenn wir uns abends um das Feuer versammelten, spürte ich, wie auch die anderen Arjuna vermissten, seine Fröhlichkeit, mit der er unsere Schwermut vertrieb, seine Tausend Ideen, mit denen er uns diese schwere Zeit erträglicher machte. Bereits seine Anwesenheit genügte, uns die Zukunft in heiteren Farben sehen zu lassen. Umso schwärzer war die Gegenwart ohne ihn. Yudhiṣṭhira erging sich in tagelangem Wehklagen. Bhīma suchte Ablenkung in tagelanger Jagd und im Kampf gegen schreckliche Dämonen. Sahadeva und Nakula streiften durch den Wald und mieden Yudhiṣṭhiras und meine Gesellschaft. So beschlossen wir gemeinsam, den Kāmyaka-Wald schon jetzt zu verlassen und zu dem mit Arjuna vereinbarten Treffpunkt zu reisen. Es war ein weiter und beschwerlicher Weg, wir überquerten unzählige Flüsse, kamen durch unzählige Wälder und Gebirge. Aber du weißt ja, jeder Fluss, jeder Baum, jede Höhle ist der Sitz göttlicher Kräfte, und so wurde aus unserem Weg eine lange Pilgerfahrt. Besonders Yudhiṣṭhira ließ keinen der heiligen Orte aus. Er machte tatsächlich den Eindruck, als würde er bereits im dritten Lebensstadium eines Mannes leben, dem der Hauslosigkeit. Überall ließ er Opfer bringen, badete, machte den Brahmanen großzügige Geschenke, sprach Gebete, fastete und erfüllte mannigfaltige Gelübde. Seine Brüder und ich standen ihm in nichts nach, auch wir führten das Leben wandernder Asketen.
Ich gestehe aber auch, liebste Schwester, dass ich diese Jahre zu den wertvollsten meines Lebens zähle. Weitab von den zeitraubenden Verpflichtungen einer Königin am größten Hof Indiens hatte ich im Wald Gelegenheit, mich intensiv mit den wirklich wichtigen Dingen des Daseins zu beschäftigen. Während wir durch die Wälder zogen, trafen wir unzählige Asketen, weise Männer und Frauen; andere suchten uns in unseren bescheidenen Refugien auf. Wir hatten ausreichend Zeit, ganz unterschiedliche Fragen zu diskutieren, wir hörten höchst lehrreiche Geschichten von Menschen und Göttern, von der Entstehung und dem Untergang der Welten, dem Kreislauf der Wiedergeburten und andere wunderbare Erzählungen. Als ich hörte, welche Schicksalsschläge andere Menschen erlitten hatten, fiel es mir leichter, meine Situation zu akzeptieren, nicht weiter mit meinem Geschick zu hadern, sondern nach vorn zu blicken.

Ich verstand Yudhiṣṭhira ein wenig besser, verstand seinen Wunsch nach einem Leben in Versenkung fern jener Welt der Machtpolitik, der Ränke, der Begierden, der Kämpfe selbst innerhalb der Familien. Doch kann sich niemand den Pflichten entziehen, die seine Geburt ihm auferlegt, und er war nun mal der Erste in der Thronfolge. Hätten Nakula oder Sahadeva den Wunsch gehegt, Einsiedler zu werden, hätte man sie sicher gewähren lassen, denn sie standen in der Thronfolge ganz hinten, noch hinter Bhīma, Arjuna und ihren Söhnen. Doch Yudhiṣṭhira, der Gesetzeskundige? Wer könnte ein großes Reich besser regieren als er?
Die Strapazen der Reise gingen nicht spurlos an uns vorüber. Und in den gefährlichsten und schwierigsten Momenten erkannte ich die vielen Vorzüge Bhīmas, in dem ich bisher nicht mehr als einen – er möge mir diese Worte verzeihen – geistig etwas beschränkten Raufbold gesehen hatte. Während Yudhiṣṭhira und die Zwillinge genug damit zu tun hatten, sich um sich selbst zu kümmern, war er immer zur Stelle, wenn mich Schwäche überfiel oder mir etwas fehlte. Jeden Wunsch las er mir von den Augen ab, und er scheute keine Gefahr, wenn er mir nur einen Dienst erweisen konnte. Als Yudhiṣṭhira mich am Fuße des Kailāsa zurücklassen wollte, war es Bhīma, der erkannte, dass meine Sehnsucht Arjuna wiederzusehen größer war als meine Schwäche, und der mich, als ich schließlich doch vor Erschöpfung zusammenbrach, den Berg hinauftrug. Er bezwang eine Schar schrecklicher Dämonen, nur für eine Handvoll Blüten für mich. Nun wusste ich, was immer auch geschieht, selbst wenn Arjuna nicht an meiner Seite war, konnte mir nichts mehr zustoßen. Und ich war mir sicher: eines Tages wird die Schmach, die mir Duryodhana und seine Brüder angetan haben, durch Bhīmas Hand gerächt werden.
Schließlich erreichten wir den Berg Meru, den König aller Berge. Gewaltig und unnahbar erhob sich sein schroffer, schneebedeckter Gipfel vor uns. Und endlich hörten wir in der Ferne ein Donnern, das uns das Nahen Arjunas auf dem Wagen Indras ankündigte. Wer wenn nicht du kann am besten verstehen, wie mir in diesem Augenblick zumute war: als würde nach einer langen kalten Nacht am Horizont die Sonne aufgehen und mit ihren warmen Strahlen in mein Herz leuchten.
Ein weiteres wichtiges Ereignis in unserer Verbannung war der Besuch deines Bruders Kṛṣṇa und seiner Gattin Satyabhāmā. Es war das Gespräch mit Satyabhāmā, über das ich noch lange nachgedacht habe. Nachdem sie mich über das Wohlergehen meiner Kinder und Verwandten beruhigt hatte, stellte sie mir die Frage, durch welche Zaubermittel es mir gelänge, mir die

Liebe von gleich fünf Männern zu erhalten. Denn dass mir die Pāṇḍavas vollkommen ergeben seien, sähe man auf den ersten Blick. Ich weiß, dass du an meiner Stelle genau das Gleiche geantwortet hättest: eine durch Zauberkünste entfachte Zuneigung ruht auf zerbrechlichen Säulen. Sicherer ist es, die Zuneigung und Achtung des Gatten jeden Tag aufs Neue durch untadeliges Verhalten zu gewinnen.
Ich habe mein Dharma, als verheiratete Frau und Königin mich um das Wohl meiner Gatten und das des Reiches zu kümmern, stets befolgt. So wie es der Dharma der Brahmanen ist, den Veda zu lesen und zu lehren, zu opfern und anderen beim Opfer beizustehen; der Dharma der Krieger, das Volk zu verteidigen, Almosen zu geben und den Veda zu lesen; der Dharma des dritten Standes, Viehherden zu halten und Handel zu treiben, Geschenke zu geben und den Veda zu lesen; der Dharma des vierten Standes, der śūdra, den anderen Ständen zu dienen; so ist es der Dharma der Frauen aller Stände, zuerst dem Vater, dann dem Gatten anzuhängen, ihm in allen seinen Wünschen Folge zu leisten. Es ist ihr Dharma, sich um alle Belange des Haushaltes zu kümmern und ihren Gatten, was auch immer er tut oder sagt, in Ehren zu halten, ihm allein ihre Gedanken, Worte und Taten zu widmen. Sie soll ihm Kinder gebären und sie gemäß den Traditionen seiner Familie erziehen.
Du wirst freilich auch Stimmen gehört haben, die meinen, ich hätte diese Regeln mehr als einmal verletzt, indem ich mich immer wieder in die Entscheidungen meiner Gatten, vornehmlich die Yudhiṣṭhiras, eingemischt habe, indem ich ihn immer wieder aufgefordert habe, sich nicht wie ein Brahmane, sondern wie ein Krieger zu verhalten. Diesen Meinungen wäre entgegenzuhalten, dass ich immerhin nicht nur Ehefrau bin, sondern auch Königin, die es ihrem Land schuldig ist, den Herrscher an seine Pflichten zu erinnern, falls er sie zu sehr vernachlässigt. Und das hat er meiner Meinung nach getan.
Doch der Dharma ist ein weites Feld, liebe Subhadrā, kein Sterblicher kann sich wohl anmaßen, ihn in seiner Gesamtheit verstanden zu haben. Und es kann sicher auch geschehen – das will ich gern zugestehen – , dass sich jemand plötzlich in der seltsamen Lage befindet, sich zwischen zwei Dharmaregeln entscheiden zu müssen. Du lächelst ungläubig, Subhadrā, du kennst solch einen Zwiespalt offensichtlich nicht. Doch denke nur an dieses unglückselige Würfelspiel, in dem Yudhiṣṭhira seine Brüder, sich selbst und mich an seinen Vetter Duryodhana verloren hatte. Damals hat er sich dafür entschieden, sein Wort gegenüber dem falschen Duryodhana zu halten und

seine Pflichten als Gatte, älterer Bruder und König zurückzustellen. Das war sicher keine leichte Entscheidung, doch ich glaube, Yudhiṣṭhira hat nicht einen Moment gezweifelt, ob sie richtig war. Dies zeigte mir eine ähnliche Episode aus dem letzten Jahr unseres Exils.
Irgendwann waren die zwölf Jahre unserer Verbannung in der Wildnis vorüber. Man sollte meinen, dass nun das Schlimmste überstanden gewesen sei. Aber vor uns lag eine letzte Aufgabe, die diesen zwölf Jahren an Mühen in nichts nachstand. Du erinnerst dich: das dreizehnte Jahr unseres Exils sollten wir von allen Menschen unerkannt verbringen. Und wo kann man sich am besten verbergen? Unter vielen Menschen! In der Wildnis oder in kleinen Dörfern wären wir sofort aufgefallen, doch nicht in einer großen Stadt mit Tausenden von Bewohnern. Wir entschieden uns für die Stadt König Virāṭas, die Hauptstadt des Matsya-Reiches.
Bevor wir die Stadt betraten, berieten wir, in welcher Verkleidung und unter welchen Namen wir dieses letzte Jahr verbringen sollten. Ich wollte mich auf keinen Fall von meinen Gatten trennen, andererseits durfte sie niemand als meine Ehemänner erkennen, denn ich war, soviel ich weiß, damals die einzige Frau in jener Gegend, die mit fünf Männern verheiratet war. Außerdem mussten wir uns von nun an unseren Lebensunterhalt selbst verdienen. Wir hätten natürlich als Wandermönche umherziehen können, doch sicherer schien es uns, mit möglichst wenig Menschen in Kontakt zu kommen. So beschlossen wir, uns getrennt voneinander um verschiedene Stellungen am Königshof zu bemühen.
Wir waren bestens vertraut mit den Abläufen an einem Königshof. Als Erster ging Yudhiṣṭhira zu Virāṭa und stellte sich ihm als Brahmane mit besonderer Geschicklichkeit im Würfelspiel vor. Dann bot Bhīma seine Dienste als Koch an und Arjuna präsentierte sich als Eunuch, erfahren im Musik- und Tanzunterricht für junge Mädchen. Das klingt ein wenig lächerlich, ich weiß, aber gerade unsere Schwächen halfen uns, uns eine glaubwürdige Identität zuzulegen. Sahadeva wurde zum Aufseher der Rinderherden und Nakula zum ersten Wagenlenker des Königs und Verwalter der Pferdeställe.
Ich selbst wurde unter dem Namen Sairindhrī bei der Königin Sudeṣṇā vorstellig und erzählte ihr, ich wäre zuletzt eine Dienerin Draupadīs gewesen und kundig der Geheimnisse der Haarpflege, der Salbenbereitung und des Blumenbindens. Die Königin wollte mich zunächst nicht in ihre Dienste nehmen, hatte sie doch Bedenken, meine Schönheit würde die ihre überstrahlen und der König würde sie um meinetwillen verlassen. Ich

beruhigte sie in dieser Hinsicht mit dem Hinweis, dass ich mit mehreren Gandharva-Jünglingen verheiratet wäre, die jedem Mann, der sich mir näherte, den Garaus machen würden. Dass das vor anderem Ungemach nicht schützen würde, ahnten zu jener Zeit weder sie noch ich. Zunächst lebten wir zurückgezogen und unbehelligt im Palast, unsere Tage waren angefüllt mit unseren vielfältigen Aufgaben. Sowohl meine Gatten als auch ich standen beim Königspaar in großer Gunst und es schien fast, als würde unsere Verbannung ohne weitere Zwischenfälle zu Ende gehen. Doch es sollte anders kommen.

Im elften Monat unseres Aufenthaltes an Virāṭas Hof erblickte mich der Bruder der Königin und Heerführer des Königs bei einem seiner Besuche in Sudeṣṇās Gemächern. Ich hatte es immer vermieden, in Anwesenheit männlicher Besucher die Gemächer der Königin zu betreten, allein ich konnte mich nicht ihrem Befehl widersetzen, den Tee zu servieren, ohne Verdacht zu erregen. Dabei ist mir das begehrliche Aufblitzen in seinen Augen nicht entgangen. Von Stund an hatte ich keine ruhige Minute mehr. Dieser Lüstling lauerte mir überall auf. Es scherte ihn wenig, dass ich verheiratet war, und er schlug alle meine Warnungen vor meinen Gandharva-Gatten in den Wind.

Schon einen Tag später erschien er wieder bei der Königin, bestand darauf, dass ich zu seiner Bedienung im Zimmer bliebe, und begann auf seine Schwester einzureden, während seine Blicke mich von allen Seiten umfingen. Ich sah, wie die Königin zunächst abwehrend den Kopf schüttelte, schließlich aber nachgab. Und wirklich, kaum war Kīcaka, so hieß der General, gegangen, rief mich die Königin zu sich und trug mir auf, ihr aus dem Hause ihres Bruders eine Flasche seines berühmten Weines holen. All mein Flehen, doch eine andere ihrer Dienerinnen zu schicken, rührte sie nicht. Kaum betrat ich Kīcakas Gemächer, sah sich dieser Grobian am Ziel seiner Wünsche. Als er mich aber packen und niederzwingen wollte, spürte ich plötzlich unglaubliche Kräfte in mir. Ich stieß ihn zu Boden und floh blindlings durch die nächste offene Tür. Kaum hatte sich Kīcaka von seiner Überraschung erholt, setzte er mir nach. Es blieb mir keine Wahl, als immer weiter in diesen mir unbekannten Teil des Palastes zu laufen. Die Diener und Wachen amüsierten sich über den Anblick einer schreiend davonlaufenden Dienerin und eines sie jagenden Generals. Kein Einziger machte Anstalten, mir zu helfen. Ich fühlte mich wie ein von Bluthunden gejagtes Tier. Ich war schneller als der fette Frauenschänder, doch allmählich ließen

meine Kräfte nach, während seine Gier ihn antrieb und er wohl hoffte, dass irgendeine kleine Kammer mir zur Falle werden würde.
Meine blinde Flucht führte mich aber geradewegs in den Thronsaal, wo Virāṭa gerade mit Bṛhannala (Yudhiṣṭhira) beim Würfelspiel saß. Ich wusste, das unerlaubte Eindringen einer niederen Dienerin in diesen Saal war ein unerhörter Vorfall, doch lieber würde ich sterben, als meine Ehre zu verlieren. Einmal in den Händen dieses Ungeheuers könnte ich meinen Gatten nie mehr unter die Augen treten, wäre ich nicht mehr Königin Draupadī, sondern auf ewig Sairindhrī.
Noch vor Virāṭas Thron riss der Unhold mich an meinen Haaren nieder und trat mit dem Fuß nach mir. Voller Verzweiflung rutschte ich auf den Knien vor Virāṭa und flehte um Schutz. Ich klagte ihm mein Leid und alle, die es hörten, empörten sich über Kīcakas Verhalten. Bhīma ballte die Fäuste und wollte gerade auf meinen Peiniger losgehen, doch zwang Yudhiṣṭhira ihn an sich zu halten, um unser Incognito zu wahren. Virāṭa allerdings schwieg, sei es aus Loyalität gegenüber einem Verwandten seiner Frau, sei es, weil er sich für eine belästigte Dienerin nicht interessierte. An seiner statt erhob sich Yudhiṣṭhira und wies mich scharf zurecht: Er sei sich sicher, meine Gatten kämen mir nur deswegen nicht zu Hilfe, weil sie Gehorsam mehr schätzten als Auflehnung; ich hätte kein Empfinden für den rechten Zeitpunkt, es gehöre sich einfach nicht, den König beim Würfelspiel zu stören, ich solle mich nur wieder in die Frauenräume verfügen. Da konnte ich nicht mehr an mich halten. Wütend brüllte ich: „Jedermann kann dem Gewalt antun, dessen Herr ein Spieler ist."
Natürlich wusste ich, dass in wenigen Tagen die Zeit unserer Verbannung um war. Auch ich wollte nicht die Mühen der vergangenen Jahre durch unüberlegtes Handeln aufs Spiel setzen. Ich konnte kaum hoffen, dass sich Yudhiṣṭhira und Arjuna in dieser Lage um die Ehre ihrer Gattin kümmern würden. Für wenige Momente blitzte in mir der Gedanke auf, es wäre vielleicht besser gewesen, ich wäre in Indraprastha geblieben. Das hätte mir viel Leid und auch meinen Gatten viel Ärger erspart. Gingen sie alle jetzt wirklich so weit, tatenlos meinem Untergang zuzusehen? War ihnen nicht klar, dass ich ohne ihre Hilfe verloren war? Virāṭa hatte Kīcaka nicht verboten, mir weiter nachzustellen. Zweifellos wäre mein Schicksal in den nächsten Stunden besiegelt, wenn nicht – ja wenn ich es nicht selbst in die Hand nähme.
In meiner Not lief ich geradewegs zu Bhīma in die Palastküche und beschwor ihn, irgendetwas zu meiner Rettung zu unternehmen. Bhīma war so

aufgebracht, dass er Kīcaka am liebsten sofort den Hals umgedreht hätte, doch bezwang er seinen Zorn und beschloss stattdessen, dass ich den General um Mitternacht in die Halle der Tänzerinnen bestellen sollte, wo er in meinen Kleidern auf ihn warten wollte.
So geschah es. Als der vom starken Wein berauschte Kīcaka die vermeintliche Draupadī umarmen wollte, wurde er von Bhīma nach einem heftigen Kampf erwürgt. Seine Todesschreie riefen die Wachen herbei; Bhīma konnte unerkannt entkommen, doch ich geriet unglückseligerweise in die Hände der aufgebrachten Verwandten des Toten. Sie erhoben lautes Klagegeschrei, und plötzlich kam ihnen die grausame Idee, mich, in der sie die Ursache für den Tod ihres Verwandten sahen, mit Kīcakas Leiche zusammen zu verbrennen. Selbst Virāṭa wagte es nicht, sich dem Wunsch dieser einflussreichen Familie zu widersetzen. Sie fesselten mich und schleppten mich zum Scheiterhaufen. In Todesangst rief ich nach meinen Gandharva-Gatten, und tatsächlich war es wieder Bhīma, der mit rotunterlaufenen Augen und einem ganzen Baum in der Hand, den er in der Eile ausgerissen hatte, herangestürmt kam – jeder hielt diesen Riesen für einen wütenden Gandharva. Sogleich lösten sie meine Fesseln, doch Bhīma war in seiner Wut nicht mehr zu bremsen, er ruhte nicht eher, als bis er mehr als Hundert Männer der Familie in des Totengottes Reich gesandt hatte.
Angst und Schrecken breitete sich aus in Virāṭas Palast. Vor allem Kīcakas Familie drängte den König, die unheimliche Kammerzofe aus dem Weg zu schaffen. Sie befürchtete weitere Blutbäder, denn meine Schönheit zog die Männer an wie der Nektar die Bienen. Plötzlich schaute mir kein Mann mehr in die Augen, alle fürchteten sie die Rache der Gandharvas. Da Virāṭa wusste, dass Gandharvas zu ehrenhaft waren, um eine Frau anzugreifen, ließ er mir durch Sudeṣṇā sagen, ich möge doch bitte die Stadt verlassen. Ich bat sie inständig, noch dreizehn Tage in ihrem Palast bleiben zu dürfen, dann hätten meine Gandharva-Gatten ihre Angelegenheiten erledigt und würden mich holen kommen. Auch würden sie sich sicher bei ihr und ihrem Gatten erkenntlich zeigen für ihre Güte und ihr Erbarmen. Zu meinem Glück ließ sich die Königin noch einmal umstimmen.
Auch Duryodhana und die anderen Kauravas konnten im fernen Hāstinapura an nichts anderes mehr denken als an unsere baldige Rückkehr. Seit einem Jahr durchstreiften ihre Spione ganz Jambudvīpa, denn wenn sie uns vor Ablauf des dreizehnten Jahres entdeckten, müssten wir für weitere zwölf Jahre in der Wildnis leben. Als aber an Dhṛtarāṣṭras Hof bekannt wurde, dass Kīcaka, der mächtige Heerführer des Matsya-Reiches, nicht mehr

lebte, überwältigte sie ihre Gier nach den Reichtümern Virāṭas. Sie wähnten das Land schutzlos, denn tatsächlich war außer Kīcaka niemand aus dem Gefolge des Matsya-Königs, der eher ein König der Künste und Wissenschaften war als einer des Kampfes, in der Lage, sich einem starken Kaurava-Heer entgegenzustellen. Sie sammelten ihre Streitkräfte und zogen mit zwei großen Heeren gen Süden. Bald hatten sie die riesigen Rinderherden Virāṭas in ihrer Gewalt, bald setzte Virāṭa ihnen mit seinen Truppen nach, bald war er Gefangener der Kauravas.

Doch wir alle standen in seiner Schuld, und so beschloss Yudhiṣṭhira unserem Retter beizustehen. Er sandte Bhīma aus, den König zu befreien, was auch gelang. Noch aber waren die Herden in der Gewalt Duryodhanas. Uttara, der Sohn Virāṭas, prahlte: Wenn ich nur einen Wagenlenker hätte (mein letzter ist in der Schlacht gefallen), würde ich es mit allen Kauravas gleichzeitig aufnehmen. Arjuna und ich wollten dem Prahlhans einen Denkzettel erteilen. Deshalb erzählte ich Uttara, der Eunuch Bṛhannala wäre früher Arjunas Wagenlenker gewesen und bestimmt bereit, auch ihm diesen Dienst zu erweisen. Uttara blieb nichts anderes übrig, als sich für den Kampf zu rüsten. Das hättest du sehen müssen, Subhadrā, wie Arjuna Uttara zum Narren hielt, indem er so tat, als hätte er noch nie eine Rüstung angezogen, das Hemd verkehrt herum überstreifte und sich mit den Schnallen verhedderte, sodass Uttarā ihm beim Ankleiden helfen musste. Dann aber fuhr er wie der Blitz mit Uttaras Wagen in die Schlacht, dass jenem angst und bange wurde. Mitten auf dem Schlachtfeld sprang Prinz Uttara vom Wagen und wollte schreckensbleich fliehen, doch Arjuna holte ihn zurück, ließ ihn den Streitwagen lenken und schlug in kürzester Zeit die Feinde in die Flucht. Da wir uns erst am nächsten Tag zu erkennen geben durften, verbrachte Arjuna noch eine Nacht als Bṛhaṇnala in den Frauengemächern.

Schließlich brach der ersehnte Tag der Freiheit an. Yudhiṣṭhira, Bhīma, Arjuna, Nakula, Sahadeva und ich kleideten uns in prachtvolle Gewänder, legten fürstlichen Schmuck an und begaben uns in den Versammlungssaal. Zunächst wusste sich Virāṭa vor Zorn kaum zu fassen, als er die vermeintlichen Höflinge auf seinem Thron sah. Doch als er begriff, mit wem er ein ganzes Jahr Würfel gespielt hatte, dass die besten Kämpfer der Welt bei ihm in der Küche, in den Ställen, in den Frauengemächern Dienst getan hatten, kannten sein Entzücken und seine Dankbarkeit keine Grenzen. Er fiel vor Yudhiṣṭhira nieder, bot ihm sein Reich und all seine Schätze. Arjuna wollte er seine Tochter Uttarā zum Weibe geben, doch beide lehnten lächelnd ab.

Arjuna empfand nur väterliche Gefühle für Uttarā und er machte den Vorschlag, sie mit seinem und deinem Sohn Abhimanyu zu vermählen.
Auf diese Weise endete unsere Leidenszeit mit der überaus prächtigen Hochzeit deines Sohnes, meine liebe Subhadrā. Weißt du noch, wie wir nach all den Entbehrungen und Leiden tagelang nichts anderes getan haben, als uns zu schmücken, herrliche Festmahle abzuhalten, zu tanzen, zu spielen, den Musikern zuzuhören, lang vermisste Freunde und Verwandte zu umarmen, uns zahllosen Freuden hinzugeben, vom vielen Feiern erschöpft in die seidenen Kissen zu sinken, nur um uns nach dem Erwachen von Neuem zu vergnügen. Meine größte Freude war, wieder mit meinen Söhnen vereint zu sein. Es war das erste Fest nach unserem Exil und es sollte das letzte unseres Lebens im Kreise unserer Lieben sein. Nie wieder habe ich nach diesen Tagen so unbeschwert lachen und singen können. Denn obwohl ich dachte, wir hätten das Schlimmste durchlitten, stand es uns erst noch bevor.

* * *

Wir wohnten nun wieder in einem eigenen Haus, nicht weit von der Hauptstadt der Matsyas entfernt. Wir gaben uns immer noch der Illusion hin, wenn wir uns an alle Abmachungen hielten, würde das die Gegenseite auch endlich tun. So sandten wir den Hauptpriester meines Vaters, einen weisen und sehr diplomatischen Brahmanen, an den Hof Dhṛtarāṣṭras, um das uns rechtmäßig zustehende Reich und unsere Besitztümer zurückzufordern. Zumindest hatten uns die bisherigen Erfahrungen Vorsicht gelehrt, und so saßen wir die Zeit, in der wir auf Antwort warteten, nicht untätig herum, sondern rüsteten uns für den Fall einer Weigerung der Kauravas zum Kampf. Die Pāṇḍavas sandten Boten in alle Himmelsrichtungen zu ihren Verbündeten und stellten ein Heer von siebenmal Hunderttausend Soldaten auf. Sind Friedensverhandlungen nicht umso erfolgreicher, wenn man sie aus einer Position der Stärke heraus führt? Noch einmal würden wir uns von den betrügerischen Kauravas nicht unserer Rechte berauben lassen.
Nun wurden alle diplomatischen Möglichkeiten ausgeschöpft. Die Boten gingen hin und her. Yudhiṣṭhira ging in seiner selbsterniedrigenden Bescheidenheit so weit, alles, aber auch wirklich alles vergessen zu wollen, was uns je von den Kauravas angetan worden ist, wenn Duryodhana den Pāṇḍavas auch nur fünf Dörfer überlassen wollte. Meiner Meinung nach ein weiterer von vielen kleinen Fehlern in den Verhandlungen. Warum sollte

der selbstherrliche Duryodhana einen Gegner ernst nehmen, der sich selbst so klein macht? Und tatsächlich soll Duryodhana bei dieser Minimalforderung laut aufgelacht haben und die Genügsamkeit Yudhiṣṭhiras seiner Angst vor ihm, Duryodhana, zugeschrieben haben. Mehr denn je war Duryodhana der Meinung, er sei der mächtigste, stärkste Mann auf Erden, unbesiegbar durch Sterbliche. Oder wollte Yudhiṣṭhira Duryodhana nur in Sicherheit wiegen, wie Viṣṇu die Dämonen, die sich unbesiegbar wähnten, nur um gleich darauf von Viṣṇu getötet zu werden? Duryodhana jedenfalls schwur, uns nicht einmal Land von der Fläche einer Nadelspitze zu überlassen.

Unsere letzte Hoffnung war Kṛṣṇa, dein Bruder, unser aller bester Freund und Berater, der sich nach Kräften bemühte zwischen den Parteien zu vermitteln. Doch nichts vermochte den harten Sinn Duryodhanas zu beugen. Selbst die Ratschläge seiner Verwandten und Freunde schlug er in den Wind. Ich verstehe bis heute nicht ganz, wie es einem einzelnen Menschen, einem Wahnsinnigen, möglich war, Tausende von Menschen gegen ihren Willen in so einen schrecklichen Krieg zu zwingen. Dhṛtarāṣṭra, Gāndhārī, Vidura, Bhīṣma, alle Kauravas, die nur einen Funken Verstand in sich hatten, wussten genau, dass ein offener Kampf zwischen den Kauravas und den Pāṇḍavas zur Vernichtung ihrer Familie führen würde. Warum hatte niemand den Mut und die Kraft, ihm ein für allemal das Handwerk zu legen?

Freilich hatte er einen der stärksten Krieger in seinem Gefolge, der ihm zu Dank verpflichtet und vollkommen ergeben war: Karṇa. Ohne Karṇa wäre Duryodhana nicht halb so stark gewesen. Unser kluger Freund Vāsudeva versuchte deshalb einen letzten Trumpf auszuspielen. In einem Gespräch unter vier Augen, von dem wir erst nach dem Krieg erfuhren, enthüllte er Karṇa das Geheimnis seiner Geburt. Er führte ihm vor Augen, dass er als anerkannter ältester Sohn Kuntīs, Bruder Yudhiṣṭhiras (damit auch automatisch als mein sechster Gatte, stell dir vor) plötzlich das Oberhaupt aller Pāṇḍavas werden könnte und somit der mächtigste Mann Indiens. Niemand würde sich dann mehr gegen die Pāṇḍavas auflehnen, und auch die Kauravas würden dem sicheren Untergang entgehen. Karṇa könnte also die retten, denen er Dank schuldete, und gleichzeitig endlich die Stellung einnehmen, die ihm von Geburt her gebührt. Klang das nicht verlockend?

Kṛṣṇa hatte jedoch mit einem nicht gerechnet: mit der unbedingten Treue Karṇas, die durch nichts zu brechen war. Selbst als seine Mutter Kuntī ihren Sohn anflehte, nicht gegen seine eigenen Brüder zu kämpfen, gab er ihr nur

eine Antwort: „Ich weiß, dass du meine Mutter bist, doch du hast mich im Stich gelassen. Ohne meine wirklichen Eltern und die Freundschaft Duryodhanas wäre ich nicht hier. Ich werde mich nicht gegen die wenden, die mir – im Gegensatz zu dir – Gutes getan haben. Du bist Mutter von fünf Söhnen, und du wirst es bleiben. Im Zweikampf mit Arjuna wird einer von uns siegen.“ Karṇa war ebenso gesetzestreu wie Yudhiṣṭhira, ebenso stark wie Arjuna, er wäre eine Zierde unserer Familie gewesen, doch verhinderten gerade seine Tugenden, dass er seine alten Gefährten verließ.
Viele Gesandtschaften sind zwischen den Parteien hin und her gereist. Ich glaube noch heute, dass ein Zusammengehen der Friedenswilligen über die Parteigrenzen hinweg das fürchterliche Schlachten hätte verhindern können. Oft habe ich den Vorwurf hören müssen, ich sei schuld daran, dass sich Tausende und Abertausende von Helden gegenseitig abgeschlachtet haben, meinen Rachegelüsten seien die Blüten der Männlichkeit zum Opfer gefallen. Du weißt nicht, wie mich diese Verleumdungen schmerzen. Ich leugne natürlich nicht, dass mich nach all den Leiden und Demütigungen zuweilen brennende Rachegedanken heimsuchten, doch nie ließ ich zu, dass mich diese Gefühle beherrschten. Eine Königin sollte sich in Rede und Tat nicht von ihren Gefühlen leiten lassen, sondern von sachlichen Überlegungen, nachdem sie eine Angelegenheit von allen Seiten betrachtet und kundige Berater gehört hat. Ich wollte Sühne – keinen Krieg. Was aber den Konflikt zwischen den Kauravas und Pāṇḍavas unter sich betrifft, die abgrundtiefe Feindschaft, die Duryodhana gegen seine Vettern hegte, den Anspruch der Pāṇḍavas auf ihr Reich – da konnten nur noch die Waffen sprechen. Und dies hatte nichts mit mir zu tun.
Wieder andere sahen in mir die Göttin Śrī, oder auch eine Verkörperung der Erde, die von der Last, die übermächtige dämonische Kräfte wie Duryodhana und seine Brüder für sie waren, sozusagen durch einen gewaltigen Akt der Befreiung erlöst werden musste. Dieses Ziel konnte eben nicht durch einen Zweikampf zwischen Duryodhana und Bhīma erreicht werden, sondern nur, indem das Übel mit all seinen Wurzeln ausgerottet wurde. Vielleicht wird mir Erkenntnis und tiefere Einsicht in diese Dinge in der nun vor mir liegenden Zeit unseres Umherziehens gewährt.
Sämtliche Verhandlungen waren gescheitert. Also wurde ein Zeitpunkt festgesetzt, an dem die Waffen entscheiden sollten. Selbstverständlich begleitete ich meine Gatten auch ins Feld. Mir oblag die Oberaufsicht über die Verpflegung und die medizinische Betreuung der gesamten Armee. Mein Zelt stand auf einer Erhebung unweit des Kurufeldes. Von dort aus beobachtete

ich, wie sich am festgesetzten Tag bei Sonnenaufgang auf dem Kurufeld zwei riesige, einander vollkommen ebenbürtige Heere gegenüberstanden. Die bleierne Stille wurde durch die wenigen Geräusche schnaubender Pferde, im Wind knatternder Flaggen und aneinanderklirrender Waffen nur verstärkt. Während der Morgennebel über dem Feld aufstieg, ließ ich meine Blicke zu Arjuna, dem besten und schönsten aller hier versammelten Helden schweifen. Doch anstelle einer strahlenden, aufrechten und kampfbereiten Gestalt sah ich ihn gramgebeugt und in ein ernstes Gespräch mit Kṛṣṇa vertieft. Dein Bruder hatte zwar geschworen nicht zu kämpfen – um dem Pāṇḍava-Heer nicht einen einseitigen Vorteil zu verschaffen – aber er lenkte Arjunas Wagen. Diese Zwiesprache dauerte nur eine kleine Weile. Danach aber sah ich einen Arjuna, wie ich ihn nie zuvor gesehen hatte – all sein Glanz, seine Kraft und Zuversicht hatten sich vervielfacht.

Später hat Arjuna versucht, uns zu erklären, was in diesem Moment vor sich gegangen war. Beim Anblick der gegnerischen Armee, deren Kämpfer seine eigenen Verwandten waren, hatten ihn plötzlich Zweifel gepackt, ob es irgendetwas gäbe in der Welt, was ein Blutvergießen unter Mitgliedern einer Familie, einen Krieg mit all seinen schrecklichen Folgen, die Schuld, die jeder von ihnen durch das Töten anderer auf sich lüde, rechtfertigen würde. Kṛṣṇa in seiner unermesslichen Gnade wies Arjuna den Weg, auf dem er der Verantwortung, die ihm aus seiner Geburt als Kṣatriya entstanden war, gerecht werden konnte, ohne die Bürde eines schlechten Karmas tragen zu müssen. Zwar kann er seinen Pflichten nicht entfliehen, selbst wenn er durch sie gezwungen ist, die Hand gegen seine Verwandten zu erheben; doch ist er frei von Schuld, solange er mit seinen Taten keine individuellen Ziele, keine persönlichen Wünsche, weder im Guten noch im Bösen, verfolgt. Da, wo alle anderen nur das Gras auf der Erde, die Sonne am Himmel und zwei sich gegenüberstehende kampfbereite Heere gesehen hatten, hatte er durch die Gnade Kṛṣṇas das Wesen der Welt, Gottes, des Dharma und die Verbindungen zwischen ihnen geschaut.

Was nun folgte, war die Hölle auf Erden. Das Schlachtfeld glich einem Opferplatz, auf dem der schwarzen Göttin Kālī blutige Opfer gebracht wurden. Nur zu bald waren die Regeln eines ehrenhaften Krieges außer Kraft gesetzt. Im blutigen Rausch schlugen die Kämpfer unbarmherzig aufeinander ein und scheuten auch keine üblen, barbarischen Mittel. Du und ich, wir verloren unsere Söhne durch das feige Verhalten der Kauravas. Dein Sohn Abhimanyu wurde von sieben der mächtigsten Kauravas zu-

gleich angegriffen, meine fünf Söhne hinterhältig nachts im Schlaf erschlagen.
Ich will nicht länger bei diesen schwärzesten aller schwarzen Tage verweilen, dadurch werden die Opfer nicht wieder lebendig, es überkommt uns nur wieder jene unermessliche Trauer und Verzweiflung.
Am Ende dieses Blutbades siegten die Pāṇḍavas, so wie es alle außer Duryodhana vorhergesehen hatten. Oder sollte ich besser sagen, sie blieben übrig? Die Schlacht war entschieden. Eins jedoch darf nicht ungesagt bleiben: Die Pāṇḍavas standen ihren Verwandten, den Kauravas, an Verschlagenheit und Skrupellosigkeit in nichts nach. Der Held Bhīṣma, der große alte Weise unseres Geschlechtes, wurde nur überwunden, weil gegen ihn ein Kämpfer antrat, der im früheren Leben eine Frau war – und Bhīṣma lehnte es ab, mit einer Frau zu kämpfen; Duryodhana, der ein besserer Keulenkämpfer als Bhīma war, unterlag, weil ihn jener unter der Gürtellinie traf und seine Schenkel zerschmetterte – wie er es vor Jahr und Tag in der Königshalle der Kauravas geschworen hatte. Selbst Arjuna missachtete kriegerische Regeln, als er seine mächtigste Waffe auf Karṇa losließ, als dieser gerade seinen Streitwagen aus dem Schlamm ziehen musste.
Kann von einem Sieg die Rede sein? Nicht nur die Kauravas und ihr Heer sind bis auf den letzten Mann vernichtet worden, auch auf Seiten der Pāṇḍavas überlebten allein Yudhiṣṭhira, seine vier Brüder sowie Kṛṣṇa und sein Stamm. Das gesamte Geschlecht der Bharatas hatte sich im Bruderkrieg selbst zerstört, bis auf einen einzigen jungen, noch schwachen Trieb – Parīkṣit, der Sohn Abhimanyus, dein Enkel, der im Leib seiner Mutter heranwuchs.
Am Abend des letzten Tages der großen Schlacht ertönte keine einzige Fanfare, kein Siegesgeschrei, kein Jubel. Stattdessen war die Luft erfüllt vom Wehklagen und den Trauergesängen der gramgebeugten Mütter, Frauen und Kinder der Toten. Irr vor Verzweiflung wanderten sie in zerrissenen Kleidern und mit aufgelösten Haaren zwischen den gefallenen Helden umher wie Gespenster. Nicht glänzende Siegesfeiern hielten wir ab in geschmückten Palästen, sondern Totenriten auf dem zum Verbrennungsplatz gewordenen Schlachtfeld. Nur wenige Tote hatten das Glück, dass ihre Riten von einem nahen männlichen Verwandten ausgeführt werden konnten – so wie das Gesetz es vorschreibt.
Als aber Karṇa auf dem Scheiterhaufen lag, konnte Kuntī nicht mehr an sich halten. Nachdem ihm im Leben alles verweigert worden war, was ihm seiner Geburt nach zugestanden hätte, sollte Karṇa zumindest dieser letzte

Dienst erwiesen werden. So enthüllte sie Yudhiṣṭhira das Geheimnis von Karṇas Geburt, damit dieser die Totenriten für seinen älteren Halbbruder durchführte. Nun kannte die Trauer Yudhiṣṭhiras keine Grenzen. Blind vor Kummer beschuldigte er Kuntī, durch ihr Schweigen die Verantwortung für das Massaker zu tragen. Er trug wohl zu schwer an seiner eigenen Schuld, seiner Trauer und Bitterkeit.
Dafür hatten er und seine Brüder nicht gekämpft. Sie wollten den ihnen nach dem Gesetz zustehenden Anteil an Reich und Herrschaft, auch um den Preis eines Krieges; doch nun klebte Blut an jedem Fingerbreit Boden. Die Last der Herrschaft überstieg Yudhiṣṭhiras Kräfte. Arjuna appellierte an ihn als Kṣatriya, seine neuen Pflichten als Herrscher anzunehmen, das Reich zu einer neuen Blüte zu führen, dem Volk Schutz und Wohlstand wiederzugeben. Auch ich beschwor meinen ältesten Gatten, sein Versprechen, das er seinen Brüdern in der Verbannung gegeben hatte – dafür zu sorgen, dass sie Herrscher in ihrem eigenen Reich sein konnten –, einzulösen. Würde sich Yudhiṣṭhira seinem Amt nicht stellen, wären der Tod unserer Söhne, all die schrecklichen Opfer des Krieges vollkommen sinnlos gewesen.
Schließlich konnten Kṛṣṇa und der sterbende Bhīṣma Yudhiṣṭhira davon überzeugen, dass er sich nicht von seinen persönlichen Gefühlen leiten lassen darf, die Toten auch mit seinen Tränen nicht wiedererwecken kann und schlussendlich kein frei Handelnder, sondern ein Instrument Gottes und des Schicksals ist.
Ebenso wie Yudhiṣṭhira seine Empfindungen und Sehnsüchte niederrang und allein seiner großen Aufgabe lebte, war ich während der folgenden Jahre nur noch Königin – das Mädchen, die Frau, die Mutter Draupadī waren längst tot.

* * *

Unser Hofstaat blieb klein, dahin der Prunk und die Herrlichkeit vergangener Tage. Wir brauchten nicht mehr viel Platz: Dhṛtarāṣṭra und Gāndhārī bewohnten mit Kuntī ein paar Räume. Es wurde alles getan, damit es den Alten an nichts fehle. Sie brauchten nicht viel, sie verbrachten den größten Teil des Tages mit religiösen Übungen. In einem anderen Flügel wohnten die Pāṇḍavas, daran angeschlossen meine und deine Gemächer. Die leeren Zimmer des Palastes atmeten Einsamkeit und Trauer. Keine Festmusik erklang, kein Waffengeklirr munterer Kampfspiele, kein Kinderlachen, nur in der Regenzeit seufzte manchmal der Wind hindurch.

Einmal noch wurde ein großes Opfer ausgerichtet, ähnlich der Königsweihe Yudhiṣṭhiras vor vielen Jahren – das Pferdeopfer, das bei erfolgreicher Durchführung den Opferherrn als Weltenherrscher bestätigt. Yudhiṣṭhira sandte ein schneeweißes Pferd in die Welt, und Arjuna begleitete es. Wo immer es erschien, unterwarfen sich die Könige und Fürsten entweder sofort oder wurden von Arjuna im Kampf besiegt. Als das Pferd nach einem Jahr zurückgebracht wurde, waren alle Länder, durch die es gezogen war, Yudhiṣṭhira untertan. Die Herrscher dieser Länder huldigten meinem ältesten Gatten. Du erinnerst dich gewiss, auch wir Frauen hatten dem Opfer beizuwohnen. Als das Herz des Opferrosses im Feuer verbrannte, reinigte der Rauch unsere Seelen.
Yudhiṣṭhira, seine Brüder, du und ich hatten erlangt, was uns zustand, wir waren da, wo wir hingehörten. Die Herrschaft des Unrechts war beseitigt, Yudhiṣṭhira regierte viele Jahre das Reich seiner Ahnen und brachte ihm Frieden und Wohlstand.
Doch einer nach dem anderen ging dahin. Der blinde Dhṛtarāṣṭra, Gāndhārī und Kuntī, auch der weise Vidura verbrachten ihre letzten Monate als Asketen in den Wäldern und starben dort, nachdem sie einen hohen Stand geistiger Erkenntnis erreicht hatten. Schließlich, sechsundreißig Jahre nach der großen Schlacht, ging dein Bruder Kṛṣṇa aus diesem Leben. Seit diesen Tagen finden unsere Herzen keinerlei Freude mehr.
Es ist Zeit. Zeit zu meiner letzten Fahrt aufzubrechen, die Welt hinter mir zu lassen. Die in dieser Welt mir zugedachten Aufgaben sind erfüllt. Mein Leben neigt sich seinem Ende zu.
Als ich jung war, glaubte ich, es sei einfach, ein Leben gemäß meinem persönlichen Dharma zu führen. Ich glaubte, es gibt immer nur einen, den geraden Weg. Ich habe hinzulernen müssen. Ich habe größte Freude erfahren und größten Schmerz. Gleichwohl fühle ich mich um viele Erfahrungen reicher. Eine davon möchte ich dir, liebste Schwester, besonders ans Herz legen: Lasse niemals zu, dass Unglück und Leid deine Gedanken und Taten beherrschen. Höre niemals auf, selbst nach Wegen zu suchen, die dich aus der Not herausführen. Dann wirst du auch aus den dunkelsten Stunden wieder ans Licht finden.
Der Morgen graut, meine Teure. Nun, da unsere Nachfolge durch deinen und Arjunas Enkel Parīkṣit geregelt ist, haben Yudhiṣṭhira, Arjuna, Bhīma, Nakula und Sahadeva beschlossen, das häusliche Leben hinter sich zu lassen – wie es die Tradition verlangt. Ich tue das, was mein Dharma als treue Ehefrau mir vorschreibt, ich folge meinen Gatten auch auf diesem Weg.

Die Zukunft unseres Geschlechtes liegt in deinen Händen. Ich vertraue dir.

* * *

Draupadī war ihren fünf Gatten auch auf deren letztem Gang eine treue Gefährtin. Die Anstrengungen der Reise entlang der Pilgerstätten des Himālaya forderten ihren Tribut. Allmählich verließen die sechs Wanderer die Kräfte. Draupadī war die Erste, die am Wegesrand zusammenbrach und ihren letzten Atemzug tat. Voll Trauer über ihren Tod fragte Bhīma Yudhiṣṭhira, warum Draupadī als Erste sterben musste. Jener antwortete: „Weil sie ihre fünf Gatten nicht gleich geliebt, sondern in ihrem Herzen immer Arjuna vorgezogen hatte."

Nacheinander fielen nun auch die anderen Brüder: Sahadeva, weil er sich für den weisesten Menschen, Nakula, weil er sich für den stattlichsten Mann, Arjuna, weil er sich für den größten Krieger, und Bhīma, weil er sich für den Stärksten hielt und unersättlich war. Einzig der gerechte Yudhiṣṭhira hatte ein Leben frei von jeglichem Tadel geführt und betrat den Himmel als Lebender.

Melitta Waligora

Das Nibelungenlied, erzählt von Kriemhild

Ich hatte einen Traum: Ein schöner, starker und wilder Falke war mein, ich zog ihn auf und zähmte ihn. Doch zwei Adler ergriffen ihn und er wurde vor meinen Augen zerfleischt! Noch in Erinnerung an diesen leidvollen Anblick zittere ich. Mit meiner Mutter sprach ich über den Traum. Sie deutete mir den Falken als einen edlen Mann, den ich bald wieder verlieren würde. Mein Entschluss stand fest: nie würde ich heiraten. Bei zu vielen Frauen hatte ich gesehen, wie Liebe in Leid umschlug. Das wollte ich nicht erleben. Meine Mutter meinte, dass ich es mir bestimmt noch anders überlegen würde. Das Glück der Frauen käme durch den Mann, belehrte sie mich. „Wart nur ab, bis der Richtige kommt" – dann würde ich es merken. Was aber, wenn mein Traum eine Prophezeiung ist …
Die Zeit verging und etliche Bewerber zogen enttäuscht von dannen. Eines Tages erschien vor den Toren von Worms eine kleine Reiterschar. Sie war allen fremd, niemand wusste zu sagen, wer sie seien. Ihr Anführer schien sich mit meinen Brüdern streiten zu wollen, doch blieben diese zum Glück besonnen und auch Hagen verstand zu vermitteln. Sie gingen dann alle gemeinsam in die Halle. Ich konnte nur einen kurzen Blick auf den Anführer werfen, ein schmucker Bursche, stark und selbstbewusst. Später hörte ich, dass es Siegfried sei, Königssohn aus Xanten. Er habe mit Gunther um die Krone von Worms kämpfen wollen, daher der anfängliche Streit. Wundersame Geschichten erzählte man sich über ihn am Hof, ein Drachentöter wurde er genannt und ein unermesslicher Schatz sollte sein Eigen sein. Vorerst gab es keine Gelegenheit für mich, ihn näher kennen zu lernen, obwohl er etwa ein Jahr am Hof blieb. Vom Fenster aus sah ich ihn bei den verschiedenen Ritterspielen glänzen. Als es zum Krieg mit den Sachsen und Dänen kam, stellte Siegfried seine Fähigkeiten im realen Kampf gegen eine Übermacht unter Beweis und unser Heer erfocht mit seiner Hilfe den Sieg. Die Nachricht vom Sieg und vor allem von Siegfrieds Unversehrtheit konnte ich dem Boten entlocken und mein Herz jubelte. Allerdings wollte er, wie alle anderen, nach dem Krieg wieder nach Hause reiten. Ich hörte, wie Gunther ihn bat zu bleiben. Seine Anwesenheit am Hofe bedeutete für

Worms sicheren Schutz, darum wollte Gunther ihn nicht ziehen lassen. Mir gefiel es auch, sollte er noch bleiben, nur hatte ich andere Gründe.
Einige Wochen nach dem Sieg wurde ein Fest für die Kämpfer ausgerichtet. Mein Bruder Gernot holte mich, damit ich den tapfersten der Krieger, Siegfried, zum Dank begrüßen solle. Ich war sehr aufgeregt und auch er stand glühend vor Freude da, ohne ein Wort zu sagen. Da ergriff ich, nachdem ich vor allen Anwesenden das Grußwort gesprochen hatte, einfach seine Hand und wir gingen gemeinsam zum Fest. Mein Herz klopfte, während meine Hand sich in seiner starken wohl fühlte. Wir hatten uns ineinander verliebt und sagten es uns immer wieder heimlich mit den Augen. Beim Fest saßen wir beisammen und man erlaubte uns, dass wir uns nach höfischer Sitte küssten. Jetzt fand Siegfried seine Worte wieder und antwortete auf meinen Dank für seine Hilfe, dass er um meinet- und meiner Zuneigung willen uns immer helfen würde. Solange das Fest dauerte, verbrachten wir alle Zeit zusammen. Vergessen war mein Falkentraum und die Mutter dachte wohl: da ist der Richtige für meine schöne und eigensinnige Tochter. Oft sah man Gunther und Siegfried beieinander und sich beratschlagen. Als das Fest nach zwölf Tagen vorüber war, wollte Siegfried wie all die anderen nach Hause fahren. Er hatte noch nicht den Mut gefunden, um mich zu werben, obwohl seine Gefühle allen offenbar waren. Zum Glück bat ihn diesmal Giselher, mein jüngster Bruder, als Gast weiter in Worms zu bleiben und lockte ihn mit den schönen Frauen, die er hier sehen könne.

Eines Tages erschien mein Bruder Gunther mit Siegfried in meiner Kemenate. Sie beabsichtigten, so sagten sie, in ferne Länder zu reisen und bräuchten dafür reich geschmückte Kleidung, damit man sie unterwegs sogleich in ihrem Stand erkennen könne. Ob ich ihnen solche Kleider entwerfen und nähen würde, fragte Gunther mich höflich. Was für eine Frage! Gern wollte ich das für ihn und seine Begleitung tun. Ich liebe es, die schönen Stoffe in der Hand zu fühlen und mir passende Zuschnitte zu überlegen. Auch die Verzierung mit Edelsteinen und Borten, womit die Herkunft des Trägers gebührend angezeigt wird, ist eine schöne Herausforderung an meinen Sinn für Ehre und Schönheit. Wer sonst als die Königin von Worms konnte diese Aufgabe in vollkommener Weise erfüllen. Ich suchte mir geschickte Mädchen und in sieben Wochen hatten wir die gewünschte Kleidung fertig gestellt. Man war mit dem Ergebnis mehr als zufrieden und auch ich erfreute mich an dem Anblick der schönen Ritter.

Doch als ich vernahm, zu wem die Reise gehen sollte und dass Gunther beabsichtigte, um Brunhild zu werben, wurde mir angst und bange. Gewiss, die Königin von Isenstein ist über alle Maßen schön und reich. Jedoch weiß man von den merkwürdigen Bedingungen, die sie an ihre Bewerber stellt: sie müssen sie in einem dreifachen Wettkampf besiegen. Soviel man hört, haben viele es versucht und niemandem ist es gelungen. Viele kühne Männer ließen so ihr Leben. Wie kann es da Gunther gelingen, der zwar stark ist, doch keine übermäßigen Kräfte hat? Ich riet ihm, wenn er denn heiraten wolle, sich eine standesgemäße Braut aus der Nähe zu suchen, ohne sein Leben aufs Spiel zu setzen, dies schien mir vernünftig. Meine Sorgen und Ratschläge prallten, ohne bedacht zu werden, an der Einigkeit der vier zur Reise entschlossenen Männer ab: Gunther wollte Brunhild zu seiner Königin. Mir blieb nichts weiter, als Siegfried aufzutragen, den Bruder zu beschützen, was er mir fest versprach. Er war außergewöhnlich heiter gestimmt, was mir angesichts der gefahrvollen Reise unangemessen erschien. Wer weiß, was die Männer unter sich ausgemacht hatten. So zogen denn Gunther, Siegfried, Hagen und Dankwart Richtung Isenstein davon. Meinem Herzen war bang bei dem Anblick: hoffentlich geht alles gut.
Es kam mir wie eine Ewigkeit vor, bis endlich ein Reiter am Horizont auftauchte. Es war Siegfried, allein. Er kam als Bote, berichtete von dem Gewinn der Braut und der baldigen Ankunft aller. Ich war so glücklich, ihn wohlauf wiederzusehen, dass ich über seine für einen König unpassende Botenrolle nicht weiter nachdachte. Wir sollten in Gunthers Auftrag alles für den Empfang der Braut sowie die baldige Hochzeit herrichten. Auch Siegfried schien froh wieder in Worms zu sein, nur manchmal schaute er wie abwesend und sorgenvoll drein. Wenn ich ihn dann ansprach, lächelte er die Sorgenmiene weg.

Brunhild erwies sich als überwältigende Schönheit. Ich freute mich für Gunther, dass er sie hatte gewinnen können. Die drei Aufgaben seien schwer gewesen, Brunhild hätte wie ein Ritter gekämpft und sich dann ebenso ritterlich dem Sieger ergeben. Hier in Worms sah man nichts mehr von ihren außergewöhnlichen Kräften. Eigentlich schade, ich hätte schon gern mal gesehen, wie unseren Helden aus Angst vor einer Frau die Knie schlottern.
Brunhilds Empfang war formvollendet, wir küssten uns zur Begrüßung und umarmten uns viele Male. Nach den üblichen Vorführungen der Krieger gingen wir zum Essen. Ich sah noch Siegfried neben Gunther stehen und

ernsthaft mit ihm reden, als man mich bat, zum König zu treten. Viele edle Ritter standen im Kreis und es wurde um Ruhe gebeten. Vor all den Anwesenden sprach Gunther zu mir: Er habe mich per Eid einem Krieger versprochen, ob ich bereit sei, diesen Eid zu erfüllen. Ich schluckte kurz und in meinem Kopf raste die Frage: Wer ist es? Wer ist es? Zugleich blitzte Empörung in mir auf: Wie konnte er so über mich verfügen! Doch dann sagte ich fest: „Ja, ich bin dazu bereit." Die Erlösung kam schnell, man rief Siegfried in den Ring und wir wurden einander versprochen. Diesmal umarmte und küsste Siegfried mich freudig vor allen Leuten.

Das Hochzeitsfest war großartig. Wir saßen dem herrschaftlichen Brautpaar gegenüber und mit uns war eine Schar von Männern, die Siegfried seit der Fahrt nach Isenstein umgaben: die Nibelungen. Es waren an die Tausende, sie sprachen wenig und man konnte sie nicht näher kennen lernen. Sie wiesen sich als treue Beschützer ihres Herrn aus.

Mein großes Glück, einen stattlichen Mann an meiner Seite zu wissen, empfand offensichtlich die andere Braut, Brunhild, nicht über den ihren. Sie sah jedenfalls gar nicht glücklich aus und schien sich auch mit Gunther über etwas uneins zu sein. Immer wieder schaute sie zu mir herüber und zu Siegfried, wobei sie auf Gunther einredete. Die Musik spielte zu laut, um zu verstehen, was Brunhild besorgte. Gunther bemühte sich, sie aufzuheitern, und zeigte seine Freude über die schöne Braut, die er des Nachts umfangen würde. Doch Brunhild weinte sogar. Leider hatten wir Frauen gar keine Gelegenheit, uns vor meiner baldigen Abreise nach Xanten näher kennen zu lernen, vielleicht hätte ich etwas über ihre Sorgen erfahren und ihr beistehen können. Ich hätte es gern getan, ich mochte Brunhild. An meinem Hochzeitstag brauchte ich mir jedenfalls keine Sorgen zu machen und genoss das Fest wie auch die darauf folgende Nacht. Und dann war ich zu sehr mit Überlegungen für die Fahrt in meine neue Heimat beschäftigt, da konnte ich mich nicht um anderes kümmern. Es war ja so viel zu bedenken und kaum zu erwarten, dass ich je wieder nach Worms kommen würde. Mein Leben würde sich vollkommen ändern, alles bisher Vertraute musste ich zurücklassen und ich hatte künftig nur Siegfried statt meiner ganzen Sippe. Dennoch war mir Gunthers unfrohes Gesicht am Tage nach der Hochzeit aufgefallen. Als er dann später ebenso froh gestimmt wie Siegfried war, vergaß ich es wie auch die merkwürdige Episode in unserer zweiten Nacht. In dieser kam Siegfried erst spät und sah gar nicht gut aus: blaue Flecken an den Armen, Kratzer im Gesicht, schwerer Atem. Meine besorgten Fragen

murmelte und streichelte er weg – irgendeinen seiner Leute habe er zur Ordnung rufen müssen.
Nach zwei Wochen des schönsten Festes, in denen auch Brunhild heiter war, hieß es tatsächlich Abschied nehmen. Vorher sollten mir meine Brüder meine Länder zuteilen, denn unser Vater hatte sein Erbe sorgsam unter uns aufgeteilt. Ich stellte überrascht fest, dass Siegfried in meinem Namen auf mein Erbteil verzichtete. Verständnislos musste ich mit ansehen, wie meine Brüder und Siegfried sich über mich, mein Eigentum und mein künftiges Dasein einigten. Wie aber kann ich in dem fremden Land Königin sein, wenn ich nicht über eigene Mittel verfüge, um freigebig zu sein, tapfere Ritter und berühmte Dichter und Sänger an den Hof zu holen? Meine Ehre als Königin wurde missachtet und niemand half mir, sie zu verteidigen, weder meine Brüder noch mein Mann. So wollte ich wenigstens einen Teil der Lehnsleute mitnehmen und Gernot schlug mir vor, unter den dreitausend Kriegern Tausend auszuwählen. Doch schon der erste Mann, den ich wählte, Hagen von Tronje, lehnte es zornig ab, mit mir zu gehen, und am Ende zog ich mit nicht mehr als fünfhundert Mann und zweiunddreißig Mädchen fort. Ich empfand dies als schwere Kränkung und fühlte mich unsicher in meinem neuen Status. Den ohnehin großen Abschiedsschmerz von Mutter und Brüdern wollte ich jedoch nicht noch durch Streitereien belasten und es traf ja zu, dass Siegfried durch den Hort ein sehr reicher Mann war. Ich werde in Xanten schon zurechtkommen, dachte ich, wir lieben uns und das ist das Wichtigste.

In Xanten wurde ich herzlich willkommen geheißen. Siegfried erhielt sogleich von seinem Vater Siegmund die Krone und war nun Herrscher über das ganze Land. Dazu gehörte ihm noch das Nibelungenland. Er übte die Herrschaft gut und gerecht aus, man fürchtete ihn allerorts. Ich bekam die Krone erst nach dem Tode der Mutter Sieglinde. Dies geschah kurz nach der Geburt unseres Sohnes Gunther im zehnten Jahr unserer Ehe. Wie ich hörte, gebar Brunhild etwa zu gleicher Zeit einen Sohn, den sie Siegfried nannten. Brunhild, sie ging mir in letzter Zeit nicht aus dem Kopf. Es war noch nicht lange her, da hatte mir Siegfried einen wunderschönen Ring und einen Gürtel geschenkt. Den Ring, so schien mir, hatte ich bei Brunhilds Ankunft an ihrer Hand gesehen, er war mir ob seines seltenen Steins aufgefallen. So fragte ich Siegfried, woher er diesen habe. Erst wollte er ausweichen, doch inzwischen wusste ich, wie ich meinen Mann zum Reden bringen konnte. Beides habe er Brunhild abgenommen, und er erzählte mir

eine unglaubliche Geschichte, die mich tief aufwühlte. Jetzt wurden mir manche Dinge klar, auf die ich damals in meinem Glück nicht weiter geachtet hatte: Brunhilds Weinen, Gunthers unfrohe Miene, Siegfrieds ramponiertes Aussehen … Siegfried war es, der Brunhild in der zweiten Nacht für Gunther bezwungen, ja entjungfert hatte. So wollte es Siegfried zwar nicht sagen, aber der Gürtel sprach schließlich für sich. Gunther war dazu nicht in der Lage und selbst den starken Siegfried kostete es allerhand Anstrengung. Noch jetzt, während er mir von Brunhilds Abwehr erzählte, konnte ich seine Empörung darüber hören, dass eine Frau es wagte, sich ihrem Mann zu widersetzen, und dass ein schwerer Kampf vonnöten war. Dies bringe ja die ganze Ordnung durcheinander, wenn die Frauen gegenüber den Männern auftrumpften! Dies irritierte mich weniger als der Umstand, dass Brunhild offensichtlich den Gunther nicht wollte, obgleich er sie im Wettkampf nach den von ihr bestimmten Bedingungen besiegt hatte. Oder war es gar nicht Gunther … Mir schwirrte der Kopf und ich wagte nicht, die Sache weiter zu bedenken. Nur Brunhild tat mir leid. Ich liebte Siegfried sehr, obschon mir nicht alles gefiel, was er tat und dachte, und diese Geschichte gefiel mir ganz und gar nicht. Vielleicht, so hoffte ich, hat sie Gunther inzwischen lieb gewonnen.
Wir hielten uns gerade im Nibelungenland auf, als ein Bote aus Worms zu uns kam. Er brachte uns eine Einladung von Brunhild und Gunther zum diesjährigen Sonnenwendfest sowie Grüße und Geschenke von daheim. Ich war überglücklich, Nachricht von meinen Verwandten zu erhalten, die ich so lange nicht gesehen hatte und darum sehr vermisste. Siegfried meinte erst, der Weg sei zu weit, wir könnten die Einladung nicht annehmen, aber ich bat ihn sehr, und als auch mein Schwiegervater versicherte, gern mitzukommen, war die Sache abgemacht. Wir würden nach Hause reisen! Der Bote wurde mit reichlichen Geschenken und herzlichen Grüßen vorausgeschickt und wir gingen unverzüglich daran, uns für die Reise vorzubereiten. Unseren Sohn nahmen wir nicht mit, er war noch zu klein für eine solch anstrengende Fahrt.
Schon beim Anblick der Wormser Burg klopfte mein Herz vor Aufregung: gleich würde ich meine lieben Verwandten wiedersehen, die Mutter und die Brüder sowie viele der vertrauten Hofleute. Jetzt erst wurde mir klar, wie sehr mich die Trennung schmerzte, obgleich ich in Siegfrieds Reich freundlich behandelt wurde.
Der Empfang war überwältigend, er entsprach vollkommen der Sitte und meinem Herzensbedürfnis. Mehrfach tauschte ich Küsse mit Brunhild aus

und die beiden Könige begrüßten sich formvollendet. Elf Tage lang wurde gefeiert, gespielt, geschmaust und die Zeit verging schnell bei den vielen Vergnügungen. Ich war so glücklich, wieder in der vertrauten Burg zu sein, gemeinsam mit meinen Leuten und in freundschaftlicher Harmonie. Mein Herz quoll über, und als ich eines Nachmittags mit Brunhild beieinander saß und wir uns durch Ritterspiele unterhalten ließen, quoll auch mein Mund über. Ich schwärmte laut von meinem Mann, der so mächtig sei, dass alle Reiche ihm untertan sein sollten. Brunhild meinte verwundert, dies könne nicht sein, solange Gunther lebt. Ich verstand nicht recht, was hier Gunther solle, und wies Brunhild auf die glänzende Erscheinung meines Mannes hin, der da allen voranschreitet. Jubilierend verkündete ich, allen Grund zu haben, fröhlich zu sein! Brunhild beharrte jedoch darauf, dass Gunther Vorrang habe. Sie sprach weder über ihre Freude noch über ihren Stolz angesichts ihres Mannes, sondern immer nur von Rangfragen. Wir sind beide Königinnen, was sollen wir um Rang uns streiten. „Nun, ich denke, dass Siegfried diesbezüglich dem Gunther völlig ebenbürtig ist. Was soll also die Rede?“ Brunhild ereiferte sich und verstieg sich zu der Behauptung, dass Siegfried, mein Mann, der Lehnsmann Gunthers sei. Sie habe nämlich beide dies sagen hören, damals, als sie so ritterlich um ihre Hand warben und Gunther sie gewann. Siegfried selbst habe sich so vorgestellt. Sie habe zudem auch sehen können, wie es um das Verhältnis zwischen Gunther und Siegfried bestellt sei, denn Siegfried habe dem Gunther den Steigbügel gehalten. „Hätte er dies getan, wäre er von gleichem Rang gewesen? Wohl nicht.“ Deshalb müsse sie Siegfried für einen Leibeigenen ihres Mannes halten und sie habe sich schon lange gewundert, warum dessen Dienste ausblieben. Diese Worte der Brunhild waren ungeheuerlich: Warum wohl hätten mir meine Brüder so übel mitspielen und mich, die Königin von Worms, an einen Lehnsmann verheiraten sollen?

„Lass ab von solcher Rede“, bat ich Brunhild. Diese sprach jedoch in einem herrschaftlichen Ton zu mir, dass sie gar nicht daran denke, auf die wertvollen Dienste eines so mächtigen Lehnsmannes zu verzichten, so dass ich nun in Zorn geriet. Niemals werde Siegfried ihnen solche Dienste leisten, warum auch, er sei viel angesehener als mein Bruder Gunther. Schluss mit solchem Gerede! Auch habe ja Siegfried all die Jahre keine Abgaben geleistet – „also lass deinen Übermut sein!“ Doch Brunhild wollte es nicht lassen und ward nun auch zornig. Ihr werde, so behauptete sie, mehr Ehre zuteil als mir, das könne man leicht sehen. „Dann sollen es“, so konterte ich, blind vor Hass auf diese Frau, die mich derart beschimpfte, „von mir aus alle sehen, dass ich, Kriemhild, angeblich die Frau eines Leibeigenen, mit all meinem Gefolge vor dir, der Frau des Königs, in das Münster gehe." Brunhild bestand darauf, dass sich unser beider Gefolge trennen solle, sobald wir beim Münster seien. „So sei es", rief ich und eilte zu meinen Mädchen. Die schönsten Kleider und den edelsten Schmuck holten wir aus unserem Gepäck und putzten uns ordentlich heraus, denn jetzt ging es um meine Ehre. Wir schafften es gerade zur Abendmesse, Brunhild wartete schon mit ihrem Gefolge vor dem Münster. Auch viele Ritter und Hofleute waren da mit ihren Männern und Mädchen und schauten erstaunt auf die Szene, die sich ihnen bot. Es gab keinen Grund, mich zu schämen, mein unermesslicher Reichtum fiel angesichts der Pracht unserer Kleidung allen ins Auge und Brunhild musste dieser Anblick kränken. Dies war meine Absicht, nachdem sie mich so beleidigt hatte. Ich ging auf das Münster zu, Brunhild stellte sich mir in den Weg und sagte in scharfen Ton: „Bleib stehen, denn vor der Gemahlin des Königs darf die Frau eines Leibeigenen nicht den Vortritt haben." Sie wiederholte also vor aller Ohren ihre Schmähung und es blieb mir nichts anderes übrig, als mit aller Kraft zurückzuschlagen. Zornig rief ich, damit alle es hören konnten: „Hättest du lieber geschwiegen! Denn jetzt muss ich dich fragen, wie die Kebse eines Lehnsmannes je die Frau eines Königs hat werden können? Wo ist deine Ehre?" Verdutzt ob dieses Vorwurfes fragte sie, wen ich hier Kebse genannt hätte. „Dich", schrie ich nun, „denn dich, Brunhild, hat zuallererst Siegfried geliebt, er war es, der dich in der Hochzeitsnacht besiegte. Man hat dich böse ausgetrickst. Dich hat ein Lehnsmann zur Frau gemacht, was klagst du noch?" Überrumpelt und bleich stammelte Brunhild: „Das werde ich Gunther sagen." – „Tu das", gab ich zurück, „was schert es mich. Doch deine Beleidigung, dessen sei gewiss, werde ich nie vergessen. Es kann keine Freundschaft mehr zwischen uns geben." Sie weinte und triumphierend zog ich mit meinem Gefolge in das Münster. Nach der Messe sah ich Brunhild immer noch vor dem Münster stehen. Sie wollte von mir Beweise dafür sehen, dass ich sie mit Recht Kebse schimpfte. Wenn sie es selbst so wolle – „bitte, hier ist der Ring, den Siegfried mir nach dieser Nacht mit ihr gebracht hat." Aufgeregt rief sie: „Diesen kostbaren Ring vermisse ich seit langem, man hat ihn mir gestohlen und ich erkenne nun, wer ihn genommen hat." Das war zu viel des Guten, als Dieb wollte ich nicht beschimpft werden. Und so zeigte ich meinen letzten Trumpf: den Gürtel. Ich trug dieses wertvolle Stück, und als Brunhild ihn sah, fiel all ihr Stolz in sich zu-

sammen. Weinend verlangte sie nach Gunther, damit er vernehme, wie seine Schwester sie verhöhne.
Gunther kam und ließ sich von Brunhild das Geschehene schildern. Sie verlangte vom König die Wiederherstellung ihrer Ehre, denn sie sei niemals die Kebse von Siegfried gewesen. Die Frage des Ranges, also Brunhilds Behauptung der Leibeigenschaft von Siegfried, die mich so beleidigt und meinen Zorn erst erweckt hatte, kam nicht zur Sprache. Gunther ließ nach Siegfried rufen, damit er gestehe oder widerrufe, wessen er hier beschuldigt wurde. Zu meinem Entsetzen bestritt er, sich je damit gerühmt zu haben, der erste Liebhaber der schönen Brunhild gewesen zu sein, und plötzlich stand ich als der Sündenbock da. Denn auf die Aufforderung Gunthers hin, dies zu beeiden, hob mein Mann bereitwillig die Hand zum Eid im Gerichtsring. Doch die Umstehenden staunten nicht schlecht, als sich Gunther anders besann und sich von Siegfrieds Unschuld überzeugt zeigte. Der Eid wurde ihm erlassen. Stattdessen redeten sie von der Schwatzsucht der Frauen, die nichts als böses Blut erzeuge. In Siegfrieds Augen war ich es, die Brunhild kränkte, und er bekannte öffentlich, sich dafür zu schämen. Ich hatte keine Gelegenheit, den Hergang aus meiner Sicht zu schildern, da waren sich die Herren schon einig, ihre Frauen künftig besser zu erziehen. Siegfried zog mich mit sich fort und ich konnte seinen Ärger an seinem festen Griff spüren, aber nicht verstehen. Er hatte mir doch alles selbst erzählt! Beim Zurückblicken nahm ich war, dass Hagen sich tröstend um Brunhild kümmerte, Gunther war schon fort.
Siegfrieds Wut war groß. „Deinetwegen habe ich diese verdammte Fahrt nach Isenstein und all diese Verstellungen und Lügen auf mich genommen. Helfe ich Gunther, Brunhild zu erwerben, bekomme ich dich, so war es abgemacht.“ Ach, so war das, nicht Liebe, ein Handel war es, ein Frauenhandel. Doch er ließ mich nicht zu Wort kommen und schlug mit aller Kraft zu. Wenn ich versuchte, ihm Brunhilds ungeheuerliche Behauptungen zu sagen, die doch den ganzen Streit erst ausgelöst hatten, schien er nur noch wütender zu werden. Irgendetwas musste auf Isenstein vorgefallen sein, woran weder Siegfried noch Gunther erinnert werden wollten.

Stundenlang lag ich und weinte vor Schmerzen und Kränkung. Dann begann ich nachzudenken. Irgendetwas stimmte hier nicht, die Männer tricksen, nicht nur gegen Brunhild. Vielleicht habe ich ihr Unrecht getan und sie wurde betrogen, wie ich von Siegfried verraten worden bin. Von wegen schwatzhaft seien die Frauen! Wer hat mir denn die Geschichte von Isen-

stein erzählt und stellt mich nun als Lügnerin hin. Aber Siegfried hat mir nicht alles erzählt, denn was bedeutet dieser Steigbügeldienst, den er angeblich dem Gunther geleistet hat? Wollte er damit verhindern, dass sich Brunhild ihn zum Kampfpartner erwählt? Und war er es am Ende doch, durch irgendeinen Trick? Ich kam zu keinem Schluss außer, dass ich doch lieber den Mund hätte halten sollen, denn jetzt stand Siegfried als der Schwatzhafte da. Gunther und Hagen werden ihm dies womöglich vergelten. Das wollte ich nicht und mir tat die ganze Szene vor dem Münster leid. Wie kann ich es wieder gutmachen?
Tagelang war ich nicht in der Lage, das Bett zu verlassen. Am vierten Tag kam Hagen in meine Kemenate. Er wolle sich verabschieden, sagte er, die Sachsen und Dänen drohen wieder mit Krieg. Das war mir in meinem Schmerz entgangen, und obwohl ich Hagen seit damals, als er mir so brüsk die Gefolgschaft verweigert hatte, nicht besonders mochte, ergriff ich jetzt die Gelegenheit, ihn als treuen Gefolgsmann meiner Familie anzusprechen. Ich bat ihn um besonderen Schutz für Siegfried, den man meine unbedachten Worte gegen Brunhild nicht entgelten lassen solle. Er habe mich ja schon ausreichend gestraft. Hagen sagte mir zu, Siegfried unter seinen besonderen Schutz zu nehmen. Um völlig sicher zu sein, dass Hagen auch wisse, wie er ihn beschützen kann, vertraute ich ihm das Geheimnis von Siegfried an: seine verwundbare Stelle. Ich tat es in der Annahme, dass die verwandtschaftlichen Bindungen zwischen uns keinen Zweifel an der Treue Hagens zu mir aufkommen lassen könnten. Auch hatte ich oftmals bemerkt, wie wichtig Siegfried als Berater und Krieger dem Wormser König war, so sollte doch allen an dem Schutz dieses Mannes gelegen sein. Hagen bat mich, ein kleines Zeichen auf das Gewand von Siegfried zu nähen, so könnte er die gefährliche Stelle gut im Auge behalten. Ich stickte ein Kreuz und fühlte mich erleichtert. Es kam dann doch nicht zum Krieg und die Männer bereiteten stattdessen einen Jagdausflug vor. Siegfried umarmte mich zum Abschied und mich überfiel eine dunkle Ahnung. Krieg, Jagd, ein so schneller Wechsel und das Geheimnis war ausgeplaudert. Habe ich Recht getan? Ich begann zu weinen und Siegfried zu bitten, lieber daheim, bei mir zu bleiben. Siegfried verstand nicht. Ein Traum, der habe mich heute Nacht geängstigt: „Zwei wilde Eber hätten dich, meinen Liebsten, gejagt und die Blumen auf der Wiese wurden rot davon. Ich fürchte Anschläge von denen, die man vielleicht gekränkt hat und die uns nun mit Hass begegnen. In großer Liebe rat ich, bleib hier." Siegfried wunderte sich ob meiner Sorge, er habe nur Freunde hier am Hof, alle meine Verwandten seien ihm wohl-

gesinnt und auch bei den Rittern habe er sich nichts als Zuneigung verdient. Ich erzählte ihm einen zweiten Traum, in dem zwei Berge herabstürzten und ich ihn nicht mehr sah. „Großes Leid kommt auf uns zu, geh nicht zur Jagd, mein Herz tut weh!" Es half nichts, er nahm zärtlich Abschied und ritt mit den anderen zur Jagd. Giselher blieb in Worms und auch Gernot; und ich vertrieb mir die Zeit und Sorgen mit meinem Liebling Giselher, mit dem mich viele schöne Erinnerungen verbanden. Ich beruhigte mich mit Gedanken an Siegfrieds Tapferkeit und an die vielen Dienste, die er meinem Bruder gern geleistet hatte. Dies kann durch meine unbedachten Worte nicht beiseitegeschoben werden. Wir sind doch eine große Familie. Andererseits, Siegfried ist so arglos und fühlt sich sicher in seiner Drachenbluthaut. Er vertraut auf seine Stärke und kommt wahrscheinlich noch nicht einmal auf die Idee, dass ihm jemand etwas antun könnte.
Am nächsten Morgen, ich wollte gerade mit meinen Mädchen zur Frühmesse gehen, hielt mich der Kämmerer, der uns das Licht gebracht hatte, auf. Vor der Tür liege ein erschlagener Ritter. Ein schrecklicher Schrei entrang sich meiner Brust. Ohne ihn gesehen zu haben, wusste ich, dass es Siegfried war. Hagen, er hatte Siegfried schützen wollen. Ein noch tieferer Schmerz traf mich, diesmal stumm: Hagen, ihm hatte ich das Geheimnis anvertraut, oh wie dumm, wie leichtfertig, wie verräterisch! Wie soll ich je wieder Freude im Leben empfinden können. Ich sank im Schmerz danieder und klagte laut. Beruhigend meinte die Dienerschaft, es könne jemand anders sein. Mit dem Blut schossen mir die Worte aus dem Mund: „Es ist Siegfried! Brunhild hat es geraten und Hagen hat es getan." Gestützt auf die Diener ging ich hin und nahm seinen schönen, nun bleichen Kopf in meine Hände. Warum, oh Liebster, hast du meinen Träumen nicht vertraut? Warum habe ich dich nicht stärker zurückgehalten? Nun liegst du ermordet vor mir. Wüsste ich sicher, wer es getan hat, so wollte ich seinen Tod. Alle Mädchen und Diener klagten mit mir, sie empfanden ebenso Trauer um den Herrn. Ich ließ Siegfrieds Leute, die Nibelungen, wecken und auch Siegmund bitten, mit mir um den Verlust zu klagen. Sie kamen, in all ihrer Rüstung und in Waffen und konnten es nicht fassen. Siegmund teilte meine große Trauer, denn sein einziger Sohn war nun vor ihm gegangen. Er verwünschte die Reise in dieses Land und wollte wissen, wer ihm dieses Leid angetan. Auch mir lag daran, es zu wissen. Den Mörder sollte mein Hass verfolgen und ihm ebensolches Leid zufügen, dies war meine feste Absicht. Man zog mich von dem Toten fort, wusch ihn und legte ihn auf eine Bahre.

Die Nibelungen, bereit zur Rache, wollten den Mörder wissen, der in der Burg sein musste. Auch Siegmund stand mit seinen Leuten bewaffnet da, um das Notwendige zu tun. Gegen wen sie sich wenden sollten, wussten sie jedoch nicht und auch ich hatte vorerst nur einen Verdacht. So versuchte ich, sie vom Handeln abzuhalten, bis Gewissheit, bis Beweise vorlagen. Einfach so gegen die starken Ritter von Worms, die mit Siegfried auf der Jagd waren, loszuziehen, schien mir zu gefährlich. Ich konnte sie nur schwer beruhigen und war doch selbst voller Rachegedanken. Wenn ich erst die rechten Beweise hätte, so würde ich, gemeinsam mit Siegmund, den rächen, der mir genommen wurde. An einem Blutgemetzel in der Burg lag mir hingegen nichts. Ich bat sie also, mit mir gemeinsam weiter zu klagen und mir zu helfen, meinen Mann in den Sarg zu legen. Das taten sie. Durch das Klagen wurden die Bewohner der Burg und der Stadt herbeigelockt, die in den Jammer einstimmten, da auch sie nicht wussten, durch welche Schuld der edle Siegfried sein Leben verlor. Mit Tagesbeginn trug man Siegfried zum Münster, die Glocken erschallten und Gesang hob an. Da nun kamen auch Gunther mit seinem Gefolge sowie der grimmige Hagen herbei. Tröstend sprach Gunther mich an: „Meine liebe Schwester, dein Leid bedaure ich sehr und dass wir es nicht haben verhindern können. Wir klagen mit dir um Siegfrieds Tod." Ich konnte seinen Worten nicht glauben und wies sie zornig zurück. „Ohne Grund klagst du, denn hättest du es nicht gewollt, so wäre es nicht geschehen. Vergessen hast du, dass der Mann, den du ermorden ließest, der Mann deiner Schwester ist. Mein Leid habt ihr nicht bedacht. Wäre es doch nur mir geschehen!" Gunther wies alle Schuld von sich und auch von seinen Männern. Deshalb forderte ich die Bahrprobe, sie würde den Mörder überführen. Die Wunden des Toten würden zu bluten anfangen, sobald sich der Schuldige der Bahre nähert. Und als Hagen an die Bahre trat, war seine Schuld allen ersichtlich. Gunther sagte hastig: „Glaub mir, Kriemhild, es waren Wegelagerer, die den Siegfried erschlugen, nicht Hagen." Die Bahrprobe sei kein Beweis. Mir genüge sie und ich kenne nun die Mörder, erwiderte ich. Gunther und Hagen, ihr habt es getan und Siegfrieds Verwandte werden sich rächen, dessen seid gewiss. Ich konnte nicht verstehen, warum dieser Mord nicht gesühnt wurde. Auf das Gesetz soll ein Land gebaut sein – so lautet ein alter Spruch und der König steht für dessen Wahrung. Doch hier ist der König selbst in den Mord verwickelt, wer kann dann die Gesetze wahren?

Die Nibelungen wollten wieder in den Kampf ziehen. Ich bat darum, dass alle, die Siegfried liebten, mein schweres Geschick mit mir tragen mögen und die Trauerzeit auf sich nehmen. Sein Gold solle man um seines Seelenheils willen verteilen. Die Totenmesse wurde gelesen und viele Opfer für Siegfried gespendet. Es tat mir gut zu wissen, dass er noch so viele Freunde im Land seiner Mörder hatte. Auch Gernot und Giselher klagten mit mir. Drei Tage und drei Nächte ließ ich ihn aufgebahrt liegen, hielt Totenwache und fastete und mit mir manch treuer Mann und Bürger. Immer wieder verteilte ich Geld, Silber und Kleider und zeigte so meine große Liebe. Ich weiß nicht, wie ich diese Tage überstand, in denen ich mir immer wieder den Tod wünschte und ihm voll Schmerz nahe kam. Ich ließ sogar den Sarg aufbrechen, um noch einmal das Antlitz meines geliebten Siegfried zu sehen.

Nach Ende der Trauerzeit kam Siegmund zu mir. Er wollte aus diesem Land der Treulosigkeit abreisen und forderte mich auf mitzukommen. Ich würde nicht für die Tat meiner Verwandten büßen müssen und hätte alle Macht inne, die Siegfried mir zu Lebzeiten übertragen hatte. Land und Krone seien mir untertan und seiner, Siegmunds, Verbundenheit könne ich vertrauen. Die Abreise wurde vorbereitet und am Tage des Abschieds begannen meine Brüder mich zu bitten, hier in Worms, bei der Mutter zu bleiben. Das wollte ich auf keinen Fall. Immerzu müsste ich in das Gesicht des Mannes blicken, der mir so viel Leid angetan hat. Ich müsste vor Kummer sterben, wann immer ich Hagen begegnete. Doch Giselher bat so inständig und versicherte mir seine Unterstützung, sowohl mit seinem Besitz als auch mit seiner Zuwendung, damit ich den Tod meines Mannes vergessen könne. Dessen bedurfte ich sehr. Gernot und die Mutter begannen ebenfalls auf mich einzureden. Ich sei doch eine Fremde in Siegfrieds Land, ohne Verwandte, hier hingegen würde es mir gut gehen im Kreise meiner Lieben. Ich war hin und her gerissen, was zu tun sei, und entschloss mich zu bleiben. Siegmund wollte mich abholen und ich musste ihm sagen, dass ich auf Rat meiner Verwandten in Worms bliebe, da ich eine Fremde im Nibelungenland sei. „Lasst Euch dies nicht einreden“, erwiderte Siegmund. „Ihr sollt vor allen meinen Verwandten die Krone so machtbewusst tragen wie zuvor. Was Eure Sippe uns angetan, sollt Ihr nicht büßen. Auch Eures Kindes wegen kommt mit uns, es soll nicht als Waise aufwachsen. Es wird Euch Trost spenden und viele Helden werden Euch dienen.“ Seine Rede berührte mich, dennoch schien es mir geraten, bei meinen Leuten in Worms zu bleiben. Meine Entscheidung missfiel ihm aus Sorge um mich und weil er nun ohne Königin nach Hause reisen musste. Meinen Sohn übergab ich seiner Fürsorge und auch ein Geleit bot ich an. Die Nibelungen zogen mit Siegmund fort,

ohne weiteren Abschied und auch das Geleit lehnten sie ab: sie könnten sich gut selber schützen, sagten die tapferen Nibelungen. Nur Giselher gab ihnen fürsorgliches Geleit. Er und Gernot hatten zuvor dem Siegmund ihre Unschuld am Tode Siegfrieds versichert, was alle gern glauben wollten. Nicht ohne Wissen von Freunden im Land der Burgunden sollten die Gäste fortgehen.
Giselher war mein einziger Trost in dieser schweren Zeit. Von Brunhild hörte ich kein Trostwort, mein Kummer schien ihr gänzlich gleichgültig, ja, sie saß stolz auf ihrem Thron. Ich war für sie mit Siegfried gestorben, wir begegneten uns nie wieder. Hagen ging ich aus dem Weg und sah ihn nicht, mit Gunther sprach ich kein Wort. Ein stattliches Haus ward mir errichtet, in dem ich meine Trauer leben konnte. So vergingen drei lange Jahre.

Eines Tages erschienen Gernot und Giselher bei mir, auch Ortwin von Metz und der Markgraf Gere waren dabei. Sie bemühten sich um eine Verbesserung meines Verhältnisses zu König Gunther und sprachen davon, dass Gunther bereit sei vor Gericht zu erklären, dass er Siegfried nicht er-schlagen habe. Dies sei nicht nötig, erwiderte ich, nicht Gunther, sondern Hagen habe Siegfried erschlagen, das wisse ich wohl. Niemals hätte ich Hagen die verwundbare Stelle bezeichnet, hätte ich auch nur geahnt, wie sehr Hagen Siegfried hasste. Und dies machte einen Teil meines Weinens aus, da ich selbst den schönen Siegfried verraten hatte. Aber Mitwisser sei Gunther gewesen und habe so Schuld auf sich geladen. Wie kann ich Freundschaft mit solchen Menschen pflegen? Giselher bat inständig, ich solle den König empfangen, und so stimmte ich schließlich zu. Er kam mit seinem Gefolge, doch ohne Hagen. Der wusste zu gut um seine Schuld und wagte es nicht, mir vor die Augen zu treten. Es war ein tränenreiches Treffen und verschaffte mir seelische Erleichterung. Denn auf wen kann ich mich stützen außer auf meine Familie und Gunther ist mein ältester Bruder. Die Familie litt insgesamt unter der Spannung und unser Versöhnungskuss berührte aller Herzen. Gunther schwur, mir niemals mehr ein Leid anzutun, und ich solle leben, wie es mir gefalle – dafür würde er einstehen. Dem Hagen, das sagte ich bei dem Treffen, werde ich nie verzeihen können. In der allgemeinen Freude fand dieser Satz wenig Beachtung.
Alsbald schlug mir Gunther vor, meine Morgengabe, den Nibelungenhort, nach Worms holen zu lassen. Er gehöre mir rechtmäßig und ich solle ihn nutzen können. Gernot und Giselher fuhren fort, um ihn zu holen. Über das Ausmaß des Schatzes war ich mir nie recht im Klaren und ich staunte wie

auch der ganze Hof, wie viele Wagen aus dem Schiff entladen wurden. Ich war eine der reichsten Frauen und ich tat, was man als Königin mit seinem Vermögen tut: ich vergab das Gold freigebig an Arme wie auch an Reiche, verschaffte mir Ehre und Anerkennung in Worms und holte darüber hinaus manch fremde Recken in das Land, die mir treu ergeben waren. Ich vergaß darüber nicht die Erinnerung an meinem geliebten Mann und viel lieber wäre es mir, ich hätte ihn als all dieses Gold. Ein Stück Leben kehrte so zu mir zurück, der Hort erlaubte mir eigenständiges Handeln und ich fühlte mich in diesem Tun dem Siegfried nahe.
Mein Erwachen zu neuem Leben schien jemandem am Hof zu missfallen und ich konnte mir keinen anderen als Hagen denken. Sein Einfluss auf Gunther war groß und ohne dessen Billigung oder wenigstens Mitwissen konnte er nicht handeln. Jedenfalls nahm man mir den Schlüssel zu den Kammern weg, in denen der Schatz aufbewahrt wurde. Inzwischen, ich war kein junges, unerfahrenes Mädchen mehr, ahnte ich, warum Hagen das tat. Er fürchtete mich! Ja, er fürchtete, dass ich mit Hilfe des Schatzes eines Tages Rache nehmen könnte an ihm, dem Mörder meines Mannes. Und er hat Recht damit, er fürchtete sich nicht ohne Grund. Aber warum ließen ihn meine Brüder gewähren? Sie hatten sich mit mir versöhnt und ich bin ihre Schwester. Gegen sie führte ich nichts im Schilde, mein Kuss war ehrlich und ich konnte erwarten, dass sie mir gegenüber ehrlich waren, mich beschützten und vor Leid bewahrten, wie sie es geschworen hatten. Ich sah, wie Gernot zornig wurde, als er von dem Raub erfuhr, und auch Giselher zeigte sich entsetzt über das Leid, das Hagen mir antat. Er drohte sogar, ihn zu töten, doch er tat es nicht. Hagen sei sein Verwandter, deswegen könne er es nicht tun. Aber ich, war ich nicht in viel größerem Maße seine Verwandte, nämlich seine Schwester, die auf seinen Rat und sein Schutzversprechen hin in Worms geblieben war? Ich bat ihn inständig, der Beschützer meines Lebens und Besitzes zu sein, was er wiederum versprach. Doch dann ritten sie allesamt aus und Hagen versenkte den Schatz im Rhein. Ich war verzweifelt ob des Verlustes. Mehr noch traf mich die Erkenntnis, dass niemand, nicht einmal Giselher, wirklich zu mir hielt und meine Interessen vertrat. Ich hatte keine Familie, Sippe, die mich beschützte, ich hätte ebenso gut nach Xanten gehen können, ja, vielleicht wäre es mir dort besser ergangen. Hier, in Worms, inmitten meiner Sippe, war ich ganz allein auf mich gestellt, verfolgt vom Hass und der Furcht des Hagen von Tronje. Natürlich sagten meine Brüder, nachdem sie von ihrem Ausritt heimgekehrt waren und mein Klagen vernahmen, dass Hagen schlecht gehandelt habe.

Hagen verschwand für einige Zeit vom Hof und zog sich nach Tronje zurück. Der König hielt nicht Gericht, wie es seine Pflicht gewesen wäre, weder über den Mörder noch über den Räuber. Meine Brüder ließen ihn ungestraft davonkommen und eines Tages spazierte er wieder im Saal umher, als sei nichts gewesen.
Nach diesen Ereignissen zog ich mich in mein Haus zurück und lebte einzig in der Trauer um Siegfried und enttäuscht vom Verrat meiner Familie.

Rüdiger von Bechlaren, ein edler Mann im Dienste König Etzels, erschien eines Tages am Hof zu Worms. Er war in prächtiger Ausstattung und Begleitung und wurde vom König freundlich empfangen. Den Anlass für seinen Besuch erfuhr ich durch den Markgrafen Gere: König Etzel werbe um meine Hand, da seine liebe Frau Helche vor einiger Zeit verstorben und das Land ohne Königin und Erben sei. Er erzählte mir noch einiges von der Größe und dem Ruhm des fernen Reiches, doch ich hörte nicht mehr zu, sondern fühlte mich in meiner Trauer gestört. Zornig lehnte ich den Antrag ab: der Gedanke, je einen anderen Mann zu heiraten, lag mir fern. Meinen Brüdern hingegen schien die Idee zu gefallen und sie redeten mir eifrig zu: ich solle die Trauer lassen und ein neues Leben beginnen, es täte ihnen leid, mich immer nur weinen zu sehen. Schließlich stimmte ich zu, wenigstens den Boten zu empfangen, denn von Rüdiger hatte ich schon viel Gutes gehört und wollte diesem vortrefflichen Mann gern begegnen. Am nächsten Morgen kam er mit seinen stattlichen Männern in festlicher Kleidung, ich trug nur meine übliche Trauerkleidung. Er benahm sich sehr höflich mir gegenüber und ich erlaubte ihm, seine Botschaft vorzutragen. Sein Herr und König biete mir seine Liebe und beständige Freundschaft. Diese Liebe solle ohne Leid sein, wie Rüdiger betonte, und der König erhoffe sich davon wieder freudvolle Tage, nach denen er sich sehne. Ich erwiderte, dass es mir nicht möglich sei, je wieder einen Mann zu lieben, nachdem ich den besten aller Männer gehabt und ihn so früh verloren hatte. Er teilte meinen großen Verlust und wir sprachen beide nicht von Mord. Rüdiger begann von Neuem und sprach jetzt von der Position, die Etzel mir biete: zwölf mächtige Königreiche wären in meiner Gewalt, viele angesehene Männer würden mir untertan und viele Damen aus fürstlichem Geschlecht meine Gesellschaft sein. Etzel übergebe mir die volle Machtfülle, die schon Helche innegehabt hatte, und ich wäre eine der mächtigsten Königinnen. Dies hörte ich nicht ungern. Nun bat ich die Herren, bis morgen zu warten, damit ich mich bedenke und ihnen die Antwort zukommen lasse. Doch was sollte ich bedenken? Eine neue Verbindung kam für mich nicht in Frage. Noch dazu mit einem Heidenkönig, mag er noch so edel gesinnt und mächtig sein. Ich ließ nach Giselher und meiner Mutter schicken, um ihnen zu sagen, wie meine Entscheidung lautete. Kaum war Giselher bei mir, riet er mir eindringlich, die Werbung anzunehmen. Er wünsche mir wieder Freude und Glück und nur in einer neuen Ehe könne ich meinen Schmerz überwinden. Auch die Mutter sprach so. Sie erinnerten mich an meine guten Zeiten als Königin, die jetzt wiederkommen könnten. Dies wünschte ich mir selbst auch inständig. Giselher erzählte von Hagen, dass er gegen diese Verbindung sei und heftig abgeraten habe. Er fürchte Leid, das ich den Burgunden als Königin in Etzels Land bringen würde, doch keiner der Brüder glaube daran. Sie alle würden endlich mein Glück wollen.

Die Nacht über lag ich mit schweren Gedanken: Liebe ohne Leid, unendliche Machtfülle, Gold und Silber im Überfluss, fort vom Grabe Siegfrieds, ohne meine wankelmütige Familie, fern in einem heidnischen Land, ein Leben ohne Trauer und Verluste – was davon soll gut für mich sein? Zumal meine Schönheit längst dahin sei, wie ich meinte. Doch darin widersprach mir Markgraf Gere am nächsten Morgen und wieder rieten mir alle zur Heirat. Ich konnte mein Unbehagen nicht überwinden. Dann sprach Rüdiger unter vier Augen mit mir und bot mir an, mich für alles, was mir je angetan worden sei, zu entschädigen. Dies hörte ich gern und erstmals öffnete sich wieder mein Herz im Vertrauen. Ich bat ihn zu schwören, mir mein Leid zu rächen, was auch immer mir jemand zufüge. Dazu war er bereit und so schwur er mit allen seinen Gefolgsleuten, mir treu zu dienen und nie etwas abzuschlagen. Er versprach es mir in die Hand und ich fühlte mich leichter ums Herz. Vielleicht ist die Ehe mit Etzel die lang ersehnte Möglichkeit, den Tod Siegfrieds doch noch zu rächen? Endlich werde ich wieder Freunde haben und über großen Reichtum verfügen, um weitere zu erwerben. Dies wird mich für den Raub meines Eigentums durch Hagen entschädigen. Nur über eines musste ich noch mit Rüdiger sprechen: das Heidentum des Etzel. Rüdiger verstand es, mich in diesem Punkt zu beruhigen. Es gebe viele christliche Ritter an Etzels Hof und vielleicht würde der König sich unter meinem Einfluss dem Christentum zuwenden. Dann soll es also sein, mögen die Leute reden was sie wollen: Ich werde Etzel heiraten.

Die Reisevorbereitungen dauerten viereinhalb Tage. Wieder war die Frage zu klären, wer mit mir ginge und welches Eigentum ich mitnähme. Ich schloss meine Schatzkammern auf, in denen noch genug Gold aus dem Nibelungenland lagerte, um Rüdigers Gefolgsleute damit reich zu beschenken. Doch auch dieses Mal ließ es sich Hagen nicht nehmen, mich zu kränken. Er richtete mir aus, dass der Schatz bei ihm verbleibe, er wolle nicht, dass ich mit Siegfrieds Gold ihnen, den Burgunden, Feinde verschaffe. Die drei Könige, denen die Nachricht von dem großen Schmerz überbracht wurde, den mir Hagen zufügte, taten – wie immer – nichts. Meine Entscheidung war richtig: ich hatte nichts mehr verloren in diesem Land, in dem mich niemand beschützte. Rüdiger, als er davon erfuhr, tröstete mich mit der Aussicht auf weitaus größere Schätze, die Etzel mir schenken würde. Es war dann Gernot, der zur Schatzkammer trat und all mein Gold an die Gäste verschenkte. Ich musste in ohnmächtigem Zorn mit ansehen, wie sich die Könige von Worms auf meine Kosten Ruhm verschafften, indem sie mein Gold verteilten, als sei es das ihre. Rüdiger lehnte jedoch ab, irgendetwas von diesem Golde anzunehmen, er verfüge über genug eigene Schätze und habe es daher nicht nötig. Er sprach auch gleich in meinem Namen mit. Wie erinnerte es mich an meine Abreise nach Xanten! Damals entschied Siegfried, dass ich nichts Eigenes bräuchte. Und ich hatte erzählen hören, dass es Brunhild bei ihrer Abreise aus Isenstein nicht viel anders erging. Dankwart war es, der ihr Gold freigiebig verschenkte, bis sie Einhalt gebot. Es hieß, er wolle sich und seine Begleiter für die Nöte rächen, die sie vor und während des Kampfes mit Brunhild im Angesicht der Stärke dieser Frau erlitten hatten. Ihr sollte nichts Eigenes in ihrer neuen Heimat bleiben, mit dem sie sich eine eigenständige Macht hätte aufbauen können. Nun, das schien der Dinge Lauf in dieser Zeit und ich konnte mich dessen hier nicht erwehren. Aber ich würde Mittel und Wege finden, um mich für all das zu entschädigen, dies schwur ich mir.

Der Abschied war zwar von Tränen begleitet, fiel aber deutlich kühler aus als bei meiner ersten Fahrt in ein neues Reich. Gunther ritt nur ein Stück weit aus der Stadt mit. Das Gefolge war allerdings überaus prächtig anzuschauen. Gernot und Giselher geleiteten uns bis zur Donau und nahmen dann tränenreichen Abschied. Giselher versicherte mir seine Hilfe, wann immer ich sie bräuchte.

Die Reise erfrischte mein Gemüt. Wir zogen durch schöne Landschaften und begegneten vielen Menschen. Die vielen schönen Mädchen in meiner Begleitung zogen die Blicke auf sich, aber auch die stattlichen Krieger unseres Zuges waren ein prächtiger Anblick. In Passau beherbergte uns der Bischof Pilgrim, ein Bruder meiner Mutter. Ich freute mich, meinen Onkel zu sehen, und fühlte mich ins Leben zurückgekehrt durch die Begegnungen mit den Bürgern und Kaufleuten der Stadt. Wir reisten sicher durch Bayern, wo uns die schöne Gotelind, Rüdigers Frau, und ihre Tochter entgegenkamen. Sie bereiteten uns einen herzlichen Empfang. Eine Zeltstadt war für die Nacht errichtet worden und viele Ritter standen bereit, den Damen ihren Dienst zu erweisen. Sie halfen ihnen aus den Sätteln, erfreuten sie mit Kampfspielen und plauderten eifrig mit ihnen, wobei sich Ritter und Damen bei der Hand fassten. Auch ich empfand diesen Ritterdienst als angenehm und es entstand eine fröhliche Gesellschaft. Gotelind und ich begrüßten uns mit einem Kuss und auch die Tochter begegnete mir sehr liebenswürdig. Ich beschenkte sie mit zwölf rotgoldenen Armreifen und dem schönsten Kleid aus meinem Reisegepäck. Auch allen anderen ließ ich zukommen, was mir an Reichtum noch verblieben war, und zeigte mich ihnen freigebig. Unsere Reise zog sich durch die vielen Begegnungen in die Länge, so dass manch Krieger ob der Anstrengung schon zu stöhnen begann. Doch mir taten nach den Jahren der Trauer und Zurückgezogenheit die Ehrerbietungen und Freundlichkeiten gut. Auch wurde ich abgelenkt, zu viel über die kommende Begegnung mit Etzel zu grübeln.

Rüdigers Gefolgsleute beschützten uns, bis die Hunnen uns über Land entgegengeritten kamen. In der prächtigen Burg Zeiselmauer, in der früher Helche residiert hatte, machten wir Halt. Vier Tage blieben wir hier und in dieser Zeit konnte ich Bekanntschaft mit den vielfältigen Lebensarten in Etzels Reich machen. Zu seinem Hof gehörten die tapfersten Ritter, ob Heiden oder Christen, es zählte nur ihre Treue und Tapferkeit. Ein jeder lebte nach seiner Lebensordnung und sprach seine Sprache. Manch fremden Brauch lernte ich kennen und viele edle Fürsten, allen voran Dietrich von Bern. Es war eine bunte und fröhliche Gesellschaft, der Hofstaat König Etzels, der prächtig und stolz dem König voranritt. Mir war es eine Augenweide und mein Herz schlug höher angesichts der Pracht, Lebensfreude und Macht, die sich mir bot. Fast wurde ich in den Trubel hineingerissen, doch zunächst stand mir noch der Empfang König Etzels bevor. Stürmisch und fröhlich kam er mir entgegen und begrüßte mich ohne Umschweife. Von den Aufregungen leuchtete mein Gesicht und ich konnte sehen, dass ich ihm gefiel. Gewiss, er war kein Siegfried, doch seine unverhohlene Freude und Begeisterung über meine Ankunft nahm mich für ihn ein. So begrüßte ich ihn freundlich mit einem Kuss und auch noch einige andere Fürsten seines Gefolges, die mir Rüdiger hilfreich bezeichnete. Noch war mir alles fremd und ich war dankbar für Rüdigers Beistand. Den leistete er uns auch, als ich mit Etzel in einem prächtigen Zelt beieinander saß, meine weiße Hand in der seinen, um uns nicht in zu großer Vertraulichkeit allein zu lassen. Die Hochzeit sollte in Wien gefeiert werden, wohin wir am nächsten Tag aufbrachen.

Das Hochzeitsfest fiel auf Pfingsten und dauerte siebzehn Tage. Ich konnte nicht umhin, von der Pracht überwältigt zu sein. Mir schien, als hätte ich in meiner ersten Ehe nicht so viele Untertanen gewonnen, und auch die Zahl der Krieger, über die Etzel verfügt, übertraf alle meine Erwartungen und bisherigen Erfahrungen. Kleider aller Art wurden verschenkt, so wertvoll, wie sie sonst keiner besaß. Auch ich zeigte mich so freigebig, wie es mir mein Besitz erlaubte und ich spürte die Anerkennung, die mir deswegen zuteil wurde. Nach dem vielen Leid genoss ich die hohen Ehren von allen Seiten. Am achtzehnten Tag brachen wir auf und verbrachten die nächste Nacht in Hainburg. Im wohlhabenden Meisenburg bestiegen wir Schiffe und fuhren auf der Donau entlang bis zur Etzelburg. Dies war der geruhsamste Teil der Reise und wir gelangten erfrischt in der Residenz Etzels an. Der Empfang durch mein neues Gefolge war herzlich und jedes Mädchen wurde mir benannt. Ich konnte mich nicht beklagen, ich erhielt alle Macht, die der Königin Etzels zustand. Etzel war mir ergeben und behandelte mich sehr freundlich.

Etzels Zuneigung steigerte sich nach der Geburt unseres Sohnes Ortlieb im siebenten Jahr unserer Ehe. Seine Freude über den ersehnten Erben konnte nicht größer sein. Ich gewann dadurch weiter an Ansehen im Land, das ich bereits durch meine Freigebigkeit und angemessene Verwaltung des Hofes erworben hatte. Jedermann, so schien mir, war mir gut gesinnt und treu ergeben. Trauer und Leid über das Vergangene hielt ich geheim, niemand sah meine Tränen, wenn ich an Siegfried dachte. Niemand wusste von meiner Sehnsucht nach den Brüdern, die, obwohl sie mich zu Hause tief verletzt hatten, die Hoffnung für meine Rache waren, und auch meine Gedanken gegenüber Hagen behielt ich für mich. Oft träumte ich von Giselher, von unserer früheren Vertrautheit und Liebe. Wäre ich ein Ritter, so würde ich wohl selbst nach Hause geritten sein. Doch mir blieb nichts anderes übrig, als das Bild einer zufriedenen Königin zu geben, niemand sollte ahnen können, was für schreckliche Vergeltungspläne in mir reiften. Und so sah König Etzel keinen Arg, als ich ihn im dreizehnten Jahr unserer Ehe während der zärtlichsten Umarmung nach meinen Verwandten fragte. Ich würde es gern sehen, so sagte ich, kämen sie einmal zu Besuch. „Dann wäre ich in deinem Reich nicht immer nur die Fremde, sondern eine mit Familie und Verwandtschaft.“ Etzel hatte keine Einwände, im Gegenteil, gern sähe er die Verwandten seiner Frau bei sich und würde die Söhne der Ute kennen lernen wollen, wenn ihnen nur nicht die Reise zu weit sei. Ich freute mich über die zustimmende Reaktion und Etzel bestimmte gleich zwei Boten, die Spielleute Wärbel und Swemmel. Sie sollten sofort an den Rhein zu den Burgunden reisen und die Verwandten seiner Frau zum kommenden Sonnenwendfest einladen.

Heimlich bat ich die beiden Boten in meine Kemenate. Ich versprach ihnen reichlichen Lohn, wenn sie darauf achteten, dass alle meine Verwandten die Einladung annähmen, um mich aus meiner Not, als eine sippenlose Frau zu gelten, zu erlösen. Sie sollten von meinem guten Ansehen hier berichten und verschweigen, wenn sie mich je traurig gesehen hätten. Doch nicht nur die Ankunft meiner Brüder liege mir am Herzen, es sei auch wichtig, dass Hagen von Tronje dabei ist. Er kenne den Weg ins Hunnenland von Kindheit an und nur er kann die Reisegesellschaft führen. „Achtet mir also darauf!"

Die Boten zogen in prächtiger Aufmachung davon und seitdem fieberte ich voller Anspannung dem Tag entgegen, der mir die Verwandten zuführen würde. Vorfreude auf das Wiedersehen mischte sich mit Rachegelüsten, Trauer und Tränen. Nächtens lag ich oft wach und malte mir aus, wie die Brüder, Hagen und die Hofleute über die Einladung berieten. Lächeln musste ich, wenn ich mir die spontane Zustimmung Giselhers vorstellte: er würde gern kommen, dessen war ich mir gewiss. Auch von Gernot dachte ich so. Gunther ist schwach, das weiß ich wohl, und von Hagens Rat abhängig. Aber er vertraut mir und meinem Kuss der Versöhnung. Außerdem ist er ein wenig eitel und zeigt sich deshalb gern prächtig an fremden Höfen. Die Gelegenheit wird er sich nicht entgehen lassen, am großen Hof Etzels aufzutreten. Den Hagen wird weniger das Gewissen, mehr das Wissen um seine Tat plagen, die er nie bestritten hat. Er kennt mich gut seit Kindertagen und weiß, dass ich nichts vergesse. Er wird die anderen vor der Fahrt ins Hunnenland warnen – wird er sich durchsetzen können? Später erfuhr ich von den Boten Wärbel und Schwemmel, dass es sich in der Tat so zugetragen, wie ich es mir nächtens ausgemalt hatte. Es sei in Worms zu heftigen Auseinandersetzungen zwischen den Brüdern und Hagen gekommen. Selbst Gunther habe sich dieses Mal von Hagen distanziert und – ziemlich schäbig – alle Schuld an der Ermordung Siegfrieds ihm allein zugeschoben. Auch Gernot sprach von der Furcht, die Hagen allein beträfe; aber den Ausschlag dafür, dass sich dann Hagen für die Fahrt entschied, habe wohl Giselhers ausgesprochener Verdacht gegeben, dass er, Hagen, sich vor einer

Frau ängstige. Dies wollte Hagen nicht auf sich sitzen lassen, sondern Mut zeigen und sei es der Mut zum Untergang.
Ich wusste, dass Ute träumen und ein Unheil ahnen würde. Zu oft war es mir selbst schon so ergangen, sei es, als ich ein schreckliche Geschehen auf der Jagd vorhersah, durch das mir Siegfried genommen wurde, sei es, dass ich als junges Mädchen eine Heirat ablehnte, weil ich das kommende Leid vorweg träumte. Aber ich weiß auch, dass die Männer nichts auf Träume geben, schon gar nicht ein Mann wie Hagen, dem seine Ehre über alles geht und der sich nicht durch Frauenträume unsicher machen lässt. Den Söhnen der Ute, das hätte ich ihr gern gesagt, droht keine Gefahr, es sind meine Brüder.
Am Fenster der Etzelburg stehend, sah ich die Burgunden nahen. Ich traute meinen Augen kaum, denn sie schienen in voller Rüstung zu reiten. Da wusste ich sicher, dass Hagen dabei war, nur er konnte auf solch eine Idee kommen, da an seinem Herzen die Schuld nagte. Bevor sie den Hof erreichten, ging ihnen Dietrich von Bern entgegen. Ich sah sie sich besprechen, es gab keine Geheimnisse: im Burgunden- wie im Hunnenlager wusste jeder, wer Siegfried erschlagen hatte, und als die Burgunden später in den Hof einritten, reckte mancher seinen Hals, um diesen Mann zu erspähen. Und ebenso war bekannt, dass ich diese Tat nicht ungesühnt stehen lassen konnte. Mir schien, der einzig ahnungslose Mann war Etzel.
Zur Begrüßung ging ich den Nibelungen entgegen, küsste jedoch nur Giselher und nahm ihn bei der Hand. Hagen verstand sehr wohl, was diese Form der Begrüßung bedeutete, und meinte, jetzt müssten tapfere Ritter auf der Hut sein. „Was denn“, entgegnete ich, „habt Ihr mir vom Rhein mitgebracht, weswegen ich Euch willkommen heißen sollte?“ Hagen tat dumm und wunderte sich, dass die Königin der Hunnen Geschenke wünscht. „Den Hort, ich denke an den Hort der Nibelungen, der ist, wie Ihr wohl wisst, mein Eigentum und ich würde gern darüber verfügen.“ – „Ach der“, höhnte Hagen, „lang habe ich nicht an ihn gedacht, der ist im Rhein versenkt und wird da wahrlich bis zum jüngsten Tage liegen bleiben.“ Er hielt in keiner Weise an sich und trat mir recht frech entgegen. Als ich sie bat, ihre Waffen, wie es üblich ist, abzugeben, weigerte sich Hagen und alle anderen mit. Brüskiert begann ich zu klagen ob dieses unhöfischen Benehmens und fragte, wer sie gewarnt habe. Da trat Dietrich von Bern hervor und bekannte sich. Ich konnte spüren, dass mir nicht alle Fürsten des Etzel gut gesinnt waren, das machte mir Sorge. Das Gastrecht ist von hohem

Wert, aber schützt es auch Mörder und Räuber? Unsicher zog ich mich zurück.
Vom Fenster meines Saales aus sah ich, wie es sich Hagen und Volker auf einer Bank genau vor meinem Saal bequem machten. Diese Frechheit konnte ich nicht ertragen und ich begann zu weinen. Mein Gefolge war darüber sehr erstaunt und drang in mich, was mit mir sei. Ich bezeichnete ihnen Hagen als den Grund all meines Leides und bat sie um Rache an diesem Mann. Er solle sein Leben verlieren! Sogleich bewaffnete sich eine Schar von sechzig Männern, doch ich fand sie zu gering und schilderte ihnen die Kraft und den Mut der beiden Recken. Da rüsteten sich noch mehr Männer, die ich bat noch zu warten. Ich wollte, dass Hagen zuvor mir, der Königin der Hunnen, seine Schuld öffentlich gestand, damit alle das Unrecht sehen könnten. Ich setzte meine Krone auf und schritt auf die beiden zu. Ich sah, wie Volker sich erheben wollte, doch Hagen drückte ihn zurück auf die Bank. In der Absicht, mich zu verletzen, blieben beide vor mir, der Königin, sitzen. Provozierend nahm Hagen sein Schwert und legte es sich über die Knie. Ich konnte sehr gut erkennen und wusste auch, dass es Balmung, das Schwert Siegfrieds, war. Die Kränkung beherrschend, fragte ich Hagen, woher er den Mut nehme, in dieses Land zu kommen, ohne eingeladen zu sein und wohl wissend, was er mir angetan? „Besäßet Ihr einen klaren Verstand, hättet Ihr es bleiben lassen." Hagen stellte sich als bloßer Gefolgsmann seiner Herren dar, der sie auf ihrer Reise begleite. Nun wollte ich von ihm wissen, warum er so gehandelt hatte, dass ich ihm Feind war. „Warum", fragte ich laut, „habt Ihr Siegfried, meinen geliebten Mann, erschlagen?" – „Ja, ich bin es, der den außerordentlichen Helden erschlagen hat", rühmte sich Hagen ungeniert. Siegfried habe dafür büßen müssen, dass ich, Kriemhild, die schöne Brunhild beleidigt habe. Dies möge nun rächen wer immer es will. Mit diesen Worten bekannte Hagen öffentlich seine Schuld und räumte das Recht auf Rache ein. Jedermann konnte es hören. Doch statt nun dieses Recht zu ergreifen und ihre Königin zu rächen, musste ich erleben, wie ein Krieger nach dem anderen vor dem Kampf zurückwich. Niemand getraute sich, es mit den beiden Recken aufzunehmen, deren Rüstung in der Sonne funkelte. Ohnmächtig stand ich da. Wo bin ich? Gibt es keinen Mann, der hier zur Tat schreiten kann?

König Etzel hatte derweil die königlichen Gäste in den Saal zu Tisch bitten lassen und umsorgte sie auf das Herzlichste. Seine Freude über die Ankunft der Verwandten war ungetrübt und auch Rüdiger lobte die Treue der Ver-

wandten. Es war ein geselliger Abend, an dem es Speis und Trank in großer Fülle gab. Von vielen Wundertaten der Helden wurde berichtet. Ich konnte mich an allem nicht erfreuen.
Des Nachts schickte ich einen Trupp hunnischer Krieger zum Schlafsaal der Nibelungen. Sie konnten nichts ausrichten, da Hagen und Volker Schildwache hielten. Am nächsten Morgen erschienen sie alle in Waffen und Rüstung vor dem Münster und Hagen behauptete frech, dies sei in ihrem Land Sitte, drei volle Tage eines Festes in Waffen zu gehen. Gunther redete überhaupt nicht mehr, sondern überließ alles Sagen dem Hagen. Wer war hier König, wer Gefolgsmann? Ich schwieg dazu und Etzel wunderte sich ob des eigenartigen Brauches. Nach der Messe wurden Kampfspiele aufgeführt, denen ich an Etzels Seite zuschaute. Es blieb ritterlich, bis plötzlich Volker einem der Hunnen vor aller Augen seinen Speer durch den Leib bohrte. Großer Aufruhr entstand da unter den Verwandten des Hunnen und sie wollten Rache. Doch Etzel ging dazwischen und schlichtete den Streit mit einer Lüge: Volker treffe keine Schuld, ein Pferd sei gestrauchelt und dabei sei es geschehen. Die Pflicht gegenüber seinem Gast ließ ihn so handeln und Frieden halten. Den Männern vom Rhein wuchsen so Feinde unter den Hunnen zu, das konnte mir nur recht sein. Ich wandte mich an Dietrich von Bern mit der Bitte um Hilfe, meine Lage mache mir Angst. Er wies mich höflich ab, meine Verwandten seien vertrauensvoll ins Land gekommen, also stehe das Gastrecht höher als das Recht auf Rache an Siegfrieds Ermordung. „Immer“, klagte ich, „immer steht irgendetwas höher als mein Recht. Soll sich denn niemand finden, der mich beschützt und rächt?“
Ich versprach Blödel, dem Bruder Etzels, Silber, Gold und ein schönes Mädchen, wenn er mich von dem Mörder meines Mannes befreien würde. Unverständlich blieb mir, warum er mit seinen Mannen gegen den Saal zog, in dem die Knappen unter Dankwarts Aufsicht saßen. Blödel wurde von Dankwart erschlagen und keiner der neuntausend burgundischen Knappen überlebte. Als Einziger schleppte sich Dankwart bluttriefend zu dem Saal, in dem Gastgeber und Gäste zur Tafel saßen. Ich hatte Ortlieb, unseren kleinen Sohn, in den Saal bringen lassen und hielt ihn auf meinem Schoß. Gerade hatte Etzel voller Stolz von seinem Sohn gesprochen und ihn seinen burgundischen Verwandten anempfohlen. Sein Wunsch sei es, dass er in Worms zu Ansehen erzogen werde, bis er ein Mann ist. Nun, als Hagen von dem Blutbad im Saal der Knappen erfuhr, befahl er Dankwart, den Saalausgang sicher zu bewachen. Er wolle hier klären, wie es zum schuldlosen

Tod des Gefolges kommen konnte. Hagen rief den Hunnen zu: Er habe sagen hören, dass Kriemhild ihr Herzeleid nicht überwinden wolle. Zudem hätten ihm weise Meerfrauen auf der Fahrt ins Hunnenland vorhergesagt, dass keiner der Burgunden lebend zurückkehren würde, sondern alle bei Kriemhild den Tod fänden. „Sei es drum, trinken wir also auf die Toten mit dem Wein des Königs als Opfer. Dem jungen Herrn der Hunnen gilt der erste Trank.“ Und er schlug meinem Sohn den Kopf mit einem Schwertstreich ab. Blut spritzte mir aufs Kleid. Etzel war starr vor Entsetzen. Es begann ein grässliches Morden im Königssaal, bei dem sich zunächst Hagen und Volker hervortaten und dann alle meine Brüder mit hineingezogen wurden. In großer Angst flehte ich unseren Gefolgsmann Dietrich von Bern an, mich aus dem Saal zu retten, sonst wäre es mein sicherer Tod. Es gelang ihm, das Gemetzel zu unterbrechen und bei Gunther um freies Geleit für seine Leute zu bitten. Er führte mich und Etzel aus dem Saal, auch Rüdiger und sein Gefolge konnten den Kampf verlassen. Danach wurden alle Hunnen von den Burgunden erschlagen und aus dem Saal geworfen. Was sollte das Gemetzel, all das Bluten? Nicht darauf zielte mein Wollen. Hagen will ich, den Mörder und Räuber, sonst liegt mir an keines Mannes Tod. Ich hatte selbst zu viel Schmerz erlitten, um nicht mit den Witwen zu fühlen.

Draußen vor dem Saale stand Etzel mit seinem Gefolge und musste sich nach all den Schrecken von Hagen auch noch verspotten lassen. Warum er nicht selbst kämpfe, wie es seine Herren täten, um ein ermunterndes Vorbild für das Volk zu geben. Etzel griff kühn nach seinem Schild, doch ich hielt ihn zurück. Ein Kampf mit Hagen wäre sinnlos. Er solle lieber, riet ich ihm, Schilde voll Gold seinen Kriegern bieten, damit diese kämpfen.

Endlich entschloss sich ein tapferer Ritter, der Markgraf Iring von Dänemark, zu einem Zweikampf mit Hagen. Er wolle für sich Ehre gewinnen. Mir kam dieses Angebot recht, ich wollte nicht diese Gemetzel, bei denen so viele starben, ich wollte Strafe für Hagen. Iring kämpfte sehr wendig und tapfer, leider nützte es ihm nicht und er wurde von Hagen erschlagen. Ich weinte bittere Tränen um ihn und um die Tausend Dänen und Thüringer, die daraufhin gegen die Burgunden zogen. Auch sie fanden alle den Tod. Das Morden war nun nicht mehr aufzuhalten. Etzel trauerte um seinen Sohn und viele seiner Krieger. Es zählte kein Gastrecht mehr, er war unversöhnlich und wollte den Gästen keinen Frieden gönnen. Die Rache war nicht mehr nur mein, zu viele Menschen hatten nun eigene Gründe, die Burgunden nicht lebend davonkommen zu lassen. Die Burgunden baten um eine Nacht im Freien, um sich zu erholen, doch das verhinderte ich. Sie würden zu

schnell zu Kräften kommen und weiteres Morden wäre die Folge. Da sprach Giselher mich an. Er erinnerte mich an unsere Treue und Verbundenheit und bat um Gnade. Doch wusste ich inzwischen, dass ich auf diese Treue nicht viel geben konnte, zu oft hatte er am Ende nicht mir beigestanden, sondern sich dem Männerbund angeschlossen. Und so war es auch jetzt. „Gnade", antwortete ich dem Giselher, „kann ich nur gewähren, wenn ihr mir Hagen von Tronje, der mich so tief verletzte, allein ausliefert. Dann lasse ich euch leben, denn ihr seid meine Brüder und wir haben eine Mutter." Darauf rief Gernot, dass das niemals geschehen werde, „und selbst wenn wir tausend aus der Familie deiner Verwandten wären, wir würden eher sterben, als einen Mann zu übergeben." Auch Giselher versicherte seine Treue zu einem Freund, für die er kämpfen und sterben wolle. Für mich bedeuteten diese Worte meiner Brüder das Ende aller meiner Hoffnungen: Ich, ihre Schwester, bedeutete ihnen nichts. Sie wussten von Hagens Tun, seiner Mordtat und dem Raub des Nibelungenhortes und meinem großen Leid und waren doch nicht bereit, mich zu rächen und dem Gesetz zu folgen. Ohnmächtiger Zorn überkam mich und ich gab den Befehl, den Saal niederbrennen zu lassen, in den die letzten Burgunder zurückgedrängt worden waren. Wenn Verwandtschaft für mich nicht galt, warum sollte ich noch irgendwelche Rücksicht auf Verwandte, Brüder nehmen? Sollen sie an ihrer Kriegerehre doch zugrunde gehen! Hier fällt nur, wer ohnehin sterben muss.
Der Saal brannte die ganze Nacht und machte doch keine Ende mit den Burgunden. Am Morgen sah Rüdiger das Elend und sprach mit Dietrich, ob es nicht eine Möglichkeit gebe, zu verhandeln. Dietrich bestätigte ihm, was er schon wusste: „König Etzel will nicht, dass jemand den Kampf schlichtet." Einer der Hunnen begann über Rüdiger zu reden: „Was steht der da herum, der so viele Burgen von Etzel bekommen, und hat bislang keinen einzigen Hieb für seinen Lehnsherrn getan, dessen Schicksal ihm gleichgültig scheint." Rüdiger hörte dies, rannte voller Wut auf ihn zu und brachte ihn mit einem Faustschlag zu Tode. „Ich gab den edlen Gästen das Geleit", rief er, „und kann nicht gegen sie kämpfen." Etzel tadelte Rüdiger für sein Tun. Ich sah die Zeit gekommen, Rüdiger an sein Versprechen zu erinnern, welches er mir in Worms gegeben hatte. Jetzt war ich auf seine Dienste angewiesen. Rüdiger sagte, dass er bereit sei, seine Ehre und sein Leben aufs Spiel zu setzen wie geschworen, aber nicht seine Seele. Er habe die Gäste hergeführt und sich ihnen dadurch verpflichtet. Ich solle wissen, sprach er weiter, dass ihn verwandtschaftliche Beziehungen an die Burgun-

den binden. Auf der Herfahrt waren sie seine Gäste und wurden reich beschenkt. Er habe seine einzige Tochter mit Giselher verlobt, wie könne er das Glück seines Kindes zerstören, indem er ihren Gatten morde. Ich sah wohl, dass er sich in einer jämmerlichen Lage befand, was immer er tat, er tat Unrecht. Ich wusste nichts von der Verlobung und konnte sie jetzt nicht bedenken. Er stand in einem Treueverhältnis zu Etzel, durch das er zu Besitz und Ansehen gekommen war, und mir hatte er Treue geschworen. Wir mussten diese jetzt einfordern und knieten vor unserem Lehnsmann nieder. Unter sichtlichen Qualen entschied sich Rüdiger für seine Lehnspflicht, befahl seinen Leuten, sich zu bewaffnen, und ging zum Saal, in dem die Burgunden lagerten. Nach einiger Zeit war Kampflärm zu hören, dann setzte plötzlich Stille ein. Sie dauerte lange und Etzel wurde ärgerlich. Wir hatten den Verdacht, dass Rüdiger sich mit unseren Feinden verbündet habe, denn wir konnten nicht glauben, dass er und sein Gefolge erschlagen worden wären. Doch Volker rief, dies sei eine Verleumdung, Rüdiger habe uns bis an sein Ende treu gedient und die Burgunden schafften zum Beweis seine Leiche vor das Tor. Nun war es an uns, heftig um diesen vollkommenen Ritter zu klagen.

Von dem Klagen beunruhigt, erschienen der alte Hildebrand und weitere Gefolgsleute des Dietrich von Bern. Sie wollten wissen, was der Grund für das Klagen sei. Als sie vom Tod des Rüdiger hörten, klagten auch sie sehr und baten darum, den letzten Dienst für diesen Ritter vollziehen zu dürfen. Doch die Burgunden wollten es nicht erlauben und so kam es zum Kampf zwischen den Gefolgsleuten des Dietrich von Bern und den Burgunden. Nur der alte Hildebrand überlebte ihn schwer verletzt und er entfloh den grimmigen Schlägen Hagens, um seinem Herrn zu berichten. Auf Seiten der Burgunden lebten nur noch Hagen und Gunther. Welcher Wahnsinn hatte die Männer erfasst, die voll Stolz von der Hand eines Königs oder Helden starben! Um am Ende die beiden Männer übrig zu lassen, die Schuld an meinem Leid und das eigentliche Ziel meiner Rache waren. Die Kette des Mordens war noch nicht zu Ende, denn nun trat Dietrich von Bern zornig und bewaffnet vor Hagen und Gunther. Er forderte Auskunft von den beiden, warum sie ihm dieses Leid zugefügt und alle seine Leute erschlagen hätten. Zu König Gunther sagte er, er solle sich ihm als Geisel ergeben, zusammen mit seinem Gefolgsmann, dann wolle er ihn beschützen, so gut er könne. Dieses Angebot zum Frieden wurde von Hagen zurückgewiesen. Noch seien sie wehrhaft und könnten es wohl mit einem einzelnen Krieger aufnehmen. Die Schande, als Geisel genommen zu werden, mache ihn

zornig. So gingen denn die beiden Männer mit ihren Schwertern aufeinander los und bald brachte Dietrich von Bern dem Hagen eine tiefe Wunde bei. Er wollte den erschöpften Krieger nicht töten, sondern fesselte ihn und übergab ihn mir als Geisel. Dies war der Anblick, nach dem ich mich gesehnt hatte: Hagen, der Feind, gefesselt vor mir. Ich dankte dem edlen Ritter voller Freude und er sagte, ich solle ihn leben lassen. Hagen würde mir dann, so meinte er, Genugtuung für das leisten, was er mir angetan. Es tat mir gut, von dem edlen Mann, der mich schon manches Mal geschmäht hatte, zu hören, dass er mein Rachebedürfnis gegen Hagen anerkannte. Ich ließ Hagen in den Kerker führen. Jetzt stand einzig noch Gunther unbezwungen da und er suchte den Kampf mit Dietrich von Bern. Obwohl er sich zornesmutig schlug, wurde auch er bezwungen und gefesselt vor mich geführt. Ich hieß ihn willkommen. Auch für ihn bat der Held von Bern um Schonung, er sei wie Hagen ein vorzüglicher Ritter. Ich sicherte ihm dies zu und er verließ uns mit Tränen in den Augen angesichts der vielen Toten. Ich konnte nicht mehr weinen, meine Tränen waren längst versiegt. Ich wollte endlich Recht und von Hagen vielleicht ein Wort der Reue, eine Bitte um Verzeihung. All dies war mir lange vorenthalten worden.
Ich ging zu Hagen und sprach: „Gebt Ihr mir zurück, was Ihr mir genommen, so könnt Ihr noch lebend ins Burgundenland kommen." Finster antwortete Hagen: Dies sei unmöglich, denn er habe geschworen, solange den Hort nicht preiszugeben, wie einer seiner Herren noch lebt. Bei diesen Worten wurde mir mit letzter Gewissheit klar, dass an dem Raub alle meine Brüder beteiligt waren, sie alle waren eingeweiht, keiner, auch nicht Giselher, hatte dabei an mich gedacht. Mein Herz wurde steinhart. Ich ließ dem letzten Bruder den Kopf abschlagen, um so die Bedingung zu brechen, mit der das Geheimnis gehütet wurde. Beim Anblick des Kopfes seines Herrn sagte Hagen: „Nun sind alle außer mir tot, die um den Schatz wissen. Und von mir wirst du Teufelsweib nicht erfahren, wo er liegt, er wird dir für immer verborgen bleiben." Meine berechtigten Forderungen wollte Hagen also auch jetzt nicht erfüllen. Er zeigte weder Reue für sein Tun noch hörte ich ein versöhnliches Wort von ihm. Alles war umsonst, mein Leid sollte ungesühnt bleiben, die vielen Krieger sinnlos gefallen. Mein Blick fiel auf Balmung, welches Hagen noch immer frech trug. Wenigstens das sollte mein sein. Ich zog es ihm aus der Scheide und war überrascht über die Leichtigkeit, mit der es sich führen ließ. In diesem Moment fühlte ich mich frei und mächtig, ich hatte meine Rache selbst in der Hand, kein Weinen mehr und Klagen, kein Bitten und Flehen um Hilfe. Hagens Kopf fiel mir

vor die Füße. Mit einem süßen Gefühl sank mir das Schwert zu Boden. Brunhild kam mir plötzlich in den Sinn: sie war eine Frau, die ihr Schicksal selbst in der Hand hatte, zumindest solange sie Königin auf Isenstein war. Welch einen Verlust musste sie als Königin von Worms und Gattin von Gunther erlitten haben, wo sie ohne die Freiheit lebte, um ihr Glück selbst kämpfen zu können. Dies hatten ihr Gunther und Siegfried, ja, auch mein stolzer Siegfried genommen. Ich taumelte in meinem neuen Glück und fiel, durch einen Schwertstreich von Hildebrand getroffen, zu Boden. Oh, wie nah sind sich Glück und Schmerz! Ich hatte immer nur in dem einen oder dem anderen leben wollen, wie töricht von mir. Jetzt ist Schluss damit. Schluss.

Fred Virkus

Frauen im alten Indien: Einige Bemerkungen zu Gesellschaft, Mentalität und Rechtsverhältnissen in der Entstehungszeit des Mahābhārata

Wenn in der modernen wissenschaftlichen Literatur Rolle, soziale Position und Aktivitäten von Frauen im alten Indien untersucht und diskutiert werden, wird das Augenmerk zumeist vor allem auf ihre gegenüber dem Mann untergeordnete Stellung, ihre beschränkten Rechte und Entfaltungsmöglichkeiten sowie den generell frauenfeindlichen Gehalt vieler Passagen des altindischen Schrifttums gerichtet. Und natürlich ist nicht zu verkennen, dass es sich um wesentliche Charakteristika des Daseins und der Situation von Frauen sowie des Umgangs mit ihnen in der von Männern beherrschten Gesellschaft – oder besser: in den Gesellschaften – des indischen Altertums handelt. Doch ist zumindest fraglich, ob mit der besonderen Konzentration auf diese Aspekte das ganze Spektrum der Lebenszusammenhänge, in denen Frauen agierten, erfasst und nicht überdies vernachlässigt wird, dass es durchaus Felder gegeben haben könnte, auf denen Frauen ein gewisses Maß an Eigeninitiative entwickeln und sogar selbständige Entscheidungen treffen konnten. Wenn im Folgenden teilweise auch einigen in eine solche Richtung deutenden Hinweisen und Auskünften in der altindischen Literatur nachgegangen werden soll, dann ist damit nicht beabsichtigt, bezüglich „der Lage der Frau" ein grundsätzlich neues oder gegenüber bereits vorliegenden Arbeiten zu diesem Thema vollkommen anderes Bild zu zeichnen. Hier kann lediglich auf Gesichtspunkte und Gegebenheiten aufmerksam gemacht werden, die bislang nur wenig Berücksichtigung gefunden zu haben scheinen. Eine gewisse inhaltliche Begrenzung ergibt sich daraus, dass aufgrund der Quellenlage und des Informationsgehalts der Schriftzeugnisse, die uns zur Verfügung stehen, die Rolle von Frauen vor allem in solchen Lebens- und Tätigkeitsbereichen etwas genauer beleuchtet werden kann, die auch im alten Indien als Männerdomänen betrachtet wurden – Politik, Religion und Wirtschaft. Allerdings stellt sich, was diese Sphären angeht, die Sachlage partiell eher widersprüchlich dar. Herangezogen wurden hauptsächlich

Texte und Beispiele, die sich mit Sicherheit oder großer Wahrscheinlichkeit jener Zeit – vom 4. Jh. v. Chr. bis zum 4. Jh. n. Chr. – zuordnen lassen, in der auch das Mahābhārata entstand. Zudem handelt es sich ausschließlich um solche Werke des altindischen Schrifttums, in denen, ebenso wie in dem Epos, die brahmanisch-hinduistische Weltsicht vertreten wird; buddhistische oder jainistische Quellen mit auszuwerten, würde den hier gesetzten Rahmen sprengen.

Die genannte, sich also über 700 bis 800 Jahre erstreckende Epoche der Geschichte des alten Indien war durch vielfältige Entwicklungsprozesse und Wandlungen gekennzeichnet. Das politische Geschehen jener Jahrhunderte gestaltete sich z.T. recht wechselhaft. Auf Perioden, in denen überregionale Großreiche dominierende staatliche Formationen darstellten (die Reiche der Mauryas, Sātavāhanas, Kuṣāṇas und Guptas) folgten Phasen, in denen kleinere regionale und lokale Herrschaftsbereiche die politische Landkarte Südasiens bestimmten. Entscheidend dabei ist aber, dass sich bis zum Ende des hier relevanten Zeitraums in vielen Teilen Indiens staatliche Strukturen herausgebildet und durchgesetzt hatten, wenngleich es weiterhin Gebiete gab, in denen Stammesgesellschaften bestanden. Auch in ökonomischer Hinsicht bot Indien ein Bild der Vielfalt. Vor allem aus der Guptazeit liegen uns Zeugnisse vor, die vom Bestreben nach der Erschließung neuer Flächen für die landwirtschaftliche Nutzung künden. Zugleich kam es wohl speziell im mittleren Gangestal zu einer Verschlechterung der ökologischen Verhältnisse. Die Außenhandelsbeziehungen nahmen einen bedeutenden Aufschwung. Dies gilt insbesondere für die Kontakte zur Mittelmeerwelt, die sich allerdings in der Krisenperiode und Spätphase des Römischen Reiches wieder abgeschwächt zu haben scheinen. Die wirtschaftlichen und kulturellen Verbindungen mit Südostasien hingegen intensivierten sich kontinuierlich. In den frühen Jahrhunderten n. Chr. erlebte auch die altindische Stadtkultur eine Blütezeit, doch ab dem 3. Jh. beginnt sich in einigen Regionen eine Krise und sogar ein gewisser Niedergang des Städtewesens abzuzeichnen. Ähnliches lässt sich für Geldwirtschaft und Münzprägung konstatieren, deren Umfang in der Guptazeit zurückging. Was die Sphäre der Kultur anbetrifft, können diese Jahrhunderte als eine Zeit angesehen werden, in der z.B. auf dem Gebiet der bildenden Kunst große Leistungen vollbracht wurden. Ebenso handelte es sich um eine Phase außerordentlicher literarischer Produktivität. Wichtige Quellen aus dieser Periode sind neben den Epen z.B. eine Reihe von brahmanischen Rechtstexten, so insbesondere das Rechtsbuch des Manu, das Mānavadharmaśāstra bzw. die

Manusmṛti, das der Zeit zwischen dem 2. Jh. v. Chr. und dem 2. Jh. n. Chr. zugeschrieben wird. Hinzu kommen die Rechtsbücher des Yājñavalkya und des Viṣṇu aus dem 1. bis 3. Jh. n.Chr. sowie die des Nārada, Bṛhaspati und Kātyāyana aus der Guptaperiode (4. bis 6. Jh.). In den Jahrhunderten um die Zeitenwende wurde auch das Kauṭilīya Arthaśāstra, das „Staatslehrbuch des Kauṭilya", verfasst, das uns wie die Rechtsliteratur zur hier behandelten Thematik manchen interessanten Hinweis liefert. Gerade im Hinblick auf Stellung und Rolle der Frauen ist noch ein weiterer Text, der in dieser Zeit entstand, von außerordentlicher Bedeutung: das Kāmasūtra, der „Leitfaden der Liebeskunst" des Vātsyāyana, der ein gelehrter Brahmane gewesen sein könnte. In das 4. oder 5. Jh. n. Chr. fällt auch das Wirken des Kālidāsa, des berühmtesten Dichters des indischen Altertums, dessen Werke im Hinblick auf die „Frauenproblematik" ebenfalls eine gewisse Relevanz besitzen.

Um einschätzen zu können, inwieweit die uns zur Verfügung stehenden Schriftquellen tatsächlich über „die Frauen" oder „die Situation der Frauen" im alten Indien Auskunft erteilen können, müssen wir uns zunächst über den Charakter und Aussagegehalt dieser Texte im Klaren sein, insbesondere jener, denen eine gewisse normative Geltung zugeschrieben werden kann bzw. die eine solche beanspruchen. Was z.B. die Dharmaśāstras, die brahmanischen Rechtsbücher, angeht, enthalten diese in erster Linie Vorgaben für einen den in ihnen vertretenen Auffassungen entsprechenden Kodex von Normen und Verhaltensregeln, d.h. sie entwerfen ein Modell der nach speziellen religiösen und sozialtheoretischen Kriterien als richtig angesehenen Lebensweise. Es handelt sich also nicht um Gesetzessammlungen o.ä., deren Inhalt uns Aufschluss über die rechtlichen und gesellschaftlichen Gegebenheiten in einem konkreten Staatswesen liefern würde. Somit ist davon auszugehen, dass diese Texte die Sicht des Brahmanentums – bzw. bestimmter Kreise innerhalb desselben – und zumindest teilweise die Anschauungen der oberen Schichten insgesamt widerspiegeln. Auch das Kauṭilīya Arthaśāstra stellt eher eine Abhandlung über politische Theorie dar. Ob und inwieweit seine Verfasser das Maurya- bzw. irgendein anderes indisches Reich oder gar nur ein kleineres Herrschaftsgebiet vor Augen hatten, ist uns nicht bekannt. All dies schließt nicht aus, dass auch Nachrichten über lokale und regionale Sitten und Gepflogenheiten oder Konventionen und Rechtsvorstellungen verschiedener sozialer oder ethnischer Gruppen in ihnen verarbeitet worden sein oder zumindest eine gewisse Berücksichtigung erfahren haben könnten. Dabei muss auch beachtet werden, dass im alten Indien, was die Lage von Frauen, die Familienverhältnisse und andere Elemente der Beziehungen zwischen den Geschlechtern anbetrifft, deutliche regionale und gruppenspezifische Eigenheiten und Besonderheiten existiert haben dürften. Dies lässt sich nicht zuletzt darauf zurückführen, dass auf dem südasiatischen Subkontinent im Altertum hinsichtlich des gesellschaftlichen und kulturellen Entwicklungsniveaus außerordentliche Unterschiede bestanden. Somit kann es auch nicht verwundern, dass wir z.B. in den Dharmaśāstras zu manchen Fragen auf unterschiedliche, z.T. sogar gegensätzliche Ansichten stoßen. Ebenso darf nicht aus dem Blick geraten, dass, wenn es um Frauen im alten Indien geht, wir es natürlich mit Frauen aus sehr verschiedenen Lebenswelten und gesellschaftlichen Milieus zu tun haben. Dieser Umstand bleibt in den Texten nicht völlig ausgespart, doch gewinnt man oftmals den Eindruck, dass in den diesbezüglich relevanten Passagen die „Frau schlechthin“ den Gegenstand der Betrachtung darstellt. Gemeint ist aber die Frau, die ein den Lehren der brahmanischen Rechtsdenker und anderer Autoren gemäßes Leben führt bzw. führen soll – oder dies eben nicht tut.

Von besonderem Interesse ist somit für uns vor allem die Frage, welche Themenbereiche in den Quellen überhaupt erörtert werden und welche moralische Bewertung dabei mit anklingt. Im Folgenden geht es also weniger um die Rolle und Stellung von Frauen in der altindischen Gesellschaft, als um vielmehr das Bild, das in den herangezogenen Texten dazu gezeichnet wird. Inwieweit sie uns tatsächlich Hinweise und Informationen zu den Lebensumständen und Betätigungen von Frauen liefern, müsste somit von Fall zu Fall gesondert untersucht werden. Denn es ist zumindest damit zu rechnen, dass ihre Aussagekraft zur hier behandelten Thematik – dies gilt manchmal auch für verschiedene Passagen in ein und demselben Werk, insbesondere die einzelnen Bestimmungen in den Dharmaśāstras – unterschiedlich veranschlagt werden muss. So sollten z.B. speziell Restriktionen, die vor allem in der Rechtsliteratur gegen Frauen ausgesprochen werden, mit Blick auf ihren Realitätsgehalt und ihre inhaltliche Relevanz einer eingehenderen Prüfung unterzogen werden. Gerade der Umstand, dass die brahmanischen Autoren zur Lebensweise und zu den möglichen Aktivitäten von Frauen, sei es auf religiösem oder anderen Gebieten, sehr harsche Auffassungen vertreten und für manche – als solche angesehene – „Vergehen“ von Frauen harte Strafen fordern, könnte eher darauf hindeuten, dass sie sich des begrenzten Einflusses ihrer Anschauungen und Sichtweisen durchaus bewusst gewesen sein dürften.

Vor Augen halten müssen wir uns außerdem, dass die Texte, mit denen wir uns im Folgenden beschäftigen werden, wahrscheinlich allesamt aus der Feder von Männern stammen. Denn obwohl wir sicher davon ausgehen können, dass zumindest einige Frauen über die Schreib- und Lesefähigkeit verfügten, liegen uns aus der hier relevanten Zeit keinerlei Schriftquellen vor, die unzweifelhaft durch Frauen selbst oder auf deren Geheiß hin verfasst worden wären. Somit wissen wir natürlich auch nur wenig über die Selbstbilder und die Selbstwahrnehmungen von Frauen. Zwar besitzen wir viele Inschriften, die über religiöse Schenkungen und Stiftungen durch Frauen Auskunft geben (wir werden auf einige von ihnen zurückkommen), doch bedeutet dies nicht, dass wir sie ohne weiteres als „Frauendokumente" bezeichnen können. Selbst wenn die jeweiligen Schenkerinnen oder Stifterinnen die Texte selbst ausformuliert hätten oder wenigstens daran beteiligt gewesen sein sollten, unterscheiden sich diese Urkunden in Sprache und Aussagegehalt für gewöhnlich nicht von jenen, in denen von religiösen Zuwendungen durch Männer berichtet wird. So verraten sie uns über die spezielle Lebenssituation der betreffenden Frauen in der Regel nur wenig und über deren eigenständige Anschauungen und Einstellungen in der Regel gar nichts, wenn wir einmal davon absehen, dass Frauen natürlich auch im alten Indien „männliche" Sichtweisen, Haltungen und Überzeugungen geteilt haben können. Frauen haben somit im uns bekannten Schrifttum der behandelten Zeit keine eigene Stimme, soweit wir außer Acht lassen, dass ihnen in von Männern verfassten Texten wie Dramen, Epen u.a. gewissermaßen „das Wort erteilt" wird. Dies bedeutet zumeist, dass den weiblichen Protagonistinnen vorzugsweise Äußerungen in den Mund gelegt werden, wie sie den männlichen Autoren genehm sind bzw. die ihren Vorstellungen von Frauen entsprechen. Allerdings verdient die Darstellung von Frauen in der Literatur des alten Indien in einer Hinsicht besondere Aufmerksamkeit. Anhand vieler Beispiele ließe sich aufzeigen, dass im altindischen Schrifttum Reaktionen von Frauen in bestimmten Situationen offenbar als ein Kriterium für die Beurteilung und Bewertung des Verhaltens und der Taten von Männern galten. Nur eines davon sei hier angeführt, wobei es sich um eine der wohl bekanntesten Passagen aus der religiösen Literatur des indischen Altertums handelt. Am Beginn der Bhagavadgītā stehen sich die Kauravas und die Pāṇḍavas, die beiden feindlichen Parteien, deren Auseinandersetzung die Kernhandlung des Mahābhārata bildet, mit ihren Heeren kampfbereit gegenüber. Einer der fünf Brüder der Pāṇḍavas, Arjuna, wird angesichts des bevorstehenden Schlachtens von großen Zweifeln befallen, die er seinem Wagenlenker, dem Gott Kṛṣṇa, vorträgt. Dabei sind es nicht zuletzt die Konsequenzen, die das gegenseitige Töten für die gesellschaftliche Ordnung haben kann, welche Arjuna in außerordentliche Besorgnis geraten lassen. „Wenn eine Familie untergeht, verschwinden die ewigen Bräuche der Familien. Hat aber das Gesetz keinen Bestand, überkommt der Niedergang des Rechts das ganze Geschlecht. Wegen der Überhandnahme des Unrechts, o Kṛṣṇa, fallen die Frauen der Familie der Verderbnis anheim. Sind jedoch die Frauen sündhaft geworden ..., erfolgt die Vermischung der varṇas. Die Vermengung ist die Hölle für die Mörder der Familien wie für diese. Denn ihre Ahnen, die nun der Opfer mit Reismehlklößen und Wasser beraubt werden, stürzen herab. Aufgrund dieser Missetaten der Familienschlächter, die die Vermischung der varṇas bewirken, werden die ewig gültigen Gesetze der Stände und Familien vernichtet." (Bhg I, 40-43) Vergehen, Verbrechen, Verfehlungen von Männern, so wird hier nahegelegt, führen notwendigerweise dazu, dass auch Frauen ihre Pflichten vergessen und die ihnen vorgeschriebenen Normen verletzen, insbesondere im Hinblick auf die Sexualmoral, was schwerwiegende soziale und religiöse Verwerfungen nach sich ziehen muss. Verhalten und Handlungen der Männer haben somit zwangsläufig Auswirkungen auf Tun und Lebensführung der Frauen, so dass deren Reaktionen in gewisser Weise als eine Art Maßstab für die moralische Klassifizierung der Ersteren angesehen werden. Dies heißt aber nicht, dass Frauen wenigstens in mancher Hinsicht besonders geschätzt und geachtet worden wären, sondern hängt mit dem oftmals negativen Frauenbild altindischer Autoren zusammen. Denn in der zitierten Passage wird offensichtlich davon ausgegangen, dass die unterstellten oder angenommenen Reaktionen der Frauen auf ein von Männern initiiertes – allerdings ohnehin schon mit Tod und Vernichtung einhergehendes – Geschehen in höchstem Grade zerstörerischen Charakter haben müssen.

Unbestritten ist natürlich, dass Frauen im alten Indien, ebenso wie in anderen alten Kulturen, eine gegenüber dem Mann grundsätzlich niedrigere Stellung zugewiesen wird und zudem, wie schon bemerkt, zahlreiche Passagen aus der altindischen Literatur in der Tat ein negatives Frauenbild vermitteln. Diesem liegt die Auffassung zugrunde, dass Frauen generell einen zweifelhaften Charakter aufweisen und für Männer eine Quelle vielerlei Gefährdungen darstellen würden. So deklariert insbesondere Manu: „Es ist die Natur der Frauen, in dieser Welt das Übel für die Männer herbeizuführen. Daher sollen (sogar) die Weisen in Gegenwart von Frauen nicht unachtsam werden. Neben dem Unkundigen kann die Frau in der Welt auch einen Wissenden auf Irrwege leiten, wenn er von Gelüsten und Zorn überwältigt wird." (Manu II, 213-214) Mögliche Gründe für die Verdorbenheit von Frauen wären Manu zufolge das Trinken von Alkohol, die Gesellschaft „schlechter Menschen", das Getrenntsein vom Gatten, das „Herumstreunen", „unangemessenes" Schlafen – d.h. zu lange oder zur Unzeit – und Quartiernahme in den Häusern anderer Männer (Manu IX, 13). Frauen gäben sich Männern hin, ohne dass deren Alter oder Aussehen für sie von Bedeutung ist, und wegen ihrer Besessenheit, was Männer angeht, sowie ihrer Unbeständigkeit und Gefühllosigkeit lassen sie es an Treue gegenüber ihrem Ehemann fehlen, wie streng sie auch immer überwacht werden mögen (Manu IX, 14-15). Manu, Sohn des Schöpfergottes Brahmā und Stammvater der Menschheit – ihm wird auch die Abfassung des Mānavadharmaśāstra, des „Rechtsbuches des Manu" zugeschrieben –, soll den Frauen Bett, Sitzstätte und Schmuck, des Weiteren aber kāma, den sinnlichen Genuss, zugewiesen und sie außerdem mit Wut, Verlogenheit sowie feindseligem und üblem Verhalten ausgestattet haben (Manu IX, 17). Derartige Anschauungen klingen z.B. auch im Kāmasūtra des Vātsyāyana an. Als Ursachen „für den Untergang von Frauen" benennt dieser den exzessiven Besuch von Geselligkeiten, Hemmungslosigkeit, Unachtsamkeit im Hinblick auf ihren Gatten, Freizügigkeit im Umgang mit Männern, Abwesenheit des Ehemannes, wenn er auf Reisen ist, eigene Reisen ins Ausland, Verringerung der Mittel zum Lebensunterhalt, Verkehr mit Frauen, die keine Grenzen kennen, und Eifersucht ihres Gatten (Kām. V, 6, 45). Immerhin zieht der Autor hier auch Faktoren in Betracht, für die die Frauen nicht verantwortlich gemacht werden können.

Verhalten und Lebensführung von Frauen gehören des Weiteren zu den Elementen der Beschreibung des kaliyuga, des schlechtesten der sich in einem kosmischen Zyklus immer wieder aufs Neue wiederholenden Weltzeitalter: Eheschließungen werden hier nicht mehr unter Beachtung und Vollzug der vorgeschriebenen Riten und Zeremonien abgehalten. Frauen überlassen sich ihren Neigungen und sind stets auf ihr Vergnügen bedacht, ihren Eltern und Ehemännern verweigern sie den Gehorsam und werden danach streben, Verbindungen mit Menschen von verdorbenem Charakter einzugehen. Frauen suchen sich ihre künftigen Gatten nicht nach deren varṇa-Zugehörigkeit, sondern mit Blick auf ihre Vermögensverhältnisse aus und werden sie verlassen, falls sie in Armut geraten sollten. Nur die

Reichen unter ihnen werden von den Frauen als ihre Herren akzeptiert. Zwischen den Geschlechtern entsteht ein zahlenmäßiges Missverhältnis, es werden nur noch wenige Söhne und viele Töchter geboren, die Anzahl der Frauen wird die der Männer zunehmend übersteigen. Immer häufiger werden Abtreibungen vorgenommen. Dies trägt dazu bei, dass sich die Lebensdauer der Menschen verkürzt und ihre Körperkraft verfällt. Da Promiskuität sich ausbreitet und die Sitten verwahrlosen, werden die Mädchen bereits sehr früh Kinder zur Welt bringen. Bei Männern ist zu erwarten, dass sie im Alter von zwölf ergraut sein werden, und niemandem wird es vergönnt sein, über das zwanzigste Lebensjahr hinauszugelangen.
Frauen werden hinsichtlich der Gestaltung ihres Lebens sowie ihrer Aktivitäten vielfältige Restriktionen auferlegt. Dazu gehört insbesondere, dass sie ständig, d.h. lebenslang zu überwachen sind. Denn Frauen müssen davon abgehalten werden, erklärt Manu, üblen Neigungen nachzugeben, wie geringfügig diese sich auch ausnehmen mögen, andernfalls werden durch sie zwei Familien von Leid und Schmerz heimgesucht (Manu V, 149 und IX, 5). In jedem Lebensstadium soll die Frau unter Aufsicht eines Mannes stehen, als Kind und junges Mädchen, bis zu ihrer Heirat, der des Vaters, als Ehefrau natürlich der ihres Gatten, aber auch als Witwe noch unter der des Sohnes bzw. der Söhne oder, falls solche nicht vorhanden sind, anderer männlicher Verwandter (Manu V, 147-148 und IX, 3; Yājñ. I, 85 und Viṣ. XXV, 13). Selbst eine „Frau ohne Mann", wenn dieser also verstorben ist oder sie verlassen hat, möge nicht ohne Angehörige leben, fordert das Rechtsbuch des Yājñavalkya, seien es ihre eigenen oder die des Gemahls (Yājñ. I, 86). Dabei kann eine wirksame Kontrolle der Frauen nicht allein durch Zwang erreicht werden, sondern ebenso dadurch, dass man ihr Beschäftigungen wie Arbeiten im Haus, aber auch die Einnahme und Ausgabe von Geld, also bestimmte wirtschaftliche Betätigungen außerhalb des Hauses zuweise (Manu IX, 11).

Die Funktion der Frau besteht vor allem darin, Nachkommenschaft zu gebären, und zwar insbesondere männliche. „Denn wegen der Söhne sind Frauen da", lesen wir z.B. bei Kauṭilya, der demgemäß auch verfügt, dass eine Ehefrau „um eines Sohnes willen" mit ihrem Gatten sogar dann Geschlechtsverkehr haben soll, wenn dieser aussätzig oder wahnsinnig ist, wogegen im umgekehrten Fall dem Gatten dergleichen nicht abzuverlangen sei (KA III, 2, 42 und 46-47). Zu berücksichtigen ist hier zudem die altindische Vorstellung, dass der Mann der Spender des Saatguts, die Frau hingegen die

Erde sei, in die das Saatgut ausgesäht wird. Dieses aber soll Vorrang gegenüber dem Boden besitzen, denn von ihm hängt ab, wie die Bodenfrucht beschaffen sein wird. Der Mann wird also bei der Erzeugung der Nachkommenschaft als der aktive oder gebende Beteiligte angesehen, daher „gehört" ihm auch seine Frau, da sie ja lediglich von ihm die Saat empfängt (Manu IX, 33-42; Nārada XII, 19).
Große Aufmerksamkeit wird des Weiteren der Rolle, Stellung und Lebensführung von Witwen zugewandt. Doch handelt es sich hier bereits um ein Thema, zu welchem in den Texten in manchen Punkten unterschiedliche Auffassungen vorgebracht werden. Manu z.B. nimmt eine sehr restriktive Haltung ein und verlangt, dass eine Witwe sich in sexueller Enthaltsamkeit übe, auch nach dem Tod ihres Gatten nichts tue, das ihn verärgern könnte, Geduld und Selbstbeherrschung zeige und nicht einmal den Namen eines anderen Mannes erwähnen dürfe. Des Weiteren verkündet er, dass eine tugendsame Gattin, die nach dem Tode ihres Mannes in Keuschheit lebt, selbst in den Himmel gelangen wird, auch wenn sie keinen Sohn hat. Eine Witwe jedoch, die aus ihrem Kinderwunsch heraus die Treue zu ihrem verstorbenen Gatten aufgibt, bedeckt sich in dieser Welt mit Schande und geht des Platzes an der Seite ihres Mannes in der jenseitigen Welt verlustig (Manu V, 156-161). Doch auch Manu war sich dessen bewusst, dass Witwen zuweilen neue Ehen schlossen, und er nimmt sogar Bezug auf einen Zweimalgeborenen, dessen Mutter eine Wiederverheiratete ist, allerdings nur, um auszuführen, dass ein Geschenk an einen solchen „eine Opfergabe" wäre, „die in Asche geworfen", d.h. sinnlos geopfert wurde (Manu III, 181). Der Sohn einer Witwe, die wieder geheiratet hat, soll zudem nicht bei einem śrāddha-Opfer, also einem Opfer für die Ahnen, anwesend sein dürfen (Manu III, 155). Eine andere Position bezieht hierzu Bṛhaspati, der sogar verlangt, dass die Witwe selbst für die regelmäßige Abhaltung des śrāddha-Opfers Sorge tragen möge (Bṛh. I, 26, 97).

Zur Wiederverheiratung von Witwen äußert sich z.B. auch das Kauṭilīya Arthaśāstra. Eine solche wird zwar als prinzipiell möglich angesehen, soll aber mit gewissen Bedingungen verknüpft sein, wobei diese insbesondere die Besitzansprüche und die materielle Sicherstellung der Frauen betreffen. Aus den entsprechenden Passagen wird ersichtlich, dass die Frau in der Frage, ob sie eine neue Ehe eingeht, sich einer gewissen Entscheidungsfreiheit erfreuen soll, nur muss sie, falls sie einen solchen Schritt tut, damit rechnen, dass dies bestimmte erb-, eigentums- und versorgungsrechtliche

Konsequenzen für sie haben wird (KA III, 2, 19-33). Dabei finden sich gerade im Arthaśāstra auch Hinweise darauf, dass Witwen keinesfalls immer in wirtschaftlich besonders schlechten Verhältnissen gelebt haben müssen. So ist z.B. davon die Rede, dass ein Prinz, der bei seinem Vater nicht in Gunst steht und somit wohl auch unter Mittellosigkeit leidet, u.a. sich den Besitz einer reichen Witwe aneignen möge (KA I, 18, 9). Außerdem wird empfohlen, dass Agentinnen eines Königs sich als wohlhabende Witwen ausgeben und durch die Inszenierung von Erbschaftsstreitigkeiten bestimmte politische Wirrnisse stiften sollen (KA XI, 42). An anderer Stelle kommt die Sprache auf eine „selbständig lebende" Witwe, deren Vergewaltigung mit einer Geldstrafe geahndet werden soll (KA III, 20, 16). Kauṭilya nimmt aber auch Bezug auf arme Witwen, die ihren Lebensunterhalt verdienen müssen und sich zu diesem Zweck in den Häusern gehobener Würdenträger verdingen sollen, um dort für den Herrscher als Spioninnen zu fungieren.
Der Brauch der Witwenverbrennung war bereits bekannt – Hinweise darauf finden sich in verschiedenen Schriftquellen, so den Epen, Rechtstexten, in der schönen Literatur und sogar in einer Inschrift –, doch kann keine Rede davon sein, dass er ein grundlegendes Merkmal des Umgangs mit Witwen im alten Indien dargestellt hätte oder wenigstens sehr weit verbreitet gewesen wäre.

Trotz einer generell negativen Haltung gegenüber Frauen sollen diese aber auch nach brahmanischer Rechtsvorstellung Männern nicht schutzlos ausgeliefert sein. So fordert z.B. Yājñavalkya, dass über einen Mann, der seinen Bruder oder seine Frau mit Schlägen traktiert, eine Geldstrafe verhängt werde (Yājñ. II, 232). Dasselbe soll für jemanden gelten, der den Fötus einer Sklavin tötet (Yājñ. II, 236), sowie für eine Schwester und einen Bruder oder einen Mann und eine Frau, die einander verlassen, ohne dass der jeweils andere aus seinem varṇa ausgestoßen wurde (Yājñ. II, 237). Eine Geldstrafe soll überdies im Fall der Beschimpfung einer Frau gezahlt werden, wobei der doppelte Betrag angesetzt wird, wenn ihr zu Unrecht ein Schuld-vorwurf gemacht oder Anklage gegen sie erhoben wurde, eine Bestimmung, die uns gleichermaßen aus dem Arthaśāstra bekannt ist (Yājñ. II, 289; KA III, 3, 14). Auch die Vergewaltigung von Frauen wird natürlich als ein strafwürdiges Delikt angesehen und kann mit Geldbußen, aber auch mit dem Abhacken der Hand oder sogar – wenn die Betroffene aus dem höchsten varṇa stammt – der Todesstrafe geahndet werden (Yājñ. II, 288).

Selbst der erzwungene Geschlechtsverkehr mit einer Sklavin soll nach Yājñavalkya strafbar sein (Yājñ. II, 291).
Nicht zu vergessen ist allerdings, dass solche Vorkehrungen zum Schutz von Frauen auch im besonderen Interesse der Männer, speziell ihrer männlichen Verwandten, lagen. Ihre physische und sexuelle Unantastbarkeit war nicht nur für Ruf und Status der Familien, einschließlich ihrer weiblichen Angehörigen, von außerordentlicher Bedeutung, sondern stellte auch insofern ein wichtiges Erfordernis dar, als es hinsichtlich der legitimen Abstammung der Kinder eines Mannes keine Zweifel geben durfte. Andernfalls konnten im Hinblick auf die erbrechtlichen und somit die Eigentumsverhältnisse sowie die Wirksamkeit der Opfer für die Ahnen schwerwiegende Konsequenzen entstehen. Die Verteidigung von Frauen gegen üble Nachrede und Diffamierung war schon deswegen geboten, weil derartige verbale Beleidigungen auch in Bezug auf Ehre, öffentliche Wahrnehmung und Stellung ihrer männlichen Verwandten negative Auswirkungen haben konnten. Darüber hinaus war notwendig, dass die Frau eine gewisse Sicherheit genoss – sei es unter moralischem, sozialem oder physischem Aspekt –, damit sie ungehindert und ungestört die ihr zugewiesenen Pflichten erfüllen konnte. Ebenso sollte ein Mann auf eine gewisse Stabilität in seinen häuslichen Verhältnissen bedacht sein, wiederum um mit ganzer Energie und Konzentration seinen Aufgaben und Angelegenheiten außerhalb von Haus und Familie nachgehen zu können.
Die bisherigen Ausführungen hatten vor allem einige allgemeine Aspekte der Lebensverhältnisse von Frauen sowie die Sichtweise bestimmter männlicher Autoren im Hinblick auf diese zum Gegenstand. Im Weiteren soll etwas eingehender hinterfragt werden, ob und wenn ja, auf welchen Gebieten Frauen bis zu einem gewissen Grade eigenständige Aktivitäten entwickeln konnten – und dies wohl auch taten – oder zumindest spezielle, ihnen durch Männer zugewiesene Funktionen zu erfüllen hatten. Was den Bereich der Politik angeht, lässt sich aus den Quellen entnehmen, dass wenigstens bestimmte Gruppen von Frauen in die Bemühungen zur Realisierung politischer Bestrebungen von Herrschern einbezogen werden sollten, wobei sie insbesondere mit solchen Aufgaben zu betrauen waren, die zweifellos auch im alten Indien als moralisch fragwürdig galten. Vor allem das Kauṭilīya Arthaśāstra liefert zu diesem Punkt eine ganze Reihe von Hinweisen und Vorschlägen. Frauen sollen z.B. im Spionage- und Kontrollwesen eine bedeutsame Rolle spielen. So heißt es in dem Kapitel, in welchem die Rekrutierung und das Vorgehen von Geheimagenten er-

örtert werden, dass sich Wandernonnen, arme Witwen sowie „kahle“ und „niedrigstehende“ Frauen Zugang zu den Häusern hoher Würdenträger verschaffen mögen, und zwar, um Informationen über diese zu sammeln, denn sie werden unter den „umherziehenden Spionen“ mit aufgeführt (KA I, 12, 4-5). Des Weiteren ist von Frauen die Rede, die Erkundigungen über das Privatleben von Beamten einziehen sollen, Bettelnonnen, kunstfertigen Frauen und Sklavinnen, die diese Nachrichten weitergeben, und Handwerkerinnen, die als „Spioninnen in den inneren Gemächern“ von feindlichen Herrschern klassifiziert werden (KA I, 12, 9; I, 12, 13 und I, 12, 21). Ähnliche Funktionen sollen Kauṭilya zufolge Prostituierte und weibliche Angestellte („Dienerinnen“) in Schankstuben wahrnehmen (KA II, 25, 15). Zur Erreichung politischer Ziele mögen Frauen auch täuschen, manipulieren, verführen. So stoßen wir auf die Empfehlung, dass ein Herrscher auf einem Ausflug Verrätern in seinem eigenen Umfeld dadurch Ehre erweise, dass er sie in seiner Nähe Quartier nehmen lasse; des Nachts sollen sie dann in den betreffenden Räumlichkeiten mit „schlechten Frauen“ in Gewändern von Königinnen „erwischt“ werden, so dass ein Vorwand gegeben ist, die dem Anschein nach „Überführten“ zum Tode zu verurteilen (KA V, 1, 28-29). Frauen können nach Kauṭilya außerdem dafür sorgen, dass innerhalb bestimmter gesellschaftlicher Gruppen Spannungen und Konflikte entstehen. Besonders ausgiebig wird dieses Thema mit Blick auf politische Formationen behandelt, die man als „Stammesaristokratien“ oder „Stammesoligarchien“ bezeichnen könnte. Einerseits sollen Frauen Streitigkeiten unter den Oberhäuptern derselben anzetteln, andererseits dazu beitragen, in den einzelnen Gemeinschaften selbst Unfrieden zu stiften (KA XI, 34-52). Erörtert wird auch, auf welche Weise durch Frauen feindliche Militärbefehlshaber und Würdenträger zu beeinflussen oder auszuschalten wären oder im gegnerischen Heer Unruhe verursacht werden kann. Dabei sollen sie sich ihrer Verführungskünste ebenso bedienen wie der Methode der Einflüsterung und gegebenenfalls Giftmorde begehen (KA XII, 2, 12 und XII, 4, 9). Von durch Frauen auszuführenden Auftragsmorden ist auch an anderen Stellen die Rede. Sogar die Möglichkeit der Beseitigung feindlicher Herrscher durch Frauen wird in Betracht gezogen. Zudem besitzen wir, wenn auch nur sehr wenige, Hinweise darauf, dass es im Dienst von Herrschern Waffenträgerinnen gab. Im Kauṭilīya Arthaśāstra heißt es, dass ein Herrscher, der sich vom Lager erhoben hat, von „Frauen mit Bögen“ umgeben sein möge (KA I, 21,1), und in dem Drama Śakuntalā des Kālidāsa wird der König Duṣyanta von „Yavanamädchen, die seine Bögen in den Händen halten“, begleitet. Diese könnten also als eine Art Leibwache fungiert haben (Śak. II, 1).

Es ist sicher deutlich geworden, dass nach altindischer Anschauung Frauen im politischen Leben und Geschehen sich vor allem auf dem Feld der Intrige und Manipulation betätigen sollen. Von der Verteilung tatsächlicher Machtpositionen bleiben sie ebenso ausgeschlossen wie von grundlegenden Entscheidungsprozessen. Doch wird Frauen zumindest indirekt zugebilligt, dass sie unter bestimmten Bedingungen eine gewisse Macht erlangen bzw. über eine solche verfügen können, dass sie sich in diversen Wissensgebieten auskennen müssen, ihnen manchmal spezielle Informationen zugänglich sein sollen und sie folglich die Kompetenz besitzen, diese in „richtiger“, d.h. machtpolitisch oder interessensmäßig relevanter Weise zu deuten und zu gewichten. Somit wird stillschweigend vorausgesetzt, dass sie auch in der Lage wären, schwierige Situationen zu meistern und komplexe Sachverhalte zu erfassen, was wiederum das insgeheime Eingeständnis beinhaltet, dass ihnen u.a. ein hohes Maß an Intelligenz, psychologischem Einfühlungsvermögen und Geschick im Umgang mit Menschen eigen sein kann.
Etwas anders stellt sich die Sachlage in Bezug auf Frauen dar, die selbst der politischen Oberschicht angehörten, insbesondere auf Herrscherinnen. Doch auch was diese angeht, wird in den Quellen ein ambivalentes Bild gezeichnet. Die Ehefrau des Herrschers wird – ebenso wie andere Frauen, aber auch sonstige Verwandte – gerade im Kauṭilīya Arthaśāstra als eine Quelle von Gefahren für diesen angesehen. So finden wir dort dargelegt, dass ein König sein Reich schützt, wenn er selbst Schutz genießt, und zwar vor seiner näheren und nächsten Umgebung wie vor seinen Feinden, insbesondere jedoch vor seinen Ehefrauen und Söhnen (KA I, 17, 1). Bezüglich der Ehefrauen schreibt Kauṭilya u.a. vor, dass der König seine Gattin ausschließlich in seinen eigenen Gemächern treffen soll, nachdem sie von vielleicht eigens damit betrauten alten Frauen auf ihre Unverdächtigkeit hin überprüft worden ist (KA I, 20, 14). Besucht er sie in ihren Räumen, kann ihm dies zum Verhängnis werden. Kauṭilya verweist auf eine Reihe von Fällen, in denen Herrscher in den Gemächern ihrer Gemahlinnen durch diese selbst oder durch männliche Angehörige – wie Söhne oder Brüder – getötet wurden (KA I, 20, 15-16).

Die weibliche Umgebung eines Herrschers umfasste – vom Dienstpersonal abgesehen – neben seiner Hauptgemahlin noch weitere Frauen. Um die

Frauen des Königs insgesamt geht es wohl in einer Passage des Arthaśāstra, die besagt, dass ihnen der Kontakt mit kahlgeschorenen Asketen, Gauklern und Sklavinnen von außerhalb des Hauses zu verbieten sei (KA I, 20, 18). Außerdem sollen sie, fordert Kauṭilya, durch Mitglieder ihrer eigenen Familien nicht besucht werden dürfen, es sei denn im Fall von Schwangerschaft oder Krankheit (KA I, 20, 19). Achtzigjährige Männer und fünfzigjährige Frauen, die behaupten, ihre Väter und Mütter zu sein, sowie alte Diener und Hausdiener sollen erkunden, ob die Haremsfrauen moralisch „rein" oder „unrein" seien, und sie dazu anhalten, für das Wohlergehen „ihres Herrn" Sorge zu tragen (KA I, 20, 21). Etwas anders werden die Akzente im Kāmasūtra gesetzt, welches insbesondere den Eindruck vermittelt, dass Frauen in königlichen Harems keineswegs ein von der Außenwelt so abgeschlossenes Leben führten, wie es für einen modernen Betrachter zunächst den Anschein haben mag. Zwar weist Vātsyāyana am Beginn des betreffenden Abschnitts darauf hin, dass ein Harem unter Bewachung steht und es für andere Männer unmöglich sei, in diesen einzudringen (Kām. V, 6, 1). Doch beschäftigt er sich im Folgenden auch mit der Frage, wie Nāgarakas, also vornehme Städter, dazu bewogen werden könnten, den Frauen im Harem Besuche abzustatten. Sicherlich warnt Vātsyāyana die Ersteren zunächst davor, darauf einzugehen, selbst wenn der Zugang zum Harem leicht zu bewerkstelligen wäre (Kām. V, 6, 10). Der Autor hat aber offenbar kaum Zweifel daran, dass dergleichen dennoch geschehen kann, denn im Weiteren führt er aus, worauf der Nāgaraka in einem solchen Fall achten möge, dass er zur Dienerschaft des Harems, zum Wachpersonal und zu den Spionen des Königs ein gutes Verhältnis entwickeln soll, wie er mit den Damen Kontakt aufnehmen und es erreichen kann, in den Harem eingelassen zu werden (Kām. V, 6, 11-28). Diesen scheint Vātsyāyana aber auch insofern als eine Art „öffentlichen Raum" anzusehen, als gerade hier Herrscher zu anderen Frauen in Verbindung treten sollen. An gewissen Tagen, so der Autor, werden speziell Frauen aus Städten zu Gesellschaftsspielen mit den Haremsdamen in den Palast gebeten. Dabei scheint es auch zu Trinkgelagen gekommen zu sein, denn es ist davon die Rede, dass am Ende derselbigen die Gäste allein, gemäß dem Grad ihrer Bekanntschaft mit den Frauen im Harem, deren Wohnräume aufsuchen, dort Konversation mit ihnen treiben, Ehrungen entgegennehmen, Getränke konsumieren und dann am Abend sich schließlich wieder entfernen. Diese Darlegungen lassen zumindest erkennen, dass Haremsdamen auch erlaubterweise Beziehungen zur Welt außerhalb des Harems und des Palastes unterhalten konnten, wenn auch nur zu ihren Geschlechtsgenossinnen. Eine Bedienstete des Königs soll sich bei derartigen Gelegenheiten darum bemühen, eine Frau, an der er Gefallen gefunden hat, für dessen Ansinnen empfänglich zu machen. Die Werbung um die Auserwählte könnte aber ebenso, meint Vātsyāyana, durch Vermittlung seitens der Frauen im Harem geschehen, z.B. indem eine von ihnen ihre Freundschaft gewinnt oder sie mit der Begründung, zu erfahren, in welchem Wissensbereich sie besonders sachkundig ist, zu sich bittet, worauf dann wiederum die Dienerin aktiv werden möge (Kām. V, 5, 11-22).

Eines der berühmtesten Werke der altindischen Dichtkunst, das Drama Mālavikāgnimitram („Die Geschichte von Mālavikā und Agnimitra") des Kālidāsa, führt uns eine – freilich fiktive – höfische Welt vor Augen, in der Frauen offenbar eine bedeutsame Rolle spielen konnten, über gewisse Einflussmöglichkeiten verfügten und demgemäß auch bestimmte zielgerichtete Aktivitäten entwickelten. Den Mittelpunkt des Geschehens bildet die sich anbahnende Liebesbeziehung zwischen dem König Agnimitra, Herrscher von Vidiśā, und Mālavikā, einer Dienerin seiner Hauptgemahlin Dhāriṇī. Dabei vermittelt das Stück vor allem einen Eindruck davon, welchen Schwierigkeiten sich die beiden Liebenden zunächst ausgesetzt sehen.

Schon am Beginn des ersten Akts erfahren wir, dass die Königin bestrebt ist, Mālavikā und ihren Gatten voneinander fernzuhalten. Dieser hat Mālavikā bislang nur einmal auf einem Bild gesehen, doch wurde dabei sogleich sein Interesse an ihr geweckt. Über die Herkunft der Mālavikā wird zunächst nur soviel mitgeteilt, dass sie der Königin durch ihren Bruder, der das Kommando über eine Grenzfestung ausübt, zum Geschenk gemacht wurde. Der Tanzlehrer Gaṇadāsa, der sie unterrichtet, hat den Verdacht, dass sie von edler Geburt sein müsse. Um Mālavikā überhaupt selbst sehen zu können, muss der König zu einer List greifen. In diesem Zusammenhang tritt eine weitere weibliche Protagonistin des Stückes in Erscheinung, die buddhistische Nonne Kauśikī, die wohl zum Gefolge der Dhāriṇī gehört und am Hof in hohem Ansehen steht. Sie weist u.a. die Letztere darauf hin, dass sie als Königin ihrem Gemahl ebenbürtig sei, und vergleicht die beiden mit Mond und Sonne. Bei einem Wettstreit zwischen Gaṇadāsa und einem weiteren am Hof angestellten Tanzlehrer, der dem König Gelegenheit bieten wird, Mālavikā selbst zu Gesicht zu bekommen, soll Kauśikī als Schiedsrichterin amtieren. Am Ende des Stückes ist zu erfahren, dass sie aus edlem Hause stammt und aus Trauer um ihren bei einem Überfall getöteten Bruder, einen hohen Würdenträger, Nonne wurde.

Nach der persönlichen Begegnung mit Mālavikā ist der König umso heftiger in Liebe zu ihr entbrannt. Mit Rücksicht auf Dhāriṇī, so heißt es, will er seine Gefühle zunächst verbergen, zumal er sich nicht sicher ist, ob Mālavikā sie erwidern würde. Irāvatī, die Nebenfrau und bisherige Favoritin des Agnimitra – mittlerweile ist das Interesse des Herrschers an ihr jedoch erloschen –, hat von dieser Entwicklung erfahren und ist selbstverständlich äußerst unzufrieden. Zufällig muss sie, ohne vom König gesehen zu werden, mit anhören, wie dieser sich anschickt, Mālavikā seine Liebe zu gestehen. Sie zeigt sich und bringt ihre Empörung dem König gegenüber offen zum Ausdruck. Der überraschte Agnimitra verleugnet zunächst seine Liebe zu Mālavikā und bittet Irāvatī um Verzeihung. Doch diese ist nicht zu besänftigen – das geht so weit, dass sie ihn mit einem Gürtel schlägt. Der König ist jetzt, so muss der Leser oder Zuschauer annehmen, in eine komplizierte Lage geraten.

Irāvatī beklagt sich bei der Königin, so dass auf deren Geheiß hin Mālavikā gefangengesetzt und in ein Kellergemach eingesperrt wird. Dhāriṇī fühlt sich für die Belange der Nebenfrau – auch wenn es um den Herrscher geht – also durchaus mit verantwortlich. Dabei dürfte sie jedoch auch ihre eigene Position am Hof und gegenüber Agnimitra im Blick gehabt haben. Zudem kann die Königin offenbar aus eigener Machtvollkommenheit heraus zumindest niedrigstehende weibliche Angehörige des Hofpersonals bzw. ihrer eigenen Dienerschaft der Freiheit berauben und einkerkern lassen. Für die Bewachung der Mālavikā ist ein ebenfalls weibliches Mitglied ihrer Gefolgschaft zuständig. Dhāriṇīs Gemahl, der Herrscher, muss sich erneut einer List bedienen, um Mālavikā wieder in Freiheit zu bringen. Mālavikā wird danach in ein „Haus am Meer", d.h. wahrscheinlich an einen Ort außerhalb des Palastes, verbracht. Das bloße Auftauchen einer Dienerin der Irāvatī in der Nähe dieses Hauses versetzt Agnimitra in Sorge, denn es muss geheim bleiben, wo Mālavikā sich im Moment aufhält. Diese empfindet weiterhin Furcht vor der Königin, auch Agnimitra gelingt es nicht, ihr selbige auszureden. Irāvatī spürt die beiden schließlich auf und macht dem Herrscher erneut arge Vorwürfe. Die Situation entspannt sich zunächst, als Agnimitra erfährt, dass seine Tochter ein unangenehmes Erlebnis hatte, das ihr großen Schrecken bereitete.

Die Ereignisse nehmen jetzt eine Wendung zum – was die beiden Liebenden angeht – Besseren, da der Herrscher einen militärischen Sieg errungen hat und Mālavikā der ihr von der Königin gestellten Aufgabe, einen bestimmten Baum zum Blühen zu bringen, gerecht geworden ist. Sie wurde in das Gefolge der Dhāriṇī wieder aufgenommen. Unterdessen erreichen den Hof allerlei neue und bedeutsame Nachrichten. Vor allem stellt sich heraus, dass Mālavikā königlicher Abkunft ist, was dazu beiträgt, dass sie seitens der Dhāriṇī als Nebenfrau akzeptiert werden kann. Diese wiederum wird dafür mit allgemeiner Lobpreisung bedacht. Und auch Irāvatī ist nunmehr bereit, allerdings auf Geheiß der Königin, sich in das Unabänderliche zu fügen.

Im Mālavikāgnimitram wird bezüglich des Verhältnisses von Männern und Frauen – wobei es um dasselbe in einer ganz speziellen Lebenswelt geht – ein komplexes, für uns keinesfalls immer leicht nachzuvollziehendes Bild entworfen. Die Herrscherin Dhāriṇī besaß offenkundig eigene Machtmittel, die sie auch einsetzte. Es scheint, dass sogar formell alle weiblichen Angehörigen des Hofes ihrer Autorität unterstanden. Sie betont, dass sie als Herrin über eine „eigene Dienerschaft" gebiete, und äußert sich spöttisch über die Art, wie ihr Gemahl die Staatsgeschäfte behandelt. Ebenso lässt die Nebenfrau Irāvatī eine verächtliche Bemerkung über einen Brahmanen, der in Diensten des Königs steht, fallen und nimmt zudem ihre Zurücksetzung seitens des Agnimitra keinesfalls klaglos hin, sondern zeigt sogar eine sehr heftige Reaktion. Allerdings sind in dem Stück vom Machtgebaren der Königin und ihrem direkten Eingriff in die Verhältnisse am Hof vor allem andere, naturgemäß niedriger gestellte Frauen betroffen. Zudem bleibt eine gewisse Hierarchie zwischen den Geschlechtern gewahrt. Agnimitra ist derjenige, um den bzw. dessen Bedürfnisse und Interessen sich das ganze Geschehen letztlich rankt. Doch dies bedeutet nicht, dass ihm gestattet wäre, sich zu verhalten, wie es ihm beliebt. Auch er hat auf bestimmte Regeln und Gesetze höfischer Kultur und höfischen Lebens Rücksicht zu nehmen. So wird der Herrscher weniger als staatlicher Machthaber und Oberhaupt des Hofes, sondern vielmehr als Mittelpunkt eines Geflechts persönlicher Beziehungen innerhalb der Hofgesellschaft, und zwar speziell unter deren weiblichen Mitgliedern, dargestellt. Inwieweit uns der Dichter hier ein einigermaßen realistisches Bild vom Leben sowie von den Bestrebungen und Aktivitäten von Frauen an altindischen Höfen vermittelt, bleibt fraglich. Es erscheint jedoch kaum vorstellbar, dass Kālidāsa, der für ein höfisches Publikum schrieb und eventuell sogar die Stellung eines Hofdichters der Guptas bekleidete, ein Stück verfasste, dessen Inhalt bei seinen Dienstherren, gerade im Hinblick auf das Verhältnis von Männern und Frauen, hätte Anstoß erregen können.

Aus der Guptazeit liegen uns auch Münzen vor, auf denen wir Herrscherinnen – allerdings stets gemeinsam mit ihren Gatten – abgebildet finden. Insbesondere wäre hier eine Goldmünze zu nennen, auf deren Vorderseite der frühe Guptafürst Candragupta I. aus der ersten Hälfte des 4. Jh. n.Chr., Vater des großen Eroberers Samudragupta, und seine Gemahlin Kumāradevī dargestellt sind. Es ist zu vermuten, dass diese Münze – die wir möglicherweise auch als eine Art Gedenkmedaille anzusehen haben – in der Zeit der Verehelichung des Paares oder später zur Erinnerung an dieses Ereignis herausgegeben wurde. Kumāradevī gehörte der aristokratischen Familie der Licchavis an, die wohl im Gebiet des heutigen Bihar ansässig und vielleicht mit jenem gleichnamigen Geschlecht identisch war, das uns bereits aus der Zeit des Buddha bekannt ist. Die durch die besagte Heirat besiegelte Allianz mit ihnen dürfte den Guptas zu einer Ausweitung ihres Macht- und Einflussbereiches sowie einer Erhöhung ihres Prestiges verholfen haben. Dies könnte dann auch der Grund dafür gewesen sein, dass auf der Rückseite der Münze die Legende „Die Licchavis“ eingraviert wurde. Weitere Münzen mit ähnlichen Prägemotiven stammen aus der Herrschaftsperiode Candraguptas II., Kumāraguptas I. und Skandaguptas. Die Rückseite der Guptamünzen wird häufig von der hinduistischen Glücksgöttin Lakṣmī geziert. Die Münzen sind zumindest ein Beleg dafür, welche Rolle die Herrscherinnen für die Selbstrepräsentation ihrer Gatten spielten. Inwieweit sie auch von einem bestimmten Verständnis hinsichtlich ihres möglichen Anteils an der praktischen Herrschaftsausübung künden, lässt sich schwer ermessen.

Es finden sich allerdings vereinzelte Hinweise darauf, dass es Regionen gegeben haben könnte, in denen die politische Macht überhaupt in den Händen von Frauen lag. In der Reisebeschreibung des Xuan Zang, eines buddhistischen Pilgermönches aus China, der sich in der ersten Hälfte des 7. Jh. mehrere Jahre in Indien aufhielt, ist von dem in einer Hochgebirgsregion, wohl im Himalaya, gelegenen Gebiet Suvarṇagotra die Rede, das auch als „Land der östlichen Frauen“ bekannt sei und über welches Xuan Zang Folgendes berichtet: „Seit ewigen Zeiten ist eine Frau Herrscher gewesen und darum wird es ‚Königreich der Frauen‘ genannt. Der Ehemann der regierenden Frau wird als König bezeichnet, aber er weiß nichts von den Staatsangelegenheiten. Die Männer führen die Kriege und säen das Land, und das ist alles.“ (Xuan Zang, Bd. I, S. 199) Suvarṇagotra könnte ein – wohl recht abgeschiedenes – Gebiet gewesen sein, in dem Frauen sich noch eines höheren gesellschaftlichen Status erfreuten als in anderen Teilen

Indiens und ihnen somit auch dessen innere Verwaltung oblag. Doch vor allem der ausdrückliche Hinweis darauf, dass militärische Aktionen von Männern ausgeführt wurden, könnte Zweifel daran wecken, dass sie wirklich die alleinigen Machtträger waren. Möglicherweise galt dies nur für jene Zeiten, in denen die Männer – zumindest die Krieger unter ihnen – einen Kriegszug unternahmen und folglich nicht präsent waren, wobei denkbar ist, dass daraus wiederum Konsequenzen für die gesellschaftlichen und politisch-institutionellen Gegebenheiten in Suvarṇagotra entstanden. Xuan Zang hat dieses Land anscheinend nicht selbst besucht, was keinesfalls heißen muss, dass wir seine Angaben von vornherein als unzuverlässig ansehen sollten. Von einem Strīrājya, einem „Königreich der Frauen", ist auch im Kāmasūtra die Rede, wobei über dieses mitgeteilt wird, dass die Frauen in demselbigen – aber auch andernorts – außerordentliches Temperament besäßen, in ihrem Sexualleben bestimmte Vorlieben pflegen würden, mit zahlreichen jungen Männern „zusammen wären", was wohl als Hinweis auf Polyandrie zu verstehen ist, und es üblich wäre, dass sie „Verbindungen" mit ihren Blutsverwandten „eingehen" (Kām. II, 5, 27; ebd. II, 6, 45 und ebd. V, 6, 33). Inwieweit solche Darstellungen uns tatsächlich etwas über die realen Verhältnisse in irgendeiner Region Südasiens im Altertum verraten, lässt sich aus heutiger Sicht kaum mehr ermitteln.

Von besonderer Brisanz war im alten Indien zweifellos die Frage der Einbeziehung von Frauen in das religiöse Leben. Schenkungen und Stiftungen durch Frauen zugunsten von religiösen Einrichtungen zeugen davon, dass zumindest manche Frauen im Hinblick auf ihr religiöses Engagement eine gewisse Entscheidungsfreiheit und Eigenständigkeit genossen. Darüber hinaus deuten diese Zuwendungen darauf hin, dass es Frauen möglich gewesen ist, selbständig spirituelles Verdienst zu erwerben. Dies lässt sich außerdem daran erkennen, dass in den religiösen Motivationsformeln von Schenkungsurkunden unter den Personen, für die aus der jeweiligen Übereignung oder Stiftung selbiges entstehen soll, teilweise auch Frauen benannt werden. Alles in allem scheinen die Quellen aber eher den Eindruck vermitteln zu wollen, dass Frauen im religiösen Leben nur eine bescheidene Rolle zukam. Für Frauen gibt es keine Riten, bei denen heilige Sprüche rezitiert werden, verkündet Manu, doch ist er ebenso der Auffassung, dass Frauen, denen die Kenntnis von Vedaversen fehlt, schwach und dem Unrecht verfallen seien (Manu IX, 18). Für Frauen ist diesem Werk zufolge auch kein Initiationsritus vorgesehen, als solcher möge vielmehr die Verehelichung gelten

(Manu II, 66-67). Doch finden sich in den Texten auch manche Hinweise darauf, dass Frauen in höherem Maße in das religiöse Leben involviert gewesen sein könnten als die angeführten Passagen nahezulegen scheinen. Sogar im Mānavadharmaśāstra selbst stoßen wir auf Spuren der Bemühungen von Frauen, an selbigem Anteil zu nehmen. Dabei sind es insbesondere die Verbote, welche z.B. in diesem Rechtsbuch ausgesprochen werden, die besonderes Interesse verdienen. So erklärt Manu, dass Frauen selbständig, d.h. wahrscheinlich ohne ihre Ehemänner, kein Opfer darbringen, kein frommes Gelübde ablegen und nicht fasten dürften (Manu V, 155). Des Weiteren untersagt er, dass Mädchen und junge Frauen – neben für besonders niedrigstehend befundenen Gruppen von Männern – als Darbringer eines agnihotra, des täglichen Feueropfers, fungieren, andernfalls, so wird angedroht, werden sie in der Hölle verschwinden, ebenso wie die Personen, für die ein solches Opfer vollzogen wurde (Manu XI, 36-37). Diese Passage erlaubt zumindest die Annahme, dass jüngere weibliche Mitglieder der Familien auch als aktiv Beteiligte in das häusliche Ritualwesen einbezogen gewesen sein konnten. Außerdem verlangt Manu, dass ein Brahmane bei einem Opfer, das eine Frau ausführt, keine Speise verzehren möge. „Wenn diese Opfergaben darbringen, bereitet das heiligen Männern Unglück und ist den Göttern widerlich. Darum möge es vermieden werden.“ (Manu IV, 205-206). Eine derart deutliche Ausdrucksweise kann vielleicht als Beleg dafür angesehen werden, dass die Verfasser des Werkes gegen einen Brauch ankämpften, der anscheinend selbst von manchen Brahmanen praktiziert wurde, mit ihren Auffassungen im Hinblick auf Frauen jedoch unvereinbar war.

Auch im Kāmasūtra wird zu der Frage der Teilhabe von Frauen am religiösen Leben Stellung genommen, wobei dessen Autor Vātsyāyana offenbar dazu neigt, ihnen in dieser Hinsicht eine etwas aktivere Rolle zuzubilligen. Wenn ihr Gatte auf Reisen ist, solle sie, um eine Gottheit zu verehren, fasten (Kām. IV, 1, 42) und, wenn er zurückkehrt, den Göttern Verehrung bezeugen (Kām. IV, 1, 47). Außerdem soll sie es ihm gleichtun, wenn er ein Gelübde abgelegt hat oder fastet, wobei sie sich gegen eine mögliche Zurückweisung ihrer Teilnahme zur Wehr setzen darf (Kām. IV, 1, 26). Des Weiteren ist davon die Rede, dass die älteste, allerdings zurückgesetzte und darum unglückliche Gattin bei Kulthandlungen, Gelübden oder beim Fasten „vorangehe“ (Kām. IV, 2, 48) oder dass eine Ehefrau der Darbringung von Opfern und Götterprozessionen beiwohne, dies allerdings nur mit Erlaubnis des Mannes (Kām. IV, 1, 15). Vātsyāyana warnt jedoch auch vor Frauen, die sich als Wurzelzauberinnen betätigten, denn nichts, soll ihm zufolge ein anderer Lehrer der Liebeskunst geäußert haben, verursache in solchem Maße Misstrauen wie deren Machenschaften (Kām. IV, 1, 20-21). Um bestimmte oder als solche unterstellte religiöse und kulturelle Neigungen von Frauen geht es ihm vielleicht auch, obgleich mit denunziatorischer Absicht, wenn er davon spricht, dass Ehefrauen z.B. mit buddhistischen Nonnen, Gauklerinnen, Wahrsagerinnen und Hexen nicht verkehren sollen (Kām. IV, 1, 9).

Mit den Purāṇas und den Ideen der bhakti scheint innerhalb des Hinduismus eine religiöse Strömung aufgekommen zu sein, die gegenüber Frauen durch ein höheres Maß an Offenheit gekennzeichnet war. Zitiert sei hier nur ein bekannter Vers aus der Bhagavadgītā, welcher lautet: „Denn wenn sie Zuflucht suchen bei mir, o Sohn der Pṛthā, seien sie von übler Geburt, Frauen, Vaiśyas und Śūdras, auch sie erreichen das höchste Ziel. Um wie vieles mehr also tugendhafte Brahmanen und Könige, die heilige Seher sind." (Bhg. IX, 32-33) Frauen, den Angehörigen der beiden unteren varṇas oder denen von Gruppen mit noch niedrigerem Status soll es demzufolge ebenso wie Vertretern der höheren und höchsten Gesellschaftsschichten gegeben sein, durch verehrende Hingabe an die Gottheit die Erlösung zu erlangen.
Einige der uns verfügbaren Schriftquellen enthalten auch Hinweise auf weibliches Personal in hinduistischen Tempeln, wobei davon auszugehen ist, dass Frauen an der Kultausübung in denselben allenfalls in untergeordneter Position teilhatten und nur niedere Tätigkeiten in den Kultstätten ausführten. Eine Inschrift aus dem frühen 6. Jh. gibt darüber Auskunft, dass ein Regionalfürst namens Prakāśadharman aus der Dynastie der Aulikaras, deren Herrschaftsgebiet im Nordwesten des heutigen Madhya Pradesh lag, dem Hūṇaherrscher Toramāṇa in einer Schlacht eine Niederlage beibrachte und u.a. die schönsten Frauen aus dessen Harem Śiva, d.h. einem von ihm selbst gegründeten Tempel dieses Gottes darbrachte (Ramesh/Tewari). Über Lebensumstände und Betätigungen oder Aufgaben der Frauen in diesem Heiligtum erfahren wir nichts. Vielleicht kann man davon sprechen, dass uns mit dieser Inschrift ein frühes epigraphisches Zeugnis für die Existenz von Tempelsklavinnen (devadāsī) vorliegt. Diesen Begriff kennen wir allerdings schon aus dem Staatslehrbuch des Kauṭilya, in welchem aber lediglich verfügt wird, dass der „Aufseher über Webereien" Tempelsklavinnen, die nicht mehr in ihrem Heiligtum Dienst versehen, zusammen mit bestimmten anderen Gruppen von Frauen für die Herstellung von Stoffen einsetzen soll

(KA II, 23, 2). Im Gedicht Meghadūta des Kālidāsa ist von Prostituierten die Rede, die vor einem Tempel des Śiva Tanzvorstellungen darbieten (Megh. 35). Inwieweit dies bedeutet, dass wir in ihnen eine Art Bedienstete dieser Kultstätte zu sehen haben, bleibt unklar. Außerdem sei auf den Bericht des Xuan Zang über einen Tempel des Sonnengottes in Multan verwiesen, in dem Frauen zu Ehren der Gottheit musizierten, Fackeln anzündeten sowie Blumen und Duftstoffe ausstreuten (Xuan Zang, Bd. II, S. 274). Wie das rechtliche Verhältnis zwischen dem Tempel und den Frauen beschaffen war, ob sie als eine Art Angestellte des Heiligtums ihren Lebensunterhalt erwarben oder lediglich von Zeit zu Zeit und einander abwechselnd besagte Tätigkeiten ausführten, geht aus dieser Passage nicht hervor.

Was allerdings völlig fehlt, sind Informationen oder Hinweise, die auf die Existenz einer weiblichen Priesterschaft im Hinduismus hindeuten, die es bekanntermaßen in den Religionen anderer Kulturen der alten Welt sehr wohl gegeben hat. Im brahmanisch-hinduistischen Tempelwesen spielten Frauen offenbar nur eine untergeordnete Rolle. Selbst in den Tempeln von Göttinnen – die Verehrung von Göttinnen erlebte in den frühen Jahrhunderten n. Chr. einen Aufschwung – scheinen den wenigen Hinweisen zufolge, die wir diesbezüglich besitzen, Männer die führenden Positionen bekleidet, Frauen hingegen nur niedere Dienste verrichtet zu haben.
Der quellenmäßig am besten belegte Aspekt der Teilhabe von Frauen am religiösen Leben liegt in der Unterstützung, die sie konkreten religiösen Institutionen wie Tempeln oder Klöstern zukommen ließen. Dazu gehört, dass Frauen, vor allem solche aus Herrscherfamilien, als Gründerinnen von Einrichtungen dieser Art in Erscheinung traten. So haben wir z.B. Kenntnis davon, dass im späten 5. oder frühen 6. Jh. die Mutter eines Regionalfürsten aus dem Osten des heutigen Gujarat drei hinduistische Tempel erbauen ließ (Ramesh). Ein weiteres Beispiel ist die in der ersten Hälfte des 6. Jh. erfolgte Gründung eines buddhistischen Klosters durch eine weibliche Angehörige der ebenfalls in Gujarat beheimateten Maitrakadynastie namens Duḍḍā – sie war eine Nichte des damals regierenden Herrschers –, wobei damit der Grundstein für die Entwicklung eines ganzen, nach ihr benannten Klosterkomplexes gelegt wurde, der im 7. Jh. sieben Einzelklöster umfassen sollte. Innerhalb der auf Duḍḍās Stiftungsakt folgenden ca. anderthalb Jahrhunderte wurden ihm zudem 15 Dörfer sowie mehrere Anlagen zur Wasserversorgung und Blumengärten übereignet (Njammasch, S. 201 ff.).

Vor allem aber liegen uns zahlreiche inschriftliche Dokumente vor, die über religiöse Schenkungen und Stiftungen durch Frauen Auskunft geben. Wieder wären hier in erster Linie Frauen aus der Schicht der politisch Mächtigen zu nennen. Eine Inschrift der Sātavāhanas aus dem 1. Jh. v. Chr. berichtet davon, dass die Herrscherin Nāyanikā aus Anlass der Abhaltung vedischer Opferzeremonien neben Pferden, Kühen, Elefanten und Geld auch ganze Dörfer an Brahmanen übereignet habe (Burgess, S. 60 f.; Sircar, Nr. 82). Die Vākāṭakaherrscherin Prabhāvatīguptā, Tochter des Guptaherrschers Candragupta II. und Mutter des bedeutendsten Repräsentanten ihrer Dynastie, Pravarasenas II., für den sie nach dem Tode ihres Mannes zeitweilig, da er noch minderjährig war, die Regentschaft ausübte, hat mehreren Brahmanen ein Dorf sowie Land und Wohnstätten zugewiesen. In ihren Inschriften treffen wir auf eine etwas andere Darstellung politischer und administrativer Gegebenheiten, als sie aus den Urkunden sonstiger Vākāṭakaherrscher bekannt ist (EI XV, Nr. 4; CII V, Nr. 8). Aus dem 6. Jh. stammt eine Inschrift der Herrscherin Durlabhadevī aus der südindischen Cāḷukyadynastie, in der diese – anscheinend auf Ersuchen ihres Stiefsohns – zehn Dörfer, von denen sechs namentlich aufgeführt werden, an einen auch schon früher durch Angehörige ihrer Familie beschenkten Tempel des Śiva vergibt (IA 19, S. 7-20). Landübertragungen durch Frauen aus anderen sozialen Schichten sind allerdings nur in sehr geringem Maße belegt. Diese nahmen der Quellenlage zufolge vor allem Geld- und Votivschenkungen vor. Die Übereignung von Land, so scheint es, muss für andere Frauen zumindest sehr schwierig gewesen sein. Eine beachtenswerte Ausnahme aus der hier behandelten Zeit stellt eine in das Jahr 478/79 datierte Kupfertafelinschrift aus dem Norden des heutigen Bangladesch dar, die davon Kunde gibt, dass ein Brahmane und seine Ehefrau mit Namen Rāmī eine bestimmte Menge Brach- und Bauland käuflich erwerben wollen, um dieses an ein jainistisches Kloster zu vergeben, was auch, wie wir weiter erfahren, tatsächlich geschieht (Dikshit). Man gewinnt somit den Eindruck, dass Rāmī und ihr Gatte bei einem Vorhaben, das den Kauf und die Verschenkung von Grund und Boden beinhaltete, sich als gleichberechtigte Partner präsentierten. Natürlich ist nicht auszuschließen, dass Rāmī – z.B. weil sie eine Anhängerin des Jainismus war oder zu dem betreffenden Kloster spezielle Verbindungen unterhielt – den besagten Vorgang angeregt und/oder in die Wege geleitet hatte, ihn aber ohne Billigung und wohl auch tätige Unterstützung ihres Mannes gar nicht hätte abwickeln können. Doch es kann kaum bezweifelt werden, dass sie an der ganzen Transaktion, in welchem Ausmaß auch immer, aktiv

Anteil nahm. Was das uns zur Verfügung stehende Quellenmaterial angeht, handelt es sich aber, dies sei noch einmal betont, um ein Einzelbeispiel.

Einige Urkunden liefern auch Hinweise darauf, dass die Verbundenheit von Frauen mit bestimmten religiösen Einrichtungen über die jeweils dokumentierte Schenkung oder Stiftung hinausging. Möglicherweise verhielt es sich so, wie schon bemerkt, auch im Fall der Rāmī und des von ihr und ihrem Gatten bedachten Jainaklosters. Aus Mathurā liegt uns eine in die Kuṣāṇazeit zu datierende Inschrift vor, die darüber Auskunft gibt, dass eine Frau ein Kultbildnis in einem buddhistischen Kloster aufstellen lässt, von dem es heißt, dass es „ihr eigenes" sei (DKI, Nr. 57). Sie könnte also zumindest dessen Stifterin gewesen sein und es auch darüber hinaus gefördert und unterstützt haben. Ob es sich tatsächlich um eine Art „Kloster in Privatbesitz" handelte, bleibt für uns unklar. Aus dem Jahr 450/51 stammt eine Inschrift, derzufolge eine buddhistische Laienanhängerin, deren Ehemann als „Herr" über ein Kloster bezeichnet wird, zugunsten eines solchen in dem wichtigen religiösen Zentrum Sāñcī eine Geldschenkung tätigt. Vielleicht kam diese Zuwendung eben jenem zugute, dessen Vorsteher oder Patron ihr Gatte war (CII III, Nr. 62).

Selbstverständlich darf nicht außer Acht gelassen werden, dass in einem großen Teil der Inschriften ein oder mehrere männliche Verwandte der jeweiligen Schenkerin oder Stifterin mitgenannt werden. Nur ein Beispiel sei hier angeführt: In einer Inschrift aus der Kuṣāṇazeit wird mitgeteilt, dass eine gewisse Vijayaśrī ein jainistisches Bildnis stiftet (DKI, Nr. 112). Über dieselbige erfahren wir, dass sie die Tochter des Babu, Hauptgemahlin des Rājyavasu, Mutter des Devila und Großmutter väterlicherseits des Viṣṇubhava war. Wir haben sicher davon auszugehen, dass die betreffenden Frauen diese Zuwendungen häufig bzw. überwiegend oder gar in der Regel mit Zustimmung ihrer Ehemänner oder der anderen in den Inschriften Genannten vornahmen. Daraus muss nicht geschlussfolgert werden, dass diesbezüglich in der jeweils konkreten staatlichen, regionalen oder lokalen Rechtspraxis – die sich keineswegs mit den brahmanischen Rechtsvorstellungen in Einklang befunden haben muss – ein unausweichlicher Zwang bestand. Somit sollte die Tatsache, dass männliche Angehörige in Inschriften, die über religiöse Stiftungen durch Frauen berichten, miterwähnt werden, nicht in jedem Fall und vor allem nicht ausschließlich als Hinweis auf ihre untergeordnete Stellung diesen gegenüber angesehen werden. Zumindest partiell war den Frauen sicherlich ihrerseits daran gelegen, als Mitglied einer bestimmten Familie in Erscheinung treten zu können, so z.B. wenn diese zu den wohlhabenden Kreisen zählte, in ihrem Heimatort oder darüber hinaus hohes Ansehen genoss oder mit der von der jeweiligen Stiftung oder Schenkung betroffenen religiösen Einrichtung schon länger in Verbindung stand. Mitunter waren die Stifterinnen bzw. Schenkerinnen möglicherweise selbst prominente und einflussreiche Damen, so dass die Tatsache, dass ihre männlichen Familienmitglieder in den Inschriften mit aufgeführt werden, manchmal eher für sie als für die Ersteren schmeichelhaft und ehrenvoll gewesen sein dürfte.

Doch auch wenn man die Miterwähnung männlicher Angehöriger in den Inschriften nicht überbewertet, erhebt sich gerade im Zusammenhang mit dem religiösen Schenkungswesen die Frage, wie es um die Eigentumsrechte von Frauen bestellt war. Auch zu diesem Punkt gab es durchaus unterschiedliche Auffassungen. In manchen Passagen der Rechtsliteratur wird ein sehr rigider Standpunkt vertreten. Bei Manu z.B. heißt es, dass drei Kategorien von Personen über keinen eigenen Besitz verfügen können: Ehefrauen, Söhne und Sklaven. Was immer sie erwerben, fällt dem zu, welchem sie „gehören", dem Ehemann, Vater oder Herrn (Manu VIII, 416). Doch lässt sich andererseits den Texten entnehmen, dass z.B. eine verheiratete Frau durchaus bestimmte Objekte als Eigentum besitzen konnte. Manu nennt übereinstimmend mit Nārada sechs Arten von strīdhana, also „Frauengut": das, was ihr aus Anlass der Hochzeit und als Mitgift gegeben wurde, was sie als Zeichen der Liebe erhalten hat und was ihnen ihr Bruder, ihre Mutter oder ihr Vater haben zukommen lassen (Manu IX, 194; Nār. XIII, 8). In anderen, späteren Rechtsbüchern wie dem des Yājñavalkya, des Viṣṇu oder des Kātyāyana erfährt der Terminus strīdhana noch eine Erweiterung. Im Rechtsbuch des Viṣṇu umfasst er außer dem, was Manu und Nārada auflisten, noch das, was ihr von einem Sohn und Verwandten dargebracht wurde, was sie bekommt, wenn sie gegenüber einer anderen Frau Zurücksetzung erfahren muss, und was sie nach ihrer Heirat erwirbt (Viṣ. XVII, 18). Bei Kauṭilya wiederum wird der Begriff inhaltlich stärker eingegrenzt. Ihm zufolge bezeichnet strīdhana die Mittel zum Lebensunterhalt der Frau, allerdings nur bis zu einer gewissen Höchstgrenze, sowie ihren Schmuck (KA, III, 2, 14).

Die Verfügungsgewalt der Frauen über ihren Besitz sowie ihre Geschäftsfähigkeit sollen allerdings bestimmten Grenzen unterliegen. Manu zufolge

soll eine Ehefrau u.a. aus dem Familienbesitz und ihrem eigenen Hab und Gut ohne Billigung ihres Mannes nichts veräußern dürfen (Manu IX, 199). Nārada behauptet, die Weisen hätten erklärt, dass von Frauen abgeschlossene Geschäfte, „vor allem, wenn sie die Schenkung, Verpfändung und den Verkauf von Haus und Feld“ beträfen, keine Gültigkeit besitzen, sofern nicht der Vater oder statt seiner der Sohn bzw. wenn sie beide nicht oder nicht mehr hat, der König, ihre Zustimmung gegeben hätten (Nār. I, 26-27). Doch auch der umgekehrte Fall ist für die brahmanische Rechtslehre kein völlig unbekanntes Thema. So soll nach Bṛhaspati eine Ehefrau ihrerseits einwilligen müssen, wenn beabsichtigt ist, mit einem Teil ihrer Mitgift eine religiöse Schenkung zu bestreiten (Bṛh. I, 14, 5-6).
Durchaus ernstgenommen wird die Möglichkeit, dass speziell Angehörige versuchen könnten, das Eigentum von Frauen an sich zu bringen. So erklärt Manu, dass Familienmitglieder, die „aus Tollheit“ von den Besitztümern einer Frau leben, handele es sich um Sklavinnen, Fuhrwerke oder Kleidungsstücke, Bösewichter wären (Manu III, 52). Außerdem heißt es in dem Text, dass gerade das Hab und Gut von kranken oder unverheirateten Frauen, von solchen, die keine Söhne haben oder deren Familien ausgestorben sind, außerdem das von Ehefrauen, die ihren Männern ergeben sind, sowie von Witwen besonders geschützt werden muss. Ihre Verwandten, die sich Zugriff auf ihr Eigentum verschaffen, obwohl sie noch leben, soll ein dem Recht verpflichteter König genauso bestrafen wie Diebe (Manu VIII, 28-29).

Die Dharmaśāstras enthalten selbstverständlich auch zum Erbrecht von Frauen eine Reihe von Bestimmungen. Da in der brahmanischen Rechtslehre die Aufteilung des Erbes favorisiert wird, geht es zumeist um die Frage, inwieweit Frauen ein Anteil an diesem zusteht und wie hoch er bemessen sein möge. Bṛhaspati z.B. verlangt sogar, dass die Frau den Besitz ihres Ehemannes erben soll, falls dieser keine männlichen Nachkommen hinterlässt, auch wenn seine anderen Verwandten sowie Eltern und Halbbrüder noch am Leben sind. Zur Begründung führt er an, dass die Frau als die „Hälfte des Körpers“ ihres Mannes anzusehen sei und „ihm gleich ist, was die Wirkung von Verdiensten und Sünden anbetrifft“ (Bṛh. I, 26, 92-94). Dies würde aus den Veden und den Dharmaśāstras hervorgehen und wird als „Brauch in der Welt“ bezeichnet. Somit soll sie, auch was das Erbe anbetrifft, Vorrang vor den sonstigen Angehörigen ihres Gatten genießen. Yājñavalkya meint, dass im Fall der Aufteilung des Erbes eines verstorbenen Vaters die noch lebende Mutter einen Anteil erhalten soll (Yājñ. II, 123). Unterschiedliche Standpunkte werden auch zu der Frage, wer das strīdhana erben soll, bezogen. Manu vertritt die Ansicht, dass der Besitz einer Mutter an eine unverheiratete Tochter zu vererben sei (Manu IX, 131), und Yājñavalkya zufolge soll das Vermögen der Mutter den Töchtern insgesamt zufallen bzw., wenn keine vorhanden sind, deren Nachkommen (Yājñ. II, 117). In der Guptazeit scheint die Auffassung, dass ausschließlich Töchter das strīdhana erben sollten, noch an Einfluss gewonnen zu haben, zumindest wenn man die brahmanische Rechtsliteratur zu Rate zieht. Einige der Texte verkünden, dass sie allein Anspruch darauf haben mögen, so Nārada (Nār. XIII, 2), während z.B. Bṛhaspati weiterhin davon ausgeht, dass es unter allen Kindern aufzuteilen sei, wobei jedoch unverheiratete Töchter gegenüber verheirateten bevorzugt werden sollen (Bṛh. I, 26, 31).

Nur wenig erfahren wir aus den Quellen zu der Frage, ob und in welchem Ausmaß Frauen ihren Lebensunterhalt auch durch die Ausübung von Berufen verdienen konnten. Art und Umfang der Teilhabe von Frauen an der Wirtschaftstätigkeit hingen natürlich eng mit ihrer jeweiligen sozialen Stellung, sicherlich manchmal auch mit subjektiven Faktoren zusammen. Insbesondere die Frauen der unteren Gesellschaftsschichten – und damit des größten Teils der Bevölkerung – waren in das Wirtschafts- und Erwerbsleben einbezogen, was sich vor allem daraus ergab, dass gerade in dieser sozialen Sphäre auch in anderen Bereichen als dem des Hauses oder Haushalts ihre Arbeitskraft benötigt wurde. Im Baudhāyanadharmasūtra, etwa dem 5. Jh. v. Chr. zuzuordnen, heißt es, dass Vaiśyas und Śūdras mit ihren Frauen nicht besonders streng umgingen, da diesen Landwirtschaft und Dienste gestattet wären (Baudh. I, 20, 14-15). Auch bei Kauṭilya kommt die Sprache mehrfach auf Frauen, die in der materiellen Produktion beschäftigt sind; erwähnt werden z.B. verschiedene Gruppen von Frauen, darunter Witwen, die sich als Weberinnen verdingen müssen, wobei sie diese Tätigkeit z.T. anscheinend in Heimarbeit verrichten (KA II, 23, 11-12). Auf eine beachtenswerte Passage stoßen wir im Rechtsbuch des Yājñavalkya, derzufolge die Schulden der Frauen von Hirten, Alkoholherstellern, Schauspielern, Wäschern und Jägern von ihren Männern bezahlt werden sollten, „da auf ihnen“ – also den Frauen – „ihr Lebensunterhalt beruht“, d.h. wohl zumindest, dass sie einen wesentlichen Beitrag zur Erwirtschaftung des Familieneinkommens leisteten (Yājñ. II, 48). Des Weiteren sind es die Texte der südindischen Śaṅgam-Literatur aus den frühen Jahrhunderten n. Chr., die darüber Auskunft geben, in welchen Berufszweigen Frauen im alten Indien anzutreffen waren. So erscheinen hier Frauen, die bestimmte Arbeiten in der Landwirtschaft – beim Feldbau wie in der Viehzucht – ausführten, spannen und webten, Korbwaren verfertigten, sich in der Gewinnung und dem Verkauf von Salz oder im Handel mit Fischen, Blumen, Alkohol oder Süßwaren betätigten. In Südindien traten Frauen offenbar auch als Barden auf, die zur Rühmung von siegreichen Herrschern Preislieder vortrugen und zur Belohnung Juwelen und sogar Elefanten als Geschenke empfingen.

Nicht unerwähnt bleiben darf hier das Kāmasūtra, in dem mehrfach darauf eingegangen wird, welche praktischen und wirtschaftlichen Aktivitäten Teil des Pflichten- und Tätigkeitsbereiches von Frauen – genauer: von Ehefrauen – sein sollen. Zwar legt Vātsyāyana das Schwergewicht eindeutig auf solche, die Haus und Hausstand betrafen, doch war er sich im Klaren darüber, dass sie nicht auf diese Sphäre beschränkt blieben. Selbstverständlich muss eine Ehegattin in allen Dingen, die den Haushalt angehen, kundig sein, ebenso aber diverse Arbeiten in Landwirtschaft und Garten ausüben können. Zu diesen gehören die Anlage von Beeten für Gemüse, Früchte und Gewürzpflanzen sowie die Einrichtung von Erholungsplätzen und der Bau von Vorrichtungen zur Wasserversorgung in Baumgärten (Kām. IV, 1, 7-8). Weiter soll sie z.B. über Spinn- und Webarbeiten, Ackerbau, Viehzucht, den Umgang mit Zugtieren und Tierhaltung überhaupt Bescheid wissen. Auch hinsichtlich der Kosten des Hausstandes muss sie, folgt man Vātsyāyana, unterrichtet sein, denn sie soll das Jahreseinkommen errechnen und eine dementsprechende Liste der Ausgaben aufstellen sowie die täglichen Einnahmen und Ausgaben überwachen (Kām. IV, 1, 32-33). Zum Familienvermögen und zu möglichen Plänen des Gatten hat sie Fremden gegenüber Schweigen zu bewahren (Kām. IV, 1, 30). Vātsyāyana setzt offenbar voraus, dass sie auch diesbezüglich informiert sein muss oder es zumindest sein kann. Weiterhin soll sie im Hinblick auf die Dienerschaft gewisse Pflichten erfüllen, die Kosten des Lohns und Unterhalts derselben kennen und den Bediensteten abgelegte Kleidungsstücke ihres Mannes schenken (Kām. I, 33-34). Als Arbeiten, die speziell von in Dörfern lebenden Frauen ausgeführt werden, nennt Vātsyāyana z.B. Feldarbeiten, Viehzucht, Ausbesserungen an Gebäuden, Entgegennahme von Materialien zur Herstellung von Textilien sowie den Kauf, Verkauf und Tausch von Waren (Kām. V, 5, 6; Kām. IV, 1, 33).

Obwohl wir manchen Hinweis darauf besitzen, dass Frauen auch außerhalb des häuslichen Bereiches ihren Lebensunterhalt erwerben konnten, muss konstatiert werden, dass das „Haus“ bzw. der „Haushalt“ für viele Frauen den hauptsächlichen Tätigkeitsrahmen darstellte. Doch sollten, wenn es um das alte Indien geht, mit diesen Begriffen keine an modernen Verhältnissen orientierten Vorstellungen verbunden werden. Das „Haus“ war unter altindischen Gegebenheiten keineswegs ein kleiner, der öffentlichen Sphäre letztlich nachgeordneter Bezirk des privaten und familiären Lebens, sondern bildete oftmals eine eigene und relativ autonome wirtschaftliche und soziale Einheit. Wenigstens z.T. bot es wohl – wie in anderen vormodernen Kulturen – einem vielköpfigen Personenkreis Beschäftigung und Versorgung. Allerdings dürfte es im Hinblick auf ökonomische Potenz, gesellschaftlichen Einfluss und die entsprechende Außenwirkung zwischen den „Häusern“ deut-liche Abstufungen gegeben haben.

Eine außerordentliche Bedeutung kommt im Hinblick auf das hier angeschnittene Thema der Prostitution zu, denn natürlich handelte es sich auch im alten Indien um einen Erwerbszweig, in dem Frauen eine besondere Rolle spielten. So werden denn auch Prostitution und das Leben der Prostituierten in den Texten unter den verschiedensten Gesichtspunkten zur Sprache gebracht, was sicherlich darauf hindeutet, dass Prostitution ein weithin bekanntes und verbreitetes Phänomen gewesen sein dürfte.
So stellen z.B. im Kāmasūtra Prostitution und Prostituierte den Gegenstand des gesamten sechsten Hauptabschnitts dar. Ausgiebig beschäftigt sich Vātsyāyana hier vor allem mit einer Reihe von bedeutsamen Aspekten des Vorgehens der Prostitierten beim Betreiben ihres Geschäfts. Dazu gehören z.B. die Qualitäten, über die ein möglicher Liebhaber, ebenso jedoch die Kurtisane selbst verfügen sollen, auf welche Art und Weise Letztere sich einem Mann annähren und wie sie sich ihm gegenüber verhalten möge, wenn eine Beziehung zwischen ihnen zustande gekommen ist. Umfassend wird auch dargelegt, welche Risiken eine Kurtisane eingeht und worin genau Gewinn und Verlust für sie bestehen. All diese Punkte werden in erster Linie, jedoch keineswegs ausschließlich, mit Blick auf den materiellen Verdienst der Frauen erörtert. Es ist sicher nicht falsch anzunehmen, dass Vātsyāyana sich bei der Behandlung dieses Themas gewissermaßen auf den Standpunkt der Prostituierten stellt oder wenigstens bemüht ist, ihre Denk- und Herangehensweise im Hinblick auf ihr Gewerbe nachvollziehen zu können.
Im ersten Hauptabschnitt des Kāmasūtra werden zudem die vierundsechzig Künste und Sachgebiete aufgelistet, die der Autor als „Glieder des Kāma-

sūtra“ bezeichnet und mit denen eine Kurtisane, zumindest der Theorie nach, vertraut sein soll. Zu diesen hatten natürlich all jene Fertigkeiten und Kenntnisse zu gehören, die für ihr Gewerbe von Bedeutung waren. Darüber hinaus möge sie aber z.B. auch über die Befähigung zu Arbeiten im Haushalt und ein gewisses Maß an Gelehrsamkeit und Bildung verfügen; sogar Magie und Täuschungskünste sollen ihr nicht fremd sein (Kām. I, 3, 15). Diese Liste haben wir sicher als Hinweis darauf anzusehen, welche Funktionen außer ihren sexuellen Diensten sie im Rahmen der Ausübung ihres Gewerbes wahrnehmen und bezüglich welcher Lebens- und Tätigkeitsbereiche sie eigene Kompetenz aufweisen sollte.

Es gibt zudem noch manchen deutlichen Hinweis darauf, dass eine vornehme Kurtisane eine gehobene, wenn nicht sogar privilegierte Position einnehmen konnte. In der Dramenliteratur gehört sie zu jenem Personenkreis – neben Königen und gelehrten Brahmanen –, dem es erlaubt ist, Sanskrit zu sprechen. Im Kāmasūtra werden überdies die uttamagaṇikās, die „höchsten Kurtisanen“ – gaṇikā stellt diesem Text zufolge eine Art Ehrentitel dar (Kām. I, 3, 17-18) –, dazu aufgefordert, ihre Gewinne für religiöse Werke und Projekte der Wohltätigkeit zu verwenden. Speziell genannt werden dabei der Bau von Tempeln und Kultstätten für den Feuergott, die Verehrung der Götter und die Darbringung von Spenden an diese sowie die Ausstattung von Brahmanen mit Tausenden Rindern – dies soll, so heißt es, durch „würdige Vermittlung“ geschehen –, außerdem die Anlage von Teichen und Lustgärten sowie die Errichtung von Dammbauten (Kām. VI, 5, 28). Andere, niedriger stehende Prostituierte hingegen mögen ihre Einnahmen für die mit ihrem Gewerbe in Zusammenhang stehenden Zwecke ausgeben. Religiöse Stiftungen durch Kurtisanen sind auch inschriftlich belegt. Eine Inschrift aus Mathurā, die der Kuṣāṇazeit zuzuordnen ist, gibt davon Kunde, dass eine gaṇikā, die als „Schülerin von Asketen“ bezeichnet wird und deren Mutter demselben Gewerbe wie sie nachging, gemeinsam mit dieser, ihren beiden Kindern und ihrer ganzen Dienerschaft einen Schrein, einen Kultraum, eine Zisterne und Steinplatten – die vielleicht als Sitzgelegenheiten gedacht waren – für ein jainistisches Heiligtum gestiftet hat (Vogel, S.18). Kurtisanen konnten anscheinend auch ein gewisses Statusbewusstsein besitzen; verwiesen sei hier nur auf eine Stelle in dem Drama Mṛcchakaṭikā, in der als mögliche Liebhaber der Hauptheldin, der Kurtisane Vasantasenā, lediglich ein König, ein Günstling des Königs, ein junger und gelehrter Brahmane oder ein zu Reichtum gelangter Kaufmann

benannt werden (Mṛcch. II, 1). Gerade das Mṛcchakaṭikā vermittelt zudem einen Eindruck vom Lebensstil einer gehobenen Kurtisane, u.a. findet sich in ihm eine ausgiebige Beschreibung des Palastes und der Gefolgschaft der Vasantasenā (Mṛcch. IV, 28-29).
Zum Einfluss, über den Kurtisanen anscheinend machmal verfügen konnten, erfahren wir etwas aus einer Passage im Kāmasūtra, in der Vātsyāyana mitteilt, dass einer der früheren Autoren, auf die er sich beruft, ein gewisser Dattaka, auf „Ersuchen der Kurtisanen von Pāṭaliputra" eine Abhandlung über die Prostitution verfasst haben soll. Pāṭaliputra, die einstige Hauptstadt des Mauryareiches, scheint noch bis in die Guptazeit, allerdings wohl vor allem, was Religion und Gelehrsamkeit angeht, eine bedeutende Metropole gewesen zu sein. Ein Text, der von den hier ansässigen Kurtisanen in Auftrag gegeben worden war, könnte auch in anderen Teilen Indiens einen gewissen Grad an Bekanntheit, wenn nicht sogar Ansehen, erlangt haben. Im Kāmasūtra heißt es zumindest, dass „in Anlehnung an dieses", also das von Dattaka niedergelegte Werk, weitere Schriften zum Themenbereich Erotik und zwischengeschlechtliche Beziehungen entstanden seien (Kām. I, 1, 11-12).

Natürlich konnte Prostitution im alten Indien auch Gegenstand von Missbilligung sein. „Käufliche Frauen" allgemein werden bei Manu als „Dornen der Menschen" bezeichnet, ebenso wie korrupte Beamte, Betrüger, Spieler u.a. (Manu IX, 258-260). Weiterhin heißt es in dem Rechtsbuch, dass von jenen, die mittels eines Bordells ihren Lebensunterhalt erwerben – damit könnten auch die Betreiber von Bordellen und Zuhälter gemeint sein – keine Geschenke anzunehmen wären. Dies soll z.B. ebenso für Schnapsbrenner gelten, wobei ein Bordell die Verderblichkeit einer Schnapsbrennerei um das Zehnfache überträfe (Manu IV, 84-85; ähnlich IV, 216). Eine sehr negative Haltung gegenüber Prostituierten lässt sich des Weiteren im Rechtsbuch des Yājñavalkya erkennen, in dem vorgeschrieben wird, dass jemand, der von einer solchen oder bestimmten Tieren wie z.B. einem Affen, Esel oder Hund gebissen wurde, sich derselben Reinigungszeremonie unterziehen soll. Zur Bezeichnung der Prostituierten wird hier der Begriff puṁścalī verwendet, der mit „Dirne" oder „leichtfertige Frau" zu übersetzen wäre, also eine besonders negative Färbung besitzt (Yājñ. III, 277). Zudem deutet manches darauf hin, dass allzu idealisierende Vorstellungen bezüglich des Status und Ansehens einer vornehmen Kurtisane unangebracht sind. Sogar von gaṇikās darf seitens eines Angehörigen der drei oberen varṇas keine Speise angenommen werden, heißt es in der Manusmṛti wie bei Yājñavalkya (Manu IV, 209 und 219; Yājn. I, 161). Auf verächtliche Bemerkungen über Kurtisanen stoßen wir auch im Mṛcchakaṭikā. Vasantasenā z.B. wird zwar mehrfach als „edle Dame“ und „Zierde der Stadt“ gepriesen (Mṛcch. VIII, 23 und 25; Mṛcch. IX, 8), doch nach einem an ihr verübten Mordversuch wünscht ihr einer der männlichen Protagonisten, der glaubt, sie sei tot, dass sie in ihrem nächsten Leben nicht wieder eine Prostituierte sei, sondern in einer „reinen Familie“ wiedergeboren werden möge (Mṛcch. VIII, 43). Und als kurz darauf ein buddhistischer Mönch sie auffindet und fragt, was ihr zugestoßen sei, antwortet sie, gemäß der Regieanweisung „in Verzweiflung“: „Das, was einer Prostituiertenexistenz zukommt.“ (Mṛcch. VIII, 47) Mehrfach werden in dem Stück auch allgemeine eher negative Aussagen zum Charakter von Kurtisanen getroffen. Diese wären gefühllos und gierig, nähmen Männern ihr Geld, um sie dann zu verlassen (Mṛcch. IV, 14-15), und könnten sogar ihre gesellschaftlich hochstehenden „Kunden“ in die völlige Verarmung stürzen (Mṛcch. IV, 9). Auch Vasantasenā selbst soll „Geschicklichkeit im Betrügen“ eigen sein und der Verfasser Śūdraka legt ihr das Eingeständnis in den Mund, dass Prostituierte sich aufgrund des Umgangs mit verschiedenen Männern in falscher Höflichkeit üben würden (Mṛcch. IV, 1).

Allerdings sollten sich Prostituierte eines gewissen Schutzes erfreuen und zudem nicht völlig rechtlos sein. Im Rechtsbuch des Nārada heißt es, dass der König sich nicht des Schmucks einer Prostituierten bemächtigen soll, auch wenn er ihren ganzen sonstigen Besitz beschlagnahmt (Nār. XVIII, 10-11). Manu zufolge zählen Bordelle zu jenen Örtlichkeiten, die der Herrscher durch Soldaten und Spione überwachen lassen soll, um sie vor Dieben zu schützen (Manu IX, 264-266). Im Mṛcchakaṭikā soll der vermeintliche Mörder einer vornehmen Kurtisane mit dem Tode bestraft werden; Kritik zieht diese Entscheidung nur deswegen auf sich, weil der Betreffende ein Brahmane ist, denn nach Manu wäre es verboten, über Brahmanen eine solches Urteil zu verhängen (Mṛcch. IX, 39-40 und 43). Die Vergewaltigung einer Prostituierten soll nach Kauṭilya mit einer, wenn auch geringen Geldstrafe geahndet werden. Waren es mehrere Männer, die sich einer solchen Untat bei einer einzelnen dieser Frauen schuldig gemacht haben, konnte der entsprechende Betrag freilich für jeden der Beteiligten deutlich höher ausfallen (KA IV, 13, 38-39).

Doch wiederum muss, wenn für Prostituierte in den Texten Schutz gefordert wird, auch das Eigeninteresse von Männern mit in Betracht gezogen werden.

Körperliche Unversehrtheit und „Leistungsfähigkeit" der betreffenden Frauen sind für den Zuhälter und „Kunden" unabdingbare Voraussetzungen dafür, dass der eine geschäftlichen Erfolg erzielt und der andere sein Vergnügen findet. Der Schutz der Prostituierten entsprach natürlich auch den Interessen des Herrschers, da er aus ihrem Gewerbe Einnahmen beziehen wollte und sie überdies, wie wir noch sehen werden, seitens der staatlichen Macht für bestimmte andere Zwecke eingesetzt werden sollten.

Das zweite Buch des Kauṭilīya Arthaśāstra, in welchem vor allem die Pflichten und Aufgaben der königlichen Beamten behandelt werden, enthält ein Kapitel über den „Aufseher der Kurtisanen", d.h. solcher, die in den Diensten des Herrschers standen. Der oder die Verfasser des Werks vertraten möglicherweise die Ansicht, dass Prostitution ein Staatsmonopol darstellen sollte. Zumindest hatten sie keine Schwierigkeiten damit, dass sie als Quelle von Einkünften für den Herrscher dienen möge. Eine königliche Prostituierte wurde offenbar als unfrei angesehen. Sie soll jedoch nach Kauṭilya die Möglichkeit haben, sich loszukaufen, allerdings für eine wahrscheinlich außerordentlich hohe Summe (KA II, 27, 6). Der betreffende Beamte soll die Rekrutierung der Prostituierten vornehmen (KA II, 27, 1-3), ebenso aber Kontrollfunktionen ihnen gegenüber ausüben. So möge er z.B. über das, was sie „für den Genuss" – wohl den des Kunden – erhalten, die Geschenke, die man ihnen hat zukommen lassen, sowie ihre Einnahmen, Auslagen und Gewinne ein schriftliches Verzeichnis anlegen und dafür sorgen, dass sie keine Verschwendung begehen (KA II, 27, 10). Sie ihrerseits haben dem Beamten von ihren diversen Einkünften Kenntnis zu geben (KA II, 27, 24). Zur Sprache gebracht werden auch die Verfehlungen, derer eine Kurtisane sich schuldig machen kann. Wenn sie z.B. ihren Besitz verkauft oder verpfändet, die „Leistung" verweigert, obwohl sie bereits bezahlt wurde, oder dauerhaft „unwillig" ist, ohne krank zu sein, hat sie eine Geldstrafe zu entrichten (KA II, 27, 12 und 20-21). Unterlässt sie es, zu einem Mann zu gehen, obwohl ihr dies vom Herrscher befohlen wurde, soll sie tausend Rutenhiebe erhalten (KA II, 27, 19). Nimmt sie einem Mann das Leben, wird gefordert, dass sie lebendigen Leibes verbrannt oder ertränkt werde (KA II, 27, 22). Doch dem für sie zuständigen Beamten soll auch der Schutz der Prostituierten obliegen. So dürfen sie nicht durch Worte gekränkt, körperlich verletzt oder gar getötet, willkürlich eingesperrt oder um ihren Lohn und Besitz gebracht werden (KA II, 27, 12-17 und 23).

Und auch dem Arthaśāstra ist zu entnehmen, dass die Dienstleistungen, die von ihnen erwartet wurden, nicht auf das Erotische beschränkt blieben. So sollen sie nicht zuletzt, wie schon an anderer Stelle erwähnt, für Spionagezwecke eingesetzt werden. Dabei ist u.a. davon die Rede, dass der Obersteuereinnehmer Frauen, die als Prostituierte verkleidet seien, damit beauftragen möge, „Dörfer und Aufseher" auf ihre „Ehrlichkeit" bzw. „Unehrlichkeit" hin zu überprüfen (KA IV, 4, 4). Dass Kurtisanen, wenngleich in untergeordneter und eher schmückender oder repräsentativer Funktion, in den Bereich der Politik einbezogen sein konnten, erfahren wir auch aus anderen Texten. Sie sind bei höfischen Festlichkeiten wie Krönungen oder Siegesfeiern präsent, sollen auf Letzteren für Unterhaltung sorgen, gehören zur Begleitung von Herrschern auf Kriegszügen und Jagdausflügen oder zu denen, die Könige nach längerer Abwesenheit bei der Rückkehr in ihre Hauptstadt zu begrüßen haben.

Die Sphäre der Prostitution stellte unter manchem Gesichtspunkt eine Art Gegenwelt zu der der Familie dar, befand sich jedoch ebenso – und zwar speziell was die Interessen und Bedürfnisse von Männern anbetrifft – in einem gewissen Komplementärverhältnis zu ihr. Männern war es dank der Prostitution möglich, auch außerhalb der Ehe sexuelle Befriedigung zu finden, was für Frauen – zumindest der Theorie nach – nicht galt. Es scheint zudem, dass insbesondere für Männer der gehobenen Schichten die Bekanntschaft mit vornehmen Kurtisanen als eigenständiger kultureller Aspekt ihrer Lebensführung anzusehen ist. Männer setzten sich, wenn sie die Dienste von Prostituierten in Anspruch nahmen, hinsichtlich ihres Ansehens und gesellschaftlichen Status vermutlich kaum ernsthaften Gefahren aus. Verachtung, Tadel, Missbilligung trafen die Prostituierten, offenbar nicht oder zumindest weniger die Männer, denen sie sich hinzugeben hatten. Die angeführten Verbote der Rechtstexte zum Kontakt mit Prostituierten beziehen sich nur auf diese selbst, sie werden nicht auf Männer, die sich mit ihnen einlassen, ausgedehnt. Allenfalls hatten Männer im Hinblick auf Prostituierte bestimmte Regeln zu befolgen bzw. sich an einige rechtliche Vorschriften zu halten. Bezüglich des Verhältnisses der Welt der Prostitution zum Bereich der Ehe und Familie und der Unterschiede zwischen beiden muss aber auch bemerkt werden, dass sich wenigstens gehobenen Kurtisanen Möglichkeiten bieten konnten, die für Ehefrauen nicht bestanden. Andererseits barg das Dasein der Prostituierten allgemein auch diverse grundlegende Risiken in sich, z.B. was ihre wirtschaftliche Versorgung im

Krankheitsfall oder Alter, das Verhalten der „Kunden“ ihnen gegenüber sowie deren Zahlungsmoral anbetraf. Gerade das letztgenannte Problem wird z.B. in der Rechtsliteratur durchaus gelegentlich zur Sprache gebracht. Vor allem spätere Texte geben uns Kenntnis davon, dass Prostituierte zuweilen einen deutlichen sozialen Abstieg hinnehmen mussten und folglich auch unter erheblicher wirtschaftlicher Not zu leiden hatten.

Auf die Prostitution und das Dasein der Prostituierten im alten Indien wurde hier etwas genauer eingegangen, weil sich anhand dieses Erwerbszweigs mit besonderer Deutlichkeit aufzeigen lässt, dass die Situation von Frauen durch einen gewissen Grad an Ambivalenz gekennzeichnet sein und sehr unterschiedliche Facetten aufweisen konnte. Ohne damit grundlegende Unterschiede bezüglich der Lebensbedingungen der Geschlechter ausblenden zu wollen, darf auch Folgendes nicht völlig außer Acht gelassen werden: Die gesellschaftlichen Verhältnisse waren hinsichtlich der Welt der Männer wie der der Frauen auf ein außerordentlich hohes Maß an Differenzierung angelegt. Eine Minderheit von Frauen konnte in verschiedenen Lebensbereichen – so auf dem Feld der Prostitution oder in der Sphäre der Politik, anscheinend auch, was wirtschaftliche Macht angeht – eine herausgehobene Stellung einnehmen und sich besonderer Privilegien erfreuen. Noch ein weiterer Umstand muss berücksichtigt werden, ohne dass ihm übermäßiges Gewicht beigemessen werden soll: Wir besitzen so gut wie keine Selbstzeugnisse von Frauen und somit auch kaum Hinweise darauf, wie sie ihre Situation bewerteten. Die Frage, inwieweit Frauen generell das Empfinden hatten – zumindest für einige dürfte dies wohl zugetroffen haben –, in ihnen aufgezwungenen oder sie benachteiligenden Verhältnissen zu leben, müsste gesondert untersucht werden, dürfte sich aber schon aufgrund der bereits dargestellten Zeugnislage nur schwer ermitteln lassen.

Literatur

Altekar, Anant Sadasiv. 1957. *The Coinage of the Gupta Empire and its Imitations* (Corpus of Indian Coins Vol. IV). Banaras: Numismatic Society of India, Banaras Hindu University.

Burgess, James. 1883. *Report on the Buddhist Cave Temples and their Inscriptions.* (Archaeological Survey of Western India. New Imperial Series Vol. IV.) London: Trübner. Reprint New Delhi 1994.

Chakladar, Haran Chandra. 1954. *Social Life in Ancient India. A Study in Vatsyayanas's Kamasutra* (Second Revised Edition). Calcutta: Susil Gupta.

Devadhar, Cintamana Ramacandra (Hrsg.). 1966. *Mālavikāgnimitram of Kālidāsa. Critically Edited with Introduction, Translation, Notes and Useful Appendices*. Delhi u.a.: Motilal Banarsidass; zitiert als: Māl.

Devadhar, Cintamana Ramacandra (Hrsg.). 1984. *Works of Kālidāsa Vol. II: Poetry. Edited with an Exhaustive Introduction, Translation and Critical and Explanatory Notes*. Delhi: Motilal Banarsidass.

Devadhar, Cintamana Ramacandra/Suru N.G. (Hrsg.). 1934. *Abhijnāna-Śākuntalam of Kālidāsa. Edited with an Exhaustive Introduction, Translation and Critical & Explanatory Notes*. Delhi u.a.: Motilal Banarsidass; zitiert als: Śak.

Dikshit, Kashinath Narayan. 1929-30 bzw. 1933. Paharpur Copper-Plate Grant of the [Gupta] Year 159, in: *Epigraphia Indica* XX. Nr. 5, S. 59-64.

Epigraphia Indica, Calcutta, Delhi 1892 ff.; zitiert als: EI.

Fleet, John Faithfull (Hrsg.). 1888. *Corpus Inscriptionum Indicarum Vol. III: Inscriptions of the Early Gupta Kings and their Successors*. Calcutta: Office of the Superintendant of Government Print; zitiert als: CII III.

Goyal, Shri Ram. 1994. *An Introduction to Gupta Numismatics*. Jodhpur: Kusumanjali Prakashan.

Hultzsch, Eugen (Hrsg.). 1922. *Baudhāyanadharmasūtra*. (Abhandlung für die Kunde des Morgenlandes Bd. 16, Nr. 2). Leipzig: Brockhaus; zitiert als: Baudh.

The Indian Antiquary. Bombay-London 1872 ff.; zitiert als: IA.

Jolly, Julius (Hrsg.). 1881. *Viṣṇusmṛtiḥ. The Institutes of Vishṇu. Together with Extracts from the Sanskrit Commentary of Nanda Paṇḍita Called Vaijayanti. Edited with Critical Notes, an Anukramṇika, and Indexes of Words and Mantras*. Calcutta: Asiatic Society; zitiert als: Viṣ.

Jolly, Julius (Hrsg.). 1885. *The Institutes of Nārada. Together with Copious Extracts from the Nāradabhāshya of Asahāya and other Standard Commentaries.* Calcutta: Asiatic Society; zitiert als: Nār.

Kale, Moreshvar Ramacandra (Hrsg.). 1924. *Mrichchhakatika of Sudraka. Edited with the Commentary of Pṛthividhara (Enlarged where Necessary), Various Readings, a Literal English Translation, Notes, and an Exhaustive Introduction.* Delhi u.a.: Motilal Banarsidass. Reprint 1988; zitiert als: Mṛcch.

Kangle, R.P. (Hrsg.). 1960-65. *The Kauṭilīya Arthaśāstra.* 3 Bde. Delhi u.a.: Motilal Barnasidass; zitiert als: KA.

Lingat, Robert. 1973. *The Classical Law of India* (Translated from the French with Additions by J.D.M. Derrett). Berkeley: The Regents of the University of California.

Mirashi, Vasudev Vishnu (Hrsg.). 1955. *Corpus Inscriptionum Indicarum Vol. V: Inscriptions of the Vākāṭakas.* Ootacamund: Government Epigraphist of India; zitiert als: CII V.

Namouchi, Nicole. 1995. *Käufliche Liebe. Prostitution im alten Indien.* Frankfurt am Main u.a.: Peter Lang.

Njammasch, Marlene. 2001. *Bauern, Buddhisten und Brahmanen. Das frühe Mittelalter in Gujarat* (Asien- und Afrikastudien der Humboldt-Universität zu Berlin Bd 2). Wiesbaden: Harrassowitz Verlag.

Ramesh, K.V. 1973-74 bzw. 1986. *Three Early Charters from Sanjeli in Gujarat*, in: *Epigraphia Indica.* XL. Nr. 34: 175-186.

Ramesh K.V./Tewari, S.P. 1983. Risthal Inscription of Aulikara Prakasadharmma, [Vikrama] Year 572, in: *Journal of the Epigraphic Society of India.* IX: 96-103.

Rangaswami Aiyangar, K.V. (Hrsg.). 1941. *Bṛhaspatismṛti (Reconstructed).* Baroda: Oriental Institute; zitiert als: Bṛh.

Sastri, Alladi Mahadev (Hrsg.). 1897. *The Bhagavadgītā, with the Commentary of Sri Sankaracarya. Translated from the Original Sanskrit into English by Alladi Mahadev Sastri.* Madras: Samata Books. First Samata Edition 1977. Reprint 1988; zitiert als: Bhg.

Satya, Shrava. (Hrsg.). 1993. *The Dated Kushāṇa Inscriptions.* New Delhi: Pranava Prakashan; zitiert als: DKI.

Shastri, Jagadish Lal (Hrsg.). 1983. *Manusmṛti. With the Sanskrit Commentary Manvarthamuktāvalī of Kullūka Bhaṭṭa.* Delhi u.a: Motilal Banarsidass; zitiert als: Manu.

Shastri, Shri Devadutta (Hrsg.). 1982. *Kāmasūtra of Vātsyāyana with the Commentary Jayamaṅgala of Yaśodhara. Edited with Hindi Commentary.* Varanasi: Chaukhambha Sanskrit Sansthan; zitiert als: Kām.

Sircar, Dinesh Chandra (Hrsg.). 1965. *Select Inscriptions Bearing on Indian History and Civilization Vol. I: From the 6th Century B.C. to the 6th Century A.D.* Delhi: Asian Humanitas Print.

Stenzler, Adolf Friedrich. 1849. *Yājñavalkyadharmaśāstram. Yājñavalkya's Gesetzbuch. Sanskrit und Deutsch.* Berlin: Dümmler; London: Williams & Norgate; zitiert als: Yājñ.

Virkus, Fred. 2004. *Politische Strukturen im Guptareich (300-550 n.Chr.).* Wiesbaden: Harrassowitz Verlag.

Vogel, Jean Philippe. 1910. *Catalogue of the Archaeological Museum at Mathura.* Allahabad: Luker.

Xuan Zang. 1884. *Si-Yu-Ki. Buddhist Records of the Western World. Translated from the Chinese of Hieun Tsiang (A.D. 629) by Samue Beal.* London: Trübner & Co; zitiert als: Xuan Zang.

Mahasweta Devi

Draupadī

1.

Name Dopdi Mejhen, Alter 27 Jahre, Ehemann Dulna Majhi (tot), wohnhaft in Cherakhan, Kreis Bankrajharh; an der Schulter von einer Schusswunde stammende Narbe. Einhundert Rupien für Angaben ob tot oder lebendig und für Hinweise, die zur Ergreifung führen …

Wortwechsel zwischen zwei betressten Uniformen.
Erste: „Eine *Santali*[1] namens Dopdi? Die habe ich überhaupt nicht auf meiner Liste hier. Kann jemand einen Namen haben, der hier gar nicht drauf steht?"
Zweite: „Draupadī Mejhen. Dic Santal verkürzen das zu 'Dopdi'. Geboren in dem Jahr, als ihre Mutter beim Gutsherren Surya Sahu in Bakuli beim Reisdreschen arbeitete – dem Surya Sahu, der später umgebracht wurde. Surya Sahus Frau gab ihr diesen Namen."
Erste: „Diese Beamten können nichts als hochgestochene englische Berichte schreiben. Was schreiben sie denn so viel über die?"
Zweite: „Eine notorische Verbrecherin. Wird seit langem gesucht wegen …"

Der Hintergrund: Dulna und Draupadī waren als Erntehelfer ständig unterwegs zwischen Birbhum, Bardhwan, Murshidabad und Bankura. 1971, als bei der berühmten 'Operation Bakuli' drei Dörfer abgeriegelt und unter MG-Beschuss genommen wurden, entkamen die beiden, indem sie sich zu den Leichen legten und tot stellten. In Wahrheit waren sie die Rädelsführer. Sie steckten dahinter, als Surya Sahu und sein Sohn ermordet wurden, als die Dorfbewohner während der Dürre die Brunnen, die den höheren Kasten vorbehalten sind, in Besitz nahmen, und waren verantwortlich dafür, dass jene drei jungen Männer nicht der Polizei ausgeliefert wurden.
Und als Hauptmann Arjun Singh, der Architekt der Operation Bakuli, am nächsten Morgen die Leichen nachzählte und das Paar nicht darunter war,

1 Die *kursiv* gesetzten Begriffe werden in den Anmerkungen erklärt. (Anm. d. Übs.)

schoss sein Blutzuckerspiegel in ungeahnte Höhen, was einmal mehr beweist: Zuckerkrankheit hat viel mit Angst und Aufregung zu tun. Diabetes hat zwölf Ernährer, darunter die Angst.

Danach tauchten Dulna und Dopdi ab wie in das Dunkel urzeitlicher Täler und blieben lange Zeit verschwunden. Bei dem Versuch etlicher Spezialeinheiten, in dieses Dunkel einzudringen, mussten in verschiedenen Teilen Westbengalens eine ganze Menge Santal – Männer und Frauen, die bei der Ernte arbeiteten – ungewollt vor ihren Schöpfer treten, der bei ihnen Sing-Bonga heißt.
Zwar sind von der indischen Verfassung alle Menschen ohne Ansehen ihrer Kaste und ihres Glaubens gleichermaßen zu schützen, aber solche Geschichten passieren eben. Dafür gibt es zwei Gründe: erstens das außerordentliche Geschick, mit dem sich das verschwundene Paar verborgen hielt, und zweitens der Umstand, dass für die Spezialeinheiten sowohl die Santal wie auch die Stammesleute der austro-asiatischen *Munda* alle gleich aussehen.
Fazit: aus allen Ecken und Winkeln des berüchtigten Dschungelgebietes von Jharkhand, das der Polizeistation von Bankrajharh unterstellt ist (in unserem Indien untersteht selbst ein Wurm seiner jeweiligen Polizeistation), sogar aus den Gegenden im Südosten und Südwesten, Agni und Neirjhat, hagelt es schauerliche Augenzeugenberichte von Überfällen. Die Täter stehlen „Magazine" (da sie nicht sonderlich gebildet sind, sagen sie „gebt eure Magazine raus" statt „gebt eure Gewehre raus"), überfallen und töten Getreidegroßhändler, Grundbesitzer, Geldverleiher, Justiz- und Verwaltungsbeamte.
Ehe das schwarzhäutige Paar damals Hauptmann Arjun Singh durch die Lappen ging, heulten beide wie Schakale, sprangen um die Erschossenen herum und sangen in schrillen Tönen in einer urtümlichen Sprache, die nicht einmal ein Santal versteht:

Samare hizulenako
mar goyekope
und
Hende rambra keche keche
Pundi rambra keche keche.

Womit hinlänglich bewiesen ist, dass diese beiden an Hauptmann Arjun Singhs Diabetes schuld sind.

Da die Handlungsweise einer Regierung so undurchschaubar ist wie das *Purusha-Prinzip in der Samkya-Philosophie* oder die frühen Filme von Antonioni für einen Affen, wurde ausgerechnet Arjun Singh mit der Operation 'Dschungel von Jharkhand' betraut. Als er von der Aufklärung erfuhr, dass es sich bei besagtem heulenden und tanzenden Paar um die beiden flüchtigen Leichen handelte, glich er eine Zeit lang einem Zombie und entwickelte eine übersteigerte Furcht. Sobald er einen Schwarzen im Lendentuch sah, schrie er: „Die bringen mich um!“ und fiel in Ohnmacht, wobei er Mengen von Wasser ließ. Weder Uniformen noch die heilige Schrift der *Sikhs* konnten ihn von seiner Depression heilen.

Mr. Senanayak, ein bejahrter Bengale und *Spezialist für Kriegsführung und linksextremistische Politik*, schaffte es schließlich, ihn unter Androhung eines zwangsweisen vorzeitigen Ruhestandes vor seinen Schreibtisch zu beordern. Mr. Senanayak ist einer, der die Pläne, Stärken und Schwächen des Gegners besser kennt als dieser selbst.

Daher sang er Arjun Singh zunächst einmal ein Loblied auf das militärische Genie der Sikhs. Danach fragt er ihn, ob denn nur der Feind seine Macht aus den Gewehrläufen bezöge. Auch Arjun Singhs Macht komme doch aus dem männlichen Organ des Gewehrs. Ohne ein Gewehr in der Hand nützten einem heutzutage alle heiligen Prinzipien der Sikh-Religion überhaupt nichts. All das predigt Mr. Senanayak jedem Soldaten. So kommt es, dass die kämpfenden Truppen wieder Vertrauen in das Armee-Handbuch gewinnen. Das ist kein Buch für jedermann. Darin steht, dass der Guerillakrieg mit primitiven Waffen die abscheulichste und widerwärtigste Kampfform ist. Jeder, der auf diese Weise Krieg führt, muss sofort liquidiert werden – das ist die heilige Pflicht eines Soldaten. Dopti und Dulan fallen in besagte Kategorie, denn auch sie betreiben ihr tödliches Werk mit Waffen wie Pfeil und Bogen, Axt und Sichel. Tatsächlich ist ihre Schlagkraft größer als die der regulären Soldaten. Nicht alle von diesen sind geschickt genug, ein 'Magazin' zur Explosion zu bringen, sondern glauben, die Explosion käme ganz von selbst, wenn man das Gewehr richtig hält. Dulna und Dopdi dagegen sind Analphabeten und von Geburt an mit ihren Waffen vertraut.

An dieser Stelle muss gesagt werden, dass der Gegner jenen Mr. Senanayak zwar gering schätzt, dieser aber kein klein denkender Mensch ist. Was er auch praktisch tut, theoretisch achtet er die Ideale des Gegners. Denn er geht davon aus, dass man einen Feind nicht durchschauen und vernichten kann, wenn man annimmt, dass es sich bloß um ein paar Kerle handelt, die mit dem Gewehr herumspielen. 'In order to destroy the enemy become one.' Also

versteht er seine Gegner (theoretisch), indem er in ihre Haut zu schlüpfen versucht. Später will er einmal eine Abhandlung über dieses Thema schreiben. Darin wird er – auch das steht schon jetzt für ihn fest – die Soldaten herunter machen und das Anliegen der Erntearbeiter ins rechte Licht rücken. Dieser Gedankengang mag verwickelt erscheinen, aber in Wahrheit ist Senanayak ein einfach gestrickter Mensch und so zufrieden wie sein dritter Großonkel nach einer guten Mahlzeit von Schildkrötenfleisch. Auch ist ihm völlig klar, dass sich, wie schon der Refrain eines alten Volksliedes sagt, die Welt ständig ändert. Und in jeder Welt braucht er die notwendigen Empfehlungsschreiben, um ehrenvoll dazustehen. Falls nötig würde er der Zukunft schon mal beweisen, wie genau gerade er die Dinge perspektivisch richtig eingeschätzt hat. Er zweifelt keinen Moment daran, dass sein heutiges Tun in Zukunft vergessen sein wird, und er ist sich im Klaren, dass er in jeder Welt sehr wohl vorwärtskommen kann, wenn er nur jeweils deren Farbe anzunehmen versteht.
Heute wird er der Burschen noch mit Abschreckung und Auslöschung Herr, aber er weiß auch, dass die Leute das vergossene Blut und die Lehren daraus ziemlich bald vergessen haben werden. Gleichzeitig teilt er Shakespeares Überzeugung, dass der Jugend das Erbe der Welt in die Hände gelegt werden muss. Darin fühlt er durchaus wie Prospero.

Wie dem auch sei, bald verlautet, dass junge Männer und Frauen truppweise in Jeeps einen Polizeiposten nach dem anderen angegriffen haben und die ganze Gegend in Angst und Schrecken versetzend im Dschungel von Jahrkhand verschwunden sind. Und Dopdi und Dulna, die ja nach ihrem Verschwinden aus Bakuli bei fast allen Grundbesitzern der Gegend gearbeitet haben, sollen die Mörder mit brandneuen Informationen über die zu Ermordenden versorgt und stolz verkündet haben, auch sie stünden in einer Reihe mit den Kämpfern. Schließlich umstellte die Armee den unzugänglichen Dschungel von Jharkhand, Soldaten drangen ein und durchkämmten das Schlachtfeld nach den Flüchtigen. Gleichzeitig zeichneten Kartographen das Waldgelände auf und bewachten versteckt Quellen und Wasserstellen. Das machen sie bis heute. Bei dieser Aktion erspähte der Kundschafter Dukhiram Gharhari einen jungen Santal, der auf einem flachen Stein lag und den Mund ins Wasser tauchte, um zu trinken. In dieser Stellung erschoss er ihn. Die 303 riss ihn mit ausgestreckten Armen fort. Blutiger Schaum trat ihm aus dem Mund, er schrie laut 'Ma-ho' und fiel zusammen. Später stellte sich heraus, dass er der berüchtigte Dulna Majhi gewesen war.

Was bedeutet der Ruf 'Ma-ho'? Ist es ein extremistischer Slogan in der Stammessprache? Im Verteidigungsministerium zermartert man sich vergeblich den Kopf. Zwei Spezialisten für Stammeskunde werden aus Kalkutta eingeflogen. Schwitzend durchforsten sie die Wörterbücher von Hoffmann-Jeffer und Golden-Palmer. Schließlich lässt der allwissende Senanayak Chamru rufen, einen Santal, der im Lager als Wasserträger arbeitet. Der kichert, als er die beiden Spezialisten sieht, kratzt sich mit seiner *Bidi* am Ohr und sagt. „Das ist doch der Ruf, mit dem die Santal aus Malda damals, zur Zeit von König Gandhi, in den Kampf gezogen sind. Ein Kampfruf ist das. Wer hat hier 'Ma-ho' gerufen? Ist jemand aus Malda hier?"
Somit ist dieses Problem gelöst. Danach legen die Soldaten Dulnas Leichnam auf den besagten Stein, ziehen sich grüne Tarnuniformen an, klettern auf die Bäume, umarmen die belaubten Zweige wie der Gott Pan, ertragen die Bisse der findigen Baumameisen an ihren intimsten Körperteilen und lauern darauf, dass jemand den Leichnam holt. Das ist zwar ein Jagdstil, keine Kriegstaktik, aber Senanayak weiß, mit herkömmlichen Methoden kommt man diesen Teufeln nicht bei. Also legt er den Leichnam als Köder aus, um die Beute anzulocken. „Alles wird sich aufklären", sagt er. „Ich habe auch schon fast entschlüsselt, was Dopdi gesungen hat."
Die Soldaten folgen seinen Befehlen. Aber niemand kommt, um Dulnas Leichnam zu holen. Im Dunkel der vorrückenden Nacht hören die Soldaten ein Kratzen und Scharren und feuern Schüsse ab. Doch als sie von den Bäumen steigen, sehen sie, dass sie zwei Stachelschweine erlegt haben, die auf dem trockenen Laubbett ihr Liebesspiel trieben. Der Späher Dukhiram Gharhari, der die Soldaten durch den Wald führt, läuft unvorsichtigerweise plötzlich mit dem Hals in eine Sichel, noch ehe er die Belohnung für den Fang Dulnas einfordern kann. Die Soldaten, die Dulnas Leiche wegtragen, werden hundertfach gepiesackt, weil sich die in ihrem Leichenschmaus gestörten Ameisen auf sie stürzen. Als Senanayak hört, dass niemand gekommen ist, Dulnas Leichnam zu holen, schlägt er mit der Faust auf das antifaschistische Paperback 'The Deputy', das er gerade liest, und schreit „What?" Genau da stürmt einer der Stammeskundler herein und verkündet strahlend wie Archimedes: „Ich hab's, Sir! Ich weiß jetzt was dieses 'hende rambra' bedeutet. Es ist Mundari."

Also geht die Suche nach Dopdi weiter. Im Dschungelgürtel von Jharkhand geht die Aktion weiter und weiter. Sie sitzt der Regierung am Hintern wie ein Eitergeschwür, das sich weder durch Einreibungen noch durch Malventinktur

zum Aufgehen bringen lässt. In der ersten Phase werden die Flüchtigen, die sich nicht in der Topografie des Dschungels auskennen, rasch eingefangen und nach den Regeln der offenen Konfrontation auf Kosten des Steuerzahlers mit Kugeln durchsiebt. Nach diesen Regeln werden ihre Augäpfel, Gedärme, Mägen, Herzen und Geschlechtsteile zur Nahrung von Schakalen, Geiern, Hyänen, Wildkatzen, von Ameisen und Würmern. Die blanken Gerippe werden dann mit Freuden von den *Doms* verkauft.
In der nächsten Phase stellen sie sich nicht mehr in offener Konfrontation. Es sieht ganz so aus, als ob sie einen zuverlässigen Kurier gefunden hätten. Zehn zu eins, dass es Dopdi ist. Dopdi liebte Dulna mehr als ihr Blut. Sicher hilft sie jetzt den Flüchtigen.

'Den' Flüchtigen – diese Aussage ist hypothetisch.
Wieso?
'Wie viele waren es denn ursprünglich?'
Die Antwort ist Schweigen. Darüber gibt es viele Geschichten. Ganze Bücher werden darüber gedruckt. Besser, man glaubt nicht alles.
Wie viele wurden in sechs Jahren offener Konfrontation getötet?
Die Antwort ist Schweigen.
Warum hatten die Skelette nach dem offenen Kampf gebrochene oder abgetrennte Arme? Können armlose Menschen denn angreifen? Warum waren die Schlüsselbeine lose, warum Beine und Rippen zerschmettert?
Darauf gibt es zwei Antworten. Schweigen. Oder vorwurfsvolle Blicke. Schäm dich. Darüber redet man doch nicht. Was sein muss …
Wie viele sind jetzt noch im Dschungel?
Schweigen.
Eine ganze Legion? So viele, dass es gerechtfertigt ist, ein ganzes Bataillon auf Kosten des Steuerzahlers in diesem unzivilisierten Umfeld einzusetzen?
Antwort: 'Einspruch.'
'Unzivilisiertes Gebiet' trifft nicht zu. Die hier stationierten Soldaten werden mit ausgewogener Nahrung versorgt, medizinisch betreut und haben alle Möglichkeiten zur Ausübung ihrer jeweiligen Religion. Sie können ein Unterhaltungsprogramm empfangen und im Film 'So ist das Leben' Sanjiv Kumar und Gott Krishna von Angesicht zu Angesicht begegnen. Das Gebiet ist nicht unzivilisiert.
Wie viele sind noch übrig?
Die Antwort ist Schweigen.
Wie viele sind noch übrig? Gibt es überhaupt noch jemanden?

Die Antwort ist lang.
Egal, die Aktion geht weiter. Die Geldverleiher, Gutsbesitzer, Getreidegroßhändler, ungenannte Schnapsbrenner, Bordellbesitzer und frühere Informanten leben immer noch in Angst. Die Hungrigen und Nackten sind immer noch stur und aufsässig. In einzelnen Gebieten werden die Erntearbeiter besser bezahlt. Die Dörfer, die mit den Flüchtigen sympathisieren, sind immer noch stumm und feindselig. All diese Vorkommnisse legen es nahe ...

Und wie passt Dopdi Mejhen in dieses Bild?
Mit Sicherheit hat sie Verbindung zu den Flüchtigen. Der Grund zur Besorgnis liegt woanders. Die übrig Gebliebenen leben seit langem im tiefen Dschungel. Sie haben die Unterstützung der armen Erntearbeiter und Stammesleute. Diese Unterstützung hat sie wahrscheinlich ihr ganzes Bücherwissen vergessen lassen. Auf dem Boden, auf dem sie sich befinden, benutzen sie ihr Bücherwissen höchstens als Orientierung, um neue Kampfmethoden und Überlebenstechniken zu lernen. Wer allein von angelesenem Wissen und innerer Begeisterung geleitet wird, den kann man leicht auslöschen. Wer aber praktische Erfahrung nutzt, den bringt man nicht so leicht zur Strecke.
Fazit: die Operation Dschungel von Jharkhand kann nicht beendet werden. Warum? Siehe die Warnung im Armee-Handbuch.

2.

Fangt Dopdi Mejhen. Sie wird uns die anderen ins Netz führen.

Dopdi geht langsam voran. Sie hat etwas Reis in ihr Hüfttuch gebunden, den ihr Mushai Tudus Frau gekocht hatte. Das tut sie manchmal. Wenn der Reis etwas abgekühlt ist, bindet ihn Dopdi in ihr Hüfttuch und geht langsam davon. Beim Laufen fährt sie sich mit den Fingern durchs Haar und knackt Läuse. Wenn sie etwas Kerosin bekäme, könnte sie sich die Kopfhaut damit einreiben und die Läuse abtöten. Dann könnte sie sich den Kopf mit Soda waschen. Aber um jede Wasserquelle herum lauern diese Hunde. Wenn sie im Wasser Kerosin riechen, werden sie dem Geruch nachgehen.

Dopdi!
Dopdi reagiert nicht. Sie antwortet nie, wenn man sie mit ihrem Namen anspricht. Erst heute hat sie im Büro des Dorfrats den Aushang mit der Beloh-

nung gesehen, die auf sie ausgesetzt ist. „Was guckst du?“, fragte Mushai Tudus Frau. „Dopdi Mejhen ist was wert. Wer sie anzeigt, kriegt richtig Geld!“
„Wie viel?“
„Zweihundert!“
„Oh Gott!“

Draußen vorm Büro sagt Mushais Frau: „Diesmal bereiten sie etwas Gewaltiges vor. Alles neue Polizisten.“
„Hm.“
„Lass dich besser hier nicht mehr sehn.“
„Warum?“
Mushais Frau blickt zu Boden: „Tudu hat gesagt, dass dieser Sahib wieder da ist. Wenn sie dich kriegen, werden sie das Dorf, unsere Hütten …“
„Wieder niederbrennen.“
„Hm. Und das mit Dukhiram …“
„Hat der Sahib das rausgekriegt?“
„Shomai und Budhna haben es verraten.“
„Wo sind sie?“
„Sind mit dem Zug abgehauen.“

Dopdi denkt an etwas und sagt dann: „Geh heim. Ich weiß nicht, was passiert. Wenn sie mich erwischen, kennt ihr mich nicht.“
„Kannst du nicht abhauen?“
„Nein. Wie oft soll ich noch abhauen, sag? Sollen sie mich doch erwischen. Sie werden mich fertigmachen, na und?“
Mushai Tudus Frau sagt: „Wir können nirgendwohin.“
„Ich werde keine Namen verraten“, sagte Dopdi ruhig.

Dopdi weiß, sie hat es inzwischen so oft gehört, wie man mit der Folter fertig wird.
Wenn Körper und Geist unter der Folter zerbrechen, wird Dopdi sich die Zunge abbeißen. Der Junge hat sich die Zunge abgebissen. Sie haben ihn fertig gemacht. Wenn sie dich fertig machen, sind deine Hände auf dem Rücken festgebunden. Jeder deiner Knochen ist kaputt und deine Scham eine einzige schreckliche Wunde ... Unbekannte Person männlichen Geschlechts, Alter 22, bei einem Zusammenstoß mit der Polizei getötet.

Während sie in Gedanken vor sich hin geht, hört sie jemanden rufen: 'Dopdi!'
Sie reagiert nicht, Wenn sie mit ihrem richtigen Namen gerufen wird, reagiert sie nicht. Hier heißt sie Upi Mejhen. Aber wer kann es sein, der sie ruft?

Ständig trägt Dopdi die Stacheln des Argwohns in sich. Als sie 'Dopdi' hört, stellen sie sich steil auf wie die eines Stachelschweins. Beim Gehen spult sie im Kopf den Film mit den bekannten Gesichtern ab. Shomra? Nein, der ist auf der Flucht. Shomai und Budhna auch nicht, die sind aus anderen Gründen weg. Golok? Nein, der ist in Bakuli. Jemand aus Bakuli? Nach Bakuli hatten sie und Dulna ihre Namen in 'Upi Mejhen' und 'Matang Majhi' geändert. Hier weiß außer Mushai Tudu und seiner Frau keiner, wie sie wirklich heißt. Von den jungen Soldaten aus dem früheren Trupp kannten sie nicht alle.

War das eine schlimme Zeit! Dopdi schwirrt der Kopf, wenn sie daran denkt. 'Operation Bakuli' in Bakuli. Surya Sahu hatte im Komplott mit Biddi Babu im Laufe von zwei Jahren jeweils an den äußeren Grenzen seines Grundbesitzes zwei Röhren- und drei andere Brunnen gegraben. Nirgends Wasser, und das Land ächzte unter der Dürre. Aber bei Surya Sahu gab es unbegrenzt Wasser, klar wie ein Krähenauge.
„Bezahlen Sie Ihre Kanalsteuern und nehmen Sie das Wasser daher. Alles ringsum verdorrt."
„Welchen Gewinn habe ich denn, wenn ich mehr ernte, dafür aber Geld für Steuern ausgeben muss?"
„Alles ringsum verbrennt doch!"
„Haut ab, euer Dorfrat-Gewäsch geht mich nichts an. Ich brauche das Wasser, um höhere Erträge zu kriegen. Die Hälfte vom Reis wollen die Pächter haben. Wenn der Reis nicht reicht, dann werden alle kirre. 'Gib uns Reis, gib uns Geld', heißt es dann. Macht euch weg, ich habe gesehen, was es bringt, euch Gutes zu tun."
„Was hast du uns Gutes getan?"
„Habe ich kein Wasser ins Dorf gebracht?"
„Deinem Verwandten Baghunath hast du es gegeben!"
„Bekommt ihr kein Wasser?"
„Nein, die Unberührbaren kriegen kein Wasser."

Das brachte den Strick zum Zerreißen. In der Dürre ist die Geduld der Menschen rasch abgebrannt. Satish und Yugal aus dem Dorf und jener junge

Bengale – Rana oder so ähnlich hieß er – sagten: „Ein reicher Landbesitzer rückt niemals was raus. Macht ihn alle."
In der Nacht wurde Surya Sahus Haus umstellt. Surya hatte sein Gewehr herausgeholt. Mit einem Kuhstrick wurde er gefesselt. Seine weißlichen Augäpfel rollten, er machte sich in die Hosen. Dulna sagte: „Der erste Schlag ist meiner. Mein Urgroßvater hat sich Reis von ihm geborgt, deswegen muss ich bis heute als Schuldknecht für ihn schuften."
Dopdi sagte: „Wenn er mich ansah, lief ihm das Wasser im Munde zusammen. Die Augen will ich ihm ausreißen."
Das war die Geschichte mit Surya Sahu. Dann kam die telegrafische Nachricht aus Shiurhi. Ein Sonderzug voll Armee. Die Jeeps schafften es nicht bis Bakuli. Also wurde marschiert. Der Kies knirschte unter den genagelten Stiefeln. Abriegeln, Befehle über das Mikro. „Yugal Mandal, Satish Mandal, Rana alias Prabir alias Dipak, Dulna Majhi, Dopdi Mejhen: Ergebt euch." – „Sie ergeben sich nicht, also mäht das Dorf nieder." Tack-tack-tack-tack rund um die Uhr. Der Gestank von Schießpulver. Flammenwerfer. Bakuli brennt. Noch mehr Männer, Frauen und Kinder? Schießt, schießt! Riegelt die Zufahrtsstraße ab! Alles vorbei bis zum Einbruch der Dunkelheit. Dopdi und Dulna konnten sich nur kriechend retten.
Von Bakuli hätten sie es nicht bis Paltakuri geschafft. Bhupati und Tapa nahmen sie mit. Dann wurde entschieden, dass Dopdi und Dulna im Gürtel von Jharkhand arbeiten sollten. „Das ist gut so", hatte Dulna zu Dopdi gesagt. „Zwar werden wir kein Zuhause und keine Kinder haben. Aber wer weiß, vielleicht kommt ja der Tag, an dem es keine Gutsherren, Wucherer und Polizisten mehr gibt."

Wer ist es nur, der sie von hinten ruft?
Dopdi geht weiter. Vorbei am Dorf, an Feldern, Gebüsch, Markierungspfeilern von öffentlichen Bauvorhaben.
Das Geräusch beschleunigter Schritte in ihrem Rücken. Es ist einer, der rennt. Noch gut zwei Meilen bis zum Dschungel von Jharkhand. Sie denkt jetzt nur an den Dschungel. Wenn sie den erreicht hat, ist sie in Sicherheit. Sie muss ihnen sagen, dass die Polizei wieder einen Aushang über sie gemacht hat. Und dass dieser verfluchte Sahib wieder da ist. Alle müssen ihren Unterschlupf wechseln. Und außerdem müssen sie den Plan aufgeben, mit Lakshmi Bera und Naran Bera genauso zu verfahren wie mit Surya Sahu, weil sie den Feldarbeitern in Sandara ihren Lohn nicht geben wollen. Somai und Budhna wissen alles. Das Gefühl äußerster Dringlichkeit schnürt Dopdi

die Rippen zusammen. Ihr fällt ein, dass sie sich als Santali nicht für den Verrat von Somai und Budhna zu schämen braucht. In Dopdis Adern rinnt das heilige, unverfälschte schwarze Blut von *Champabhumi*. Auf dem Weg von Champa nach Bakuli waren tausend und abertausend Monde auf- und untergegangen. Dopdi ist stolz auf ihre Ahnen. Mit Pfeilen, getränkt mit dem Gift aus schwarzen Kunch-Beeren, hatten sie streng darüber gewacht, dass das Blut ihrer Frauen und Mädchen rein blieb. Somai und Budhna dagegen sind Mischlinge, Früchte des Krieges. Das Geschenk der in Shiandanga stationierten amerikanischen Soldaten an Rarhabhumi, das Land am westlichen Ufer des Ganges. Eher hackt eine Krähe der anderen ein Auge aus, als dass ein Santal einen anderen Santal ans Messer liefert.

Schritte in ihrem Rücken. Noch immer im gleichen Abstand. Im Hüfttuch der Reis, in der eingenähten Tasche Tabakblätter. Weder Arijit, Malini, Shamu noch Mantu rauchen Bidis oder Zigaretten, nicht einmal Tee trinken sie. Tabakblätter und Kalk. Außerdem in Papier eingedreht bittere Alkuli-Samen. Ein unfehlbares Mittel bei Skorpionstichen. Alles unentbehrlich.
Dopdi biegt nach links ein. Das ist der Weg zum Camp. Zwei Meilen weit. Das ist nicht der Weg in den Dschungel. Mit einem Spitzel im Nacken geht Dopdi doch nicht in den Dschungel.
Bei meinem Leben, Dulna, bei meinem Leben schwör ich dir: nichts werd ich sagen.

Das Geräusch der Schritte wendet sich nach links. Dopdi greift an ihre Hüfte. Der kleine Halbmond, den sie fühlt, gibt ihr Sicherheit. Eine winzige Sichel. Die Schmiede von Jharkhand verstehen ihr Handwerk. „Wir machen sie dir so scharf, wie es geht, Upi – es gibt ja noch Hunderte von Dukhirams.“ Gut, dass Dopdi hier und nicht woanders geboren ist. So wie in Jharkhand versteht sich kein Schmied auf Sensen, Sicheln, Beile und Messer. Schweigend machen sie ihre Arbeit.
In der Ferne tauchen die Lichter des Camps auf. Wieso geht Dopdi überhaupt in diese Richtung? Halt mal, hier biegt der Weg ganz leicht ab. Haha! Ich weiß immer, wo es lang geht – selbst im Dunkeln und mit verbundenen Augen. Ich geh nicht in den Wald und komme auch nicht vom Weg ab. Mir geht die Puste nicht aus. Verfluchter Spitzel, stirbst vor Angst um dein Leben! Mir hinterherrennen? Wenn dir die Luft wegbleibt, schmeiß ich dich in den Graben und mach dich fertig.

Nichts werden sie aus ihr herauskriegen. Dopdi hat sich das neue Camp angesehen. Mit einer Bidi im Mund hat sie an der Busstation gesessen, sich mit den Leuten unterhalten und herausgefunden, wie viele Polizeikonvois angekommen sind und wie viele Funkwagen. Eine einfache Rechnung: Kürbisse vier, Zwiebeln sieben und Peperoni fünfzig. Diese Nachricht kann sie jetzt nicht weitergeben. Sie werden daran sicher erkennen, dass Dopdi Mejhen geschnappt worden ist, und fliehen. Arijits Stimme: „Falls einer gefasst wird, müssen die anderen die Zeit abpassen und ihren Unterschlupf wechseln. Wenn sich Genossin Dopdi verspätet, warten wir nicht hier. Wir werden ihr ein Zeichen hinterlassen, wo wir sind. Kein Genosse darf zulassen, dass andere seinetwegen umkommen."

Arijits Stimme. Wie das Gurgeln von Wasser. „Die Spitze des hölzernen Pfeils unter dem Stein zeigt in die Richtung, in der wir uns versteckt halten."
Das gefällt Dopdi, es leuchtet ihr ein. Dulna ist umgekommen. Aber er hat niemand mit in den Tod gerissen. Am Anfang habt ihr das nicht bedacht. Wenn einer erwischt wurde, tappte ein anderer seinetwegen in die Falle. Die jetzige Regel ist viel härter, aber einfach und klar. Dopdi kommt zurück – gut; Dopdi kommt nicht zurück – Pech. Unterschlupf wechseln. Das Zeichen so setzen, dass es der Gegner nicht sieht, und selbst wenn er es sieht, nicht versteht.

Schritte hinter ihr. Dopdi biegt erneut ab. Diese dreiundeinhalb Meilen über Stock und Stein sind der beste Weg in den Dschungel. Dopdi hat ihn hinter sich gelassen. Vor ihr ein Stück flaches Land. Dann wieder steinige Gegend. In solch unebenem Gelände hat die Armee noch nie ihr Camp errichtet. Hier ist es einsam. Ein richtiger Irrgarten. Ein Felsen sieht aus wie der andere. Dopdi wird den Schakal zum Verbrennungsplatz führen. Dorthin, wo auch Patita Paban aus Saranda einstmals der Göttin Kali geopfert wurde.

„Festnehmen!"
Ein Hügel erhebt sich, ein zweiter und noch einer. Der alte Senanayak ist beides: erfreut und enttäuscht. Wenn du den Feind zerstören willst, schlüpfe in seine Haut. Das hatte er getan. Erfreut ist er, weil er seit sechs Jahren jede Bewegung des Gegners vorhersagen kann und das bis heute klappt. Was die Literatur betrifft, so ist er auf dem neuesten Stand und hat 'First Blood' gelesen und darin sein Denken und Handeln bestätigt gefunden.

Enttäuscht und traurig ist er, weil ihm Dopdi kein Schnippchen hat schlagen können. Vor sechs Jahre hat er anhand von Statistiken, die in seinen Gehirnzellen gespeichert waren, eine Abhandlung geschrieben. Darin bewies er, dass aus der Sicht der Feldarbeiter auch er deren Kampf unterstützt. Dopdi ist eine Feldarbeiterin, eine langjährige und erfahrene Kämpferin, die folglich aufzuspüren und zu eliminieren ist. Dopdi Mejhen wird gerade festgenommen. Also wird sie eliminiert. Wie bedauerlich.

„Halt!"
Dopdi erschrickt und bleibt stehen.
Die Schritte kommen um sie herum nach vorn. Der Damm in Dopdis Rippen bricht. Alles ist aus. Surya Sahus Bruder Rotoni Sahu. Von vorn rücken zwei Hügel vor: Shomai und Budhna. Sind also nicht mit dem Zug abgehauen.

Arijits Stimme: „So wie du weißt, wann du gewonnen hast, so musst du dir auch deine Niederlage eingestehen und zur nächsten Etappe des Kampfes übergehen."

Jetzt breitet Dopdi beide Hände aus, hebt ihr Gesicht zum Himmel, dreht sich in Richtung Dschungel und schreit mit aller Kraft, die ihr innewohnt. Einmal, zweimal, dreimal. Beim dritten Schrei schrecken die Vögel auf den Bäumen am Rand des Dschungels von Jharkhand aus ihrem Schlaf, schlagen mit den Flügeln und beginnen zu rufen. Weithin hallen die Schreie wider.

3.

Draupadī Mejhen wird 18.57 Uhr festgenommen. Eine Stunde dauert es, sie zum Camp zu bringen. Eine Stunde genau dauert auch das Verhör. Niemand rührt sie an, und sie darf auf einem Feldstuhl aus Leinwand sitzen. 20.57 Uhr ist die Zeit für Senanayaks Abendessen gekommen. „Tut das Notwendige. Richtet sie schön zurecht", sagt er beim Hinausgehen.

Dann gehen eine Million Monde vorüber. Eine Million Mondjahre. Als sie nach Tausenden von Lichtjahren die Augen öffnet, sieht Draupadī, wie sonderbar, den Himmel und den Mond. Langsam driften die blutigen Stecknadelköpfe aus ihrem Gehirn. Sie versucht, sich zu bewegen und begreift, dass ihre Arme und Beine an vier Pflöcken festgebunden sind.

Unter Hintern und Hüften ist etwas Klebriges. Ihr eigenes Blut. Nur den Knebel hat sie nicht mehr im Mund ... Schrecklicher Durst. Um nicht 'Wasser' zu rufen, beißt sie sich mit den Zähnen in die Unterlippe. Aus ihrer Scheide läuft Blut. Wie viele haben sie 'zugerichtet'?
Sie schämt sich, weil ihr die Tränen aus den Augenwinkeln rinnen. Im trüben Mondlicht senkt sie ihre glanzlosen Augen, erblickt ihre Brüste und begreift, dass sie Senanayaks Befehl voll ausgeführt haben. Jetzt müsste sie ihm gefallen. Ihre Brüste sind von Bissen zerfleischt, die Brustwarzen zerfetzt. Wie viele? Vier, fünf, sechs, sieben, dann hatte Draupadī das Bewusstsein verloren. Sie dreht die Augen zur Seite und sieht etwas Weißes. Ihre eigene Bekleidung. Sonst nichts. Plötzlich hofft sie auf ein Wunder. Vielleicht hatte man sie aufgegeben und zum Fraß für die Schakale nach draußen gebracht. Aber da hört sie das Scharren von Füßen. Sie wendet sich zur Seite und sieht den Wachposten, der sich auf sein Bajonett stützt und sie angrinst. Draupadī schließt die Augen. Sie braucht nicht lange zu warten. Wieder machen sie sich über sie her. Endlos. Der Mond speit noch ein paar Brocken Licht aus und geht dann schlafen. Übrig bleibt nur Dunkelheit. Ein Leib, der mit gewaltsam gespreizten Beinen reglos daliegt. Über ihm heben und senken sich eifrige Kolben aus Fleisch, heben und senken sich.
Dann wird es Morgen.

Dann bringt man Draupadī zum Zelt und wirft sie aufs Stroh. Man wirft ihr das Tuch, das sie getragen hatte, über den Körper.
Nachdem drinnen das Frühstück beendet, die Zeitung ausgelesen sowie der Funkspruch 'Draupadī Mejhen festgenommen' durchgegeben ist, ergeht der Befehl, Draupadī Mejhen vorzuführen.
Aber da gibt es auf einmal Ärger.

Als man ihr befiehlt 'los', setzt sich Draupadī auf und fragt: „Wohin denn?"
„Zum Zelt des Sahibs."
„Wo ist das Zelt?"
„Na dort." Draupadī richtet ihre roten Augen auf das nahe Zelt. „Ich geh ja schon."
Die Wache reicht ihr den Krug mit Wasser hin.
Draupadī erhebt sich. Gießt das Wasser aus und wirft den Krug auf die Erde. Nimmt das Tuch zwischen die Zähne und reißt es kaputt. Angesichts eines solchen Verhaltens ruft der Wachposten: „Sie ist verrückt geworden!" und läuft los, um sich einen entsprechenden Befehl zu holen. Er kann die Ge-

fangene vorführen, weiß aber nicht, was er machen soll, wenn diese sich unbegreiflich verhält. Da muss er seinen Vorgesetzten fragen.
Ein Gerenne geht im Gefängnishof los, als ob jemand ausgebrochen wäre. Alarmiert kommt Senanayak aus dem Zelt und sieht im gleißenden Sonnenlicht die nackte Draupadī direkt auf sich zukommen. Hinter ihr die erschreckten Wachen.
„Was soll das?", will er schon schreien, schweigt dann aber.
Draupadī bleibt vor ihm stehen, nackt, Schenkel und Schamhaar verkrustet von Blut, die Brüste zerschunden.
„Was soll das?", will er schreien. Draupadī geht näher an ihn heran. Sie stemmt die Hände in die Hüften, lacht und sagt: „Dopdi Mejhen, die du gewollt hast. Du hast ja gesagt, sie sollen mich schön zurichten. Willst du nicht sehen, ob ich schön genug bin?"
„Wo ist ihre Kleidung?"
„Die zieht sie nicht an, Sir, hat sie zerrissen."
Draupadīs schwarzer Körper kommt noch dichter an ihn heran. Sie wird, völlig unverständlich für Senanayak, von einem unbändigen Lachen geschüttelt. Ihre zerschundenen Lippen bluten bei diesem Lachen. Sie wischt das Blut mit dem Handrücken ab und sagt mit schriller, scharfer Stimme, einer Stimme, gleich einem Heulen, das den Himmel zerreißt: „Kleidung, kann Kleidung das zudecken? Ausziehen kannst du mich. Aber anziehen? Sowas will ein Mann sein!"
Draupadī sieht sich um, sucht sich Senanayaks weißes Buschhemd als Ziel, um einen Klumpen blutige Spucke darauf zu platzieren, und sagt: „Hier gibt es keinen richtigen Mann, dass ich mich schämen müsste. Von euch lass ich mich nicht anziehen. Was wollt ihr machen? Los, richtet mich zurecht, na los!"
Mit ihren beiden zerfleischten Brüsten stößt Draupadī Senanayak an, und zum ersten Mal packt Senanayak einem unbewaffneten Ziel gegenüber Angst, entsetzliche Angst.

Aus dem Bengalischen übersetzt von Barbara DasGupta. Erstmals veröffentlicht wurde diese Erzählung in dem Band „Agnigarbha" (Kalkutta 1978).

Anmerkungen der Übersetzerin

Santal, weibl. Santali: Zur Mundari-Sprachfamilie gehörende „Stammesgemeinschaft" in den indischen Bundesstaaten Jharkhand und Westbengalen.
Munda: Zur Mundari-Sprachfamilie gehörende „Stammesgemeinschaft" in Jharkhand und Westbengalen.
Das Purusha-Prinzip in der Samkhya-Philosphie: Das passive, männliche Prinzip.
Sikh: Religiöse Gemeinschaft; Ajun Singh ist ein Sikh.
Spezialist für Kriegsführung und linksextremistische Politik: Im Mai 1967 ereignete sich in Naxalbari (Westbengalen) ein kommunistisch inspirierter Bauernaufstand. Daraus entwickelte sich eine sozialrevolutionäre Bewegung, die – nach ihrem Ursprungsort – Naxalitenbewegung genannt wurde und die auch auf andere indische Bundesstaaten übergriff. Besonders viel Unterstützung bekam diese Bewegung durch „Stammesangehörige" wie die Santal oder Munda. Die Naxalitenbewegung wurde mit brutaler Gewalt niedergeschlagen.
Bidi: Zusammengerolltes Tabakblatt.
Dom: Unberührbare, denen die Verbrennung der Leichen obliegt.
Champabhumi: Sagenhaftes Ursprungsgebiet der Munda-Gemeinschaften.

Anhang

I.
Hinweise für Aussprache und Betonung der Sanskrit-Begriffe

a	kurzes a wie in Schatten; z.B. Śakuni
ā	langes a, wie in Haar; z.B. Pāṇḍavas, Mahābhārata
i	kurzes i wie in Ritter; z.B. Śiva
ī	langes i wie in Liebe; z.B. Bhīṣma
e/o	werden generell lang ausgsprochen
ṛ	dieses r sollte wie ein Vokal ausgesprochen werden; z.B. Kṛṣṇa
ś	sch wie in Schuh; z.B. Śiva
ṣ	sch mit an den Gaumen gebogener Zungenspitze; z.B. Kṛṣṇa oder Yudhiṣṭhira
ṅ	normales n vor g wie in Ring; z.B. Gaṅgā
ṇ	n mit an den Gaumen gebogener Zungenspitze; z.B. Karṇa
ḍ	d mit an den Gaumen gebogener Zungenspitze, z.B. Pāṇḍavas
ṭ	t mit an den Gaumen gebogener Zungenspitze; z.B. Yudhiṣṭhira, Virāṭa
ḥ	leicht angehauchtes h; z.B. Duḥśāsana
th	h nach einem Konsonanten (kh, gh, th, dh usw.) wird kurz mitgesprochen wie in Rathaus; z.B. Yudhiṣṭhira, Duryodhana

Bei der Betonung eines Wortes sind die Längen seiner Silben zu beachten. Eine Silbe ist lang, wenn sie einen langen Vokal enthält (ā, ī, e, o, ai oder au) oder ein Doppelkonsonant folgt (z.B. ṇḍ wie in Pāṇḍavas oder ṣṭh wie in Yudhiṣṭhira). In mehrsilbigen Wörtern wird normalerweise die vorletzte Silbe betont; wenn diese kurz ist, die drittletzte. Es kommt auch vor, dass die viertletzte Silbe betont wird, wenn die vorletzte und drittletzte Silbe kurz ist. Die letzte Silbe wird in mehrsilbigen Wörtern nie betont. Auch kurze Vokale können betont werden, wenn sie an der entsprechenden Stelle des Wortes stehen. Sie werden dann betont, aber kurz gesprochen.
In den folgenden Beispielen werden die unterstrichenen Vokale betont: Mahābhārata, Rāmāyaṇa, Draupadī, Yudhiṣṭhira, Arjuna; Pāṇḍavas, Duryodhana, Kauravas, Dhṛtarāṣṭra, Śantanu, Vidura, Virāṭa.

II.
Index der Namen aus dem Mahābhārata

Abhimanyu: Sohn von Arjuna und Subhadrā.
Arjuna: dritter Bruder der fünf Pāṇḍavas (Sohn des Götterkönigs Indra).
Aśvins: Zwillingsgötter, im Mahābhārata Väter von Nakula und Sahadeva.
Bhīma: zweiter Bruder der Pāṇḍavas (Sohn Windgottes Vāyu).
Bhīṣma: Sohn von Śantanu und der Flussgöttin Gaṅgā.
Bṛhannala (Yudhiṣṭhira): Deckname Yudhiṣṭiras am Hof des Königs Virāṭa.
Dharma: (personifiziertes) kosmisches und menschliches Gesetz, im Mahābhārata Vater von Yudhiṣṭhira.
Dhṛṣṭadyumna: Bruder von Draupadī.
Dhṛtarāṣṭra: blinder König der Kauravas, Vater Duryodhanas, Sohn des Vyāsa (in Vertretung für Vicitravīrya), damit älterer Bruder des Pāṇḍu.
Draupadī: Tochter des Königs Drupada, Gattin der fünf Pāṇḍavas.
Droṇa: Waffenmeister am Hof des Dhṛtarāṣṭra, Lehrer der Pāṇḍavas und der Kauravas, ehemaliger Freund, später Gegner von König Drupada.
Drupada: König der Pāñcālas (Volk östlich des Ganges), Vater von Draupadī und Dhṛṣṭadyumna.
Duḥśāsana: ein Bruder von Duryodhana.
Duryodhana: ältester Sohn von Dhṛtarāṣṭra und Gāndhārī.
Gāndhārī: Gattin von Dhṛtarāṣṭra und Mutter von Duryodhana und weiterer 99 Söhne sowie einer Tochter.
Gaṅgā: Flussgöttin, Mutter von Bhīṣma.
Indra: Götterkönig (bereits in den Veden), im Mahābhārata Vater von Arjuna.
Jayadratha: König von Sindhu; entführt Draupadī.
Karṇa: Sohn von Kuntī und dem Sonnengott Sūrya vor ihrer Ehe mit Pāṇḍu.
Kauravas: Abkömmlinge eines mythischen Königs Kuru, im engeren Sinne die Söhne von Dhṛtarāṣṭra.
Kīcaka: General am Hof von König Virāṭa und sein Schwager, Bruder der Königin Sudeṣṇā.
Kṛṣṇa: Held und Verbündeter der Pāṇḍavas, Freund Arjunas, schließlich zur Gottheit erhoben und mit Viṣṇu identifiziert.

Kuntī: Gattin von Pāṇḍu, Mutter von Karṇa, Yudhiṣṭhira, Bhīma und Arjuna, übernimmt nach Mādrīs Tod die Mutterrolle für Nakula und Sahadeva.
Kuru: 1. Volk, von dem sowohl die Kauravas als auch die Pāṇḍavas stammen, bzw. das Land dieses Volkes, westlich des Ganges,
2. königliche Dynastie,
3. König, Ahnherr der Kuru.
Mādrī: Prinzessin aus Madra; zweite Frau des Paṇḍu.
Nakula: einer der Zwillingssöhne Mādrīs, Väter: die Aśvins.
Pāṇḍavas: fünf Söhne von Pāṇḍu und Kuntī bzw. Mādrī: Yudhiṣṭhira, Bhīma, Arjuna, Nakula, Sahadeva (siehe dort).
Pāṇḍu: Sohn Vyāsas (in Vertretung für Vicitravīrya) und Ambikās, jüngerer Bruder des Dhṛtarāṣṭra, Vater der Pāṇḍavas.
Parīkṣit: Enkel Arjunas, Sohn von Abhimanyu.
Sahadeva: einer der Zwillingssöhne Kuntīs, Vater: die Aśvins.
Sairindhrī: Draupadīs Deckname am Hof von König Virāṭa.
Śakuni: Onkel der Kaurvas, Bruder von Gāndhārī.
Śantanu: Vorfahr der Pāṇḍavas und Kauravas, Vater von Bhīṣma.
Subhadrā: Schwester von Kṛṣṇa und zweite Frau von Arjuna.
Sudeṣṇā: Gattin des Königs Virāṭa.
Sūrya: Sonnengott.
Vāyu: Windgott, Vater von Bhīma.
Vidura: Sohn Vyāsas (in Vertretung für Vicitravīrya) und einer Dienerin, weiser Ratgeber am Hofe seines Halbbruders Dhṛtarāṣṭra.
Virāṭa: König der Matsyas, an dessen Hof Draupadī und die Pāṇḍavas das letzte Jahr ihrer Verbannung verbringen.
Vyāsa: Sohn der Satyavatī und eines Asketen, als Kṛṣṇa Dvaipāyana Vyāsa mythischer Verfasser des Mahābhārata.
Yudhiṣṭhira: ältester der Pāṇḍava-Brüder, Sohn des Dharma.

III. Stammbaum der Kuru-Dynastie im Mahābhārata

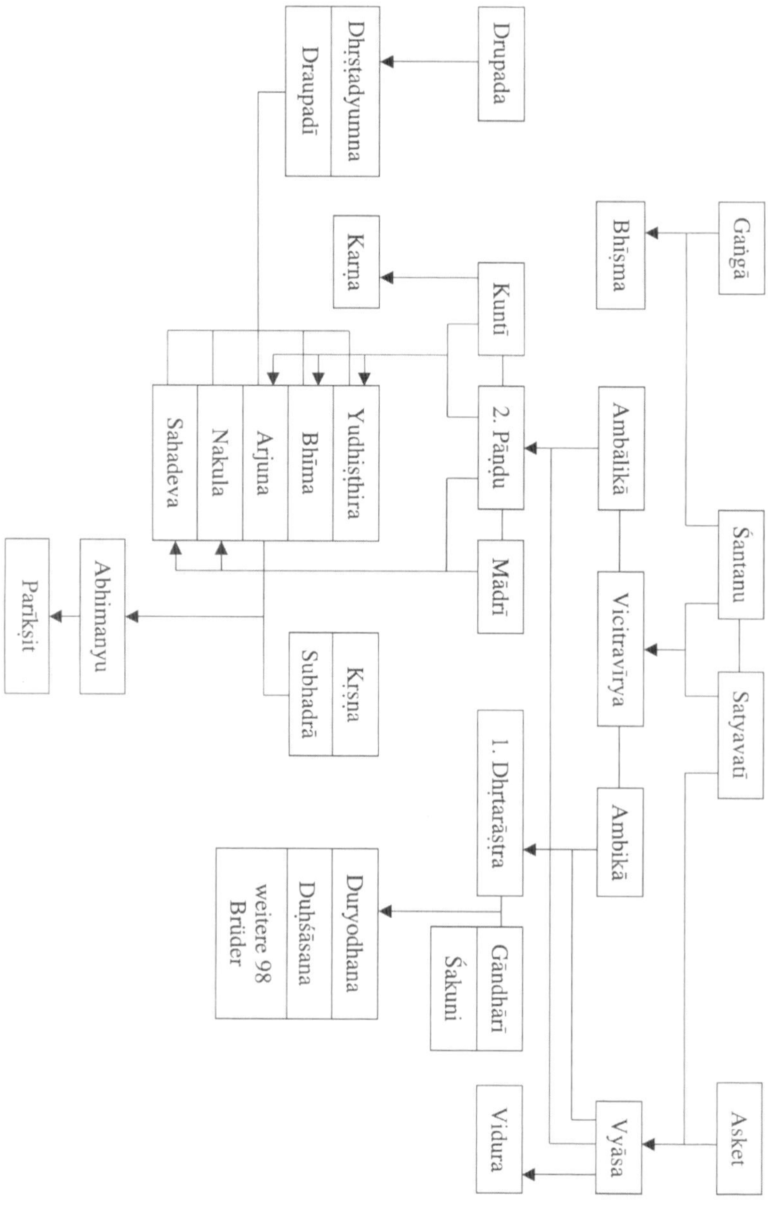

IV.
Figuren im Nibelungenlied

Kriemhild: Tochter von Ute; Schwester der Könige von Burgund; Ehefrau von Siegfried und Etzel.
Gunther: Sohn von Ute; ältester König von Worms; Ehemann von Brunhild.
Gernot: 2. Sohn von Ute und König in Worms.
Giselher: 3. Sohn von Ute und König in Worms.
Ute: Königinmutter von Worms.
Hagen: Vasall der burgundischen Könige.
Siegfried: König von Xanten; Nibelunge; Ehemann von Kriemhild.
Siegmund: König der Niederlande; Vater von Siegfried.
Brundhild: Königin von Island; Ehefrau von Gunther.
Etzel: König der Hunnen; Ehemann von Kriemhild.
Blödel: Bruder von Etzel.
Dankwart: Bruder Hagens; Gefolgsmann am Wormser Hof.
Rüdiger von Bechlaren: Lehnsmann von Etzel.
Gotelind: Ehefrau Rüdigers.
Dietrich von Bern: lebt bei Etzel in Verbannung.
Hildebrand: Waffenmeister bei Dietrich von Bern.

V.
Figuren des Rāmāyaṇa

Daśaratha: König in Ayodhyā.
Kauśalyā: Ehefrau von Daśaratha, Mutter von Rāma.
Kaikeyī: Ehefrau von Daśaratha.
Rāma: Sohn von Daśaratha und Kauśalyā.
Sītā: Ehefrau von Rāma.
Lakṣmaṇa: Sohn von Daśaratha.
Ūrmilā: Ehefrau von Lakṣmaṇa.
Rāvaṇa: König von Lanka.
Mandodarī: Ehefrau von Rāvaṇa.
Śūrpaṇakhā: Schwester von Rāvaṇa.

VI.
Glossar

Apsara: himmlische Nymphe.
Ātman: Seele, individuelles Selbst.
Āyurveda: altindische Medizinlehre.
Brahman: Weltseele; das Absolute.
Brāhmaṇas: Gruppe von Schriften, die sich mit dem Opferritual befassen.
Brahmane: Gelehrten- und Priesterstand.
Candī: eine Form der Göttin Durgā.
Dakṣa: Herr der Geschöpfe; Vater von Satī.
Durgā: Göttin; vernichtet u.a. den Dämon Mahiṣa.
Kālidāsa: bedeutender Dichter des alten Indien, um 400 u.Z.
Kanyādān: Eheform, bei der die jungfräuliche Braut vom Vater als Gabe an die Familie des Bräutigams überreicht wird.
Kauravas: Söhne von Dhṛtarāṣṭra.
Kṣatriya: Stand der Könige und Krieger.
Lokāyata: Weltanschauung, Philosophie des Materialismus.
Manasā: Schlangengöttin.
Mangal: Literaturgattung des bengalischen Mittelalters.
Mantra: Zauberwort, magische Formel.
Manu: brahmanischer Rechtsgelehrter, Autor der Manusmṛi, um 200 u.Z.; vertritt in seinen Rechtsvorstellungen patriarchalische Werte.
Niyoga: Eheform, bei der die Witwe den jüngeren Bruder ihres verstorbenen Mannes heiratet.
Pāṇḍavas: die fünf Söhne des Paṇḍu.
Paraśurāma: eine Verkörperung des Gottes Viṣṇu.
Pativratā: eine ihrem Mann ergebene Ehefrau.
Pīṭha: heiliger Ort, Sitz der Göttin.
Prakṛti: schöpferisches Prinzip, Natur, Materie.
Rāyja-śulkā: Braut, deren Sohn König wird.
Śakti: weibliche Energie und Kraft.
Sāṁkhya: philosophische Evolutionslehre.
Śiva: Gott.
Śūdra: Stand der Arbeiter und Diener.
Sūta: Wagenlenker, Barde.
Svayaṁvara: Selbstwahl des Gatten einer Kṣatriya-Frau.

Tantrismus: Weltanschauung, bei der das weibliche Prinzip und der Körper einen wichtigen Platz einnehmen.
Upaniṣaden: philosophische Texte des alten Indien.
Vaiśya: Stand der Händler und Handwerker.
Vālmīki: mythologischer Autor des *Rāmāyaṇa.*
varṇa: sozialer Stand; ideale Ordnung im brahmanischen Weltbild.
Vedānta: Philosophie, in deren Zentrum die Einheit Ātman und Brahman steht.
Veden: früheste Texte der indischen Literatur und Religion.
Viṣṇu: Gott.
vīrya-śulkā: Braut, die in einem Wettbewerb der Männlichkeit gewonnen wird.
Vyāsa: mythologischer Dichterheiliger.
Zweimalgeborener: Angehöriger der drei oberen Varṇas, der durch ein Initiationsritual (Empfang der heiligen Schnur) in seinen jeweiligen sozialen Stand und damit zum zweiten Mal „geboren" wird.

VII.
Autorinnen und Autoren

Barbara DasGupta
(1941 Annaberg), Indologin und Bengali-Übersetzerin.

Mahasweta Devi
(1926 Dhaka), Schriftstellerin mit zahlreichen Werken in Bengali; engagiert sich in ihrem künstlerischen Schaffen und auf politischer Ebene für die Marginalisierten und Unterdrückten im gegenwärtigen Indien, insbesondere für die Stammesbevölkerung; erhielt mehrere Auszeichnungen für ihr Werk.

Nabaneeta Dev Sen
(1938 Kolkata), ehemalige Professorin für vergleichende Literatur Jadavpur Universität Kolkata; zugleich Schriftstellerin mit zahlreichen Werken in Bengali; publizierte Studien zur vergleichenden Literatur und Genderfragen; erhielt mehrere Auszeichnungen für ihr Werk.

Sylvia Stapelfeldt
(1964 Potsdam) studierte in Berlin und Tübingen Indologie und Religionswissenschaft. Ihr besonderes Interesse gilt indischen Göttinnen, dem Hinduismus und der erzählenden Literatur des alten Indien.

Fred Virkus
(1964 Köthen) studierte an der Humboldt Universität zu Berlin Geschichte und Indologie, promovierte 1995 zur Gesellschaft des Guptareiches, lebt und arbeitet heute als Autor in Berlin, ist durch eine Reihe von Veröffentlichungen zur Geschichte des alten Indien in Erscheinung getreten.

Melitta Waligora
(1954 Kleinmachnow), seit dem Abschluss der Philosophiestudiums wissenschaftliche Mitarbeiterin des Seminars für Geschichte und Gesellschaft Südasiens an der Humboldt Universität zu Berlin.

VIII.
Bildnachweis

Das Bild auf dem Buchcover („Kriemhild und die Leiche Siegfrieds“) ist folgendem Werk entnommen:
Julius Schnorr von Carolsfeld (Maler): Ostwand: Kriemhild nennt Hagen Siegfrieds Mörder, Aufbahrung Siegfrieds im Dom zu Worms.
Standort: München, Königsbau, Nibelungensäle.
Deutsche Fotothek, Nr. df_wm_0011963, Henseler, Karl, 1943/1944.
Abdruck mit freundlichen Genehmigung der Sächsischen Landes-Staats- und Universitätsbibliothek Dresden (SLUB), Deutsche Fotothek, 01054 Dresden.

Ein Verlag für Indien. Draupadi Verlag

Das Verlagsprogramm hat **zwei Schwerpunkte.**

Zum einen veröffentlichen wir Romane, Erzählungen und Gedichte aus Indien und anderen südasiatischen Ländern in deutscher Übersetzung. Diese Bücher erscheinen in der Reihe **Moderne indische Literatur.**
Zum anderen verlegen wir **Sachbücher über Indien.**
Das Themenspektrum dieser Reihe ist breit gefächert. Bücher zur aktuellen politischen Situation und Geschichte Indiens stehen neben Veröffentlichungen über Kultur, Kunst und Religion. Der Draupadi Verlag wurde im Herbst 2003 von Christian Weiß in Heidelberg gegründet.

Draupadi
Der Name des Verlags nimmt Bezug auf die Heldin des altindischen Epos „Mahabharata". In Indien ist Draupadi als eine Frau bekannt, die sich gegen Ungerechtigkeit und Willkür wehrt. In diesem Sinne greift etwa die indische Schriftstellerin Mahasweta Devi in der 1978 erstmals erschienenen Erzählung „Draupadi" das Thema auf. Draupadi wird hier eine junge Frau genannt, die für eine Gesellschaft kämpft, in der niemand mehr unterdrückt wird.

Alle Titel sind in jeder guten Buchhandlung erhältlich oder
direkt beim

Moderne indische Literatur

bisher erschienen (Frühjahr 2008), Reihe wird fortgesetzt

Band 1 / Nirmal Verma
Ausnahmezustand / Roman
Übersetzt aus dem Hindi
von Hannelore Bauhaus-Lötzke und Harald Fischer-Tiné
ISBN 978-3-937603-06-3 / 160 S. / 24,00 SFr / 14,80 EUR

Band 2 / Mandakranta Sen
Alles im Zeichen der Nacht / Gedichte aus Bengalen
Übersetzt aus dem Bengalischen von Shyamal Dasgupta
in Zusammenarbeit mit Alokeranjan Dasgupta und Christian Weiß
ISBN 978-3-937603-09-4 / 40 S. / 13,00 SFr / 7,50 EUR

Band 3 / Vishnu Khare
Die später kommen / Prosaische Gedichte
Aus dem Hindi von Lothar Lutze
ISBN 978-3-937603-08-7 / 92 S. / 18,00 SFr / 10,80 EUR

Band 4 / Ulrike Stark (Hg.)
Mauern und Fenster / Neue Erzählungen aus Indien
von Uday Prakash, Alka Saraogi, u.a.
ISBN 978-3-937603-10-0 / 164 S. / 24,00 SFr / 14,80 EUR

Band 5 / K. Satchidanandan
Ich glaube nicht an Grenzen / Gedichte
Herausgegeben und aus dem Malayalam
ins Deutsche übersetzt von Annakutty V. K.-Findeis
ISBN 978-3-937603-12-4 / 156 S. / 24,00 SFr / 14,80 EUR

Band 6 / Uday Prakash
Der Goldene Gürtel / Erzählungen
Aus dem Hindi von Lothar Lutze.
ISBN 978-3-937603-14-8 / 72 S. / 17,00 SFr / 9,80 EUR

Band 7 / Felsinschriften
Zeitgenössische Hindi-Lyrik
Herausgegeben und übersetzt von
Monika Horstmann und Vishnu Khare.
ISBN 978-3-937603-16-2 / 80 S. / 17,00 SFr / 9,80 EUR

Band 8 / Agra Basar
Schauspiel in zwei Akten von Habib Tanvir
Aus dem Hindi/Urdu übersetzt von
Reinhold Schein und Heinz Werner Wessler.
ISBN 978-3-937603-21-6 / 120 S. / 19,80 SFr / 12,80 EUR

Sachbücher im Draupadi Verlag (Auswahl)

Hans-Martin Kunz
Mahasweta Devi / Indische Schriftstellerin und Menschenrechtlerin
ISBN 978-3-937603-02-5 / 216 S. / 28,00 SFr / 17,00 EUR
„Mahasweta Devi ist eine Schriftstellerin, die ihr Land nicht exotisiert, sondern dessen Widersprüche nüchtern, sachlich, und vielleicht deshalb so schockierend darstellt." NEUE ZÜRCHER ZEITUNG

Ravi Ahuja / Christiane Brosius (Hg.)
Mumbai – Delhi – Kolkata / Annäherungen an die Megastädte Indiens
ISBN 978-3-937603-07-0 / 310 S. / 33,00 SFr. / 19,80 EUR
Aus dem Inhalt: Slum als Projekt; literarische Bilder einer Großstadt; frühe Kino-kultur in Indien; die Welt der „Shopping Malls"; der Blick vom Trümmerfeld eines planierten Slums; Stadtentwicklung und Armut

Adivasi-Koordination in Deutschland e.V.
Rourkela und die Folgen / 50 Jahre industrieller Aufbau und soziale Verantwortung in der deutsch-indischen Zusammenarbeit
ISBN 978-3-937603-22-3 / 200 S. mit 12 Abbild. / 28,00 SFr. / 17,00 EUR
Noch vor zwei Generationen lebten in der Region um Rourkela fast nur Adivasi, Nachfahren der indischen Ureinwohner. Mit deutscher Hilfe entstand dort ein Industriezentrum mit über 500.000 Einwohnern. An den Segnungen des Fortschritts hatten die Adivasi praktisch keinen Anteil.